41504

LES

MILICES PROVINCIALES

SOUS LOUVOIS ET BARBEZIEUX

(1688-1697)

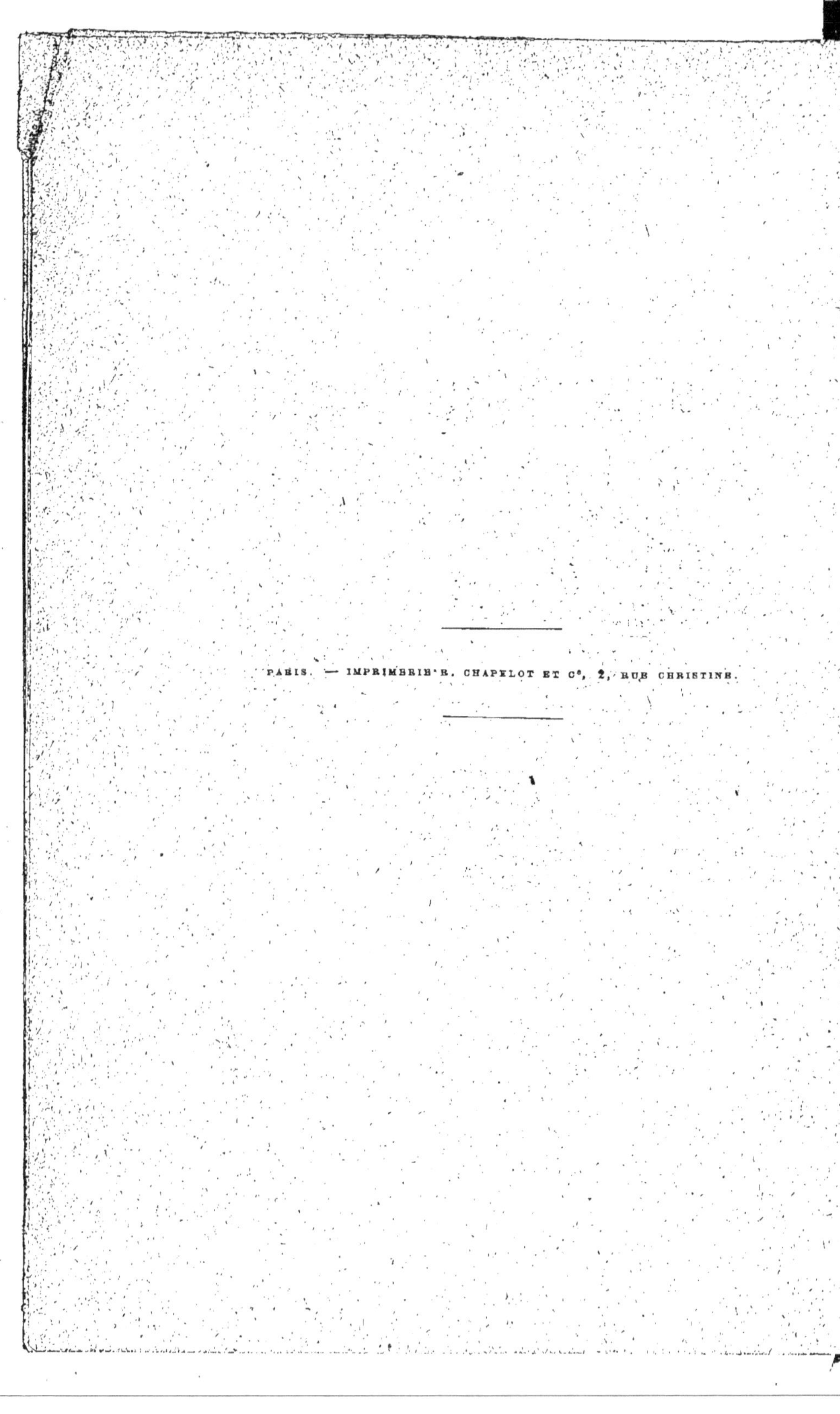

PARIS. — IMPRIMERIE R. CHAPELOT ET C°, 2, RUE CHRISTINE.

PUBLIÉ SOUS LA DIRECTION

DE LA

SECTION HISTORIQUE DE L'ÉTAT-MAJOR DE L'ARMÉE

LES
MILICES PROVINCIALES

SOUS LOUVOIS ET BARBEZIEUX

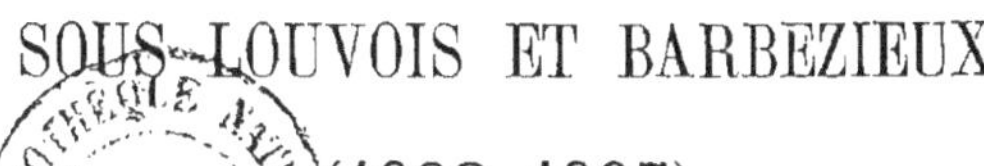

(1688-1697)

PAR

Maurice SAUTAI

CAPITAINE AU 5ᵉ RÉGIMENT D'INFANTERIE

DÉTACHÉ A LA SECTION HISTORIQUE

PARIS

LIBRAIRIE MILITAIRE R. CHAPELOT ET Cⁱᵉ

IMPRIMEURS-ÉDITEURS

30, Rue et Passage Dauphine, 30

1909

Une enquête, à laquelle nous nous sommes livré, nous a démontré que les Archives de nos départements, héritières des anciens fonds des Intendances royales, présentent d'abondants matériaux à l'historien des Milices provinciales au XVIII° siècle, mais offrent, en général, très peu de renseignements sur les mêmes Milices à la fin du XVII° siècle.

La présente étude essaie de combler en partie cette lacune. Elle est le résultat du dépouillement de près de 400 volumes des Archives historiques du Ministère de la Guerre.

L'intérêt des documents de ces Archives réside en ce qu'ils ne permettent pas seulement de retracer le rôle important des Milices au cours de la guerre de la Ligue d'Augsbourg, mais en ce qu'ils donnent encore le moyen de reconstituer un tableau approché de la vie des provinces à la fin du XVII° siècle, où se meuvent, dans le cadre de leur époque, intendants, officiers, baillis et paysans, de l'ancienne France.

MILICES PROVINCIALES

SOUS LOUVOIS ET BARBEZIEUX (1688-1697)

CHAPITRE PREMIER

L'institution des régiments de milice et l'ordonnance de création du 29 novembre 1688. — Ses principales dispositions. — Nombre de régiments mis sur pied. — Choix des officiers et des hommes. — Difficultés et abus dans la levée, provenant des paysans, des paroisses et des officiers. — Remèdes qu'y apportent Louvois et les intendants.

Coup d'œil sur l'habillement et l'armement des miliciens. — Dépenses de la mise sur pied des régiments de milice. Ses résultats, en somme, satisfaisants.

En 1688, une coalition formidable s'annonçait contre la France. La lutte n'avait point seulement un caractère redoutable par le nombre des princes ligués contre Louis XIV. Les passions religieuses s'y mêlaient encore âprement. Le champion du protestantisme, Guillaume d'Orange, se préparait à renverser les Stuarts, c'est-à-dire le catholicisme, du trône d'Angleterre. Dans l'homme que les catholiques devaient appeler bientôt l'usurpateur, Louvois était convaincu que les nouveaux convertis entrevoyaient un libérateur prochain et que, courbés sous sa main de fer, ils espéraient bientôt, avec l'appui des flottes réunies de la Hollande et de l'Angleterre, reconquérir leur indépendance et le libre exercice de leur religion.

Comme cette étude le montrera, ces sentiments sacrilèges étaient le partage d'une minorité, et le Ministre se trompait sur les sentiments de la masse des protestants demeurés dans le royaume en les jugeant capables de reporter contre leur patrie la haine que ses mesures de rigueur lui avaient personnellement attirée. Louvois croyait donc devoir compter avec un ennemi intérieur, soumis en apparence, mais sur le réveil duquel il fallait se prémunir, comme avec les menaces d'un débarquement de nos ennemis à l'extérieur. Il lui fallait en même temps opposer à la coalition, sur toutes nos frontières, de puissantes armées. Ces armées constituées, la garde de nos places de première ligne assurée, le Roi ne pouvait consacrer au dedans du royaume qu'une très faible partie de ses troupes réglées. Louvois se voyait donc dans la nécessité d'accroître à bref délai nos ressources militaires s'il voulait se réserver, à l'intérieur, une force armée de quelque importance.

Cette augmentation de ressources aurait pu se réaliser par la création de nouveaux régiments de troupes réglées ou par un nouvel accroissement de l'effectif des compagnies alors sur pied, mais elle eût entraîné un surcroît de dépenses à l'heure où le trésor royal pouvait à peine suffire aux premières charges de la guerre et où Louis XIV était contraint d'envoyer à la Monnaie les chefs-d'œuvre d'argenterie qui décoraient ses appartements.

Louvois eut-il voulu créer de toutes pièces ces nouveaux régiments, après les augmentations déjà opérées dans l'infanterie et dans la cavalerie, qu'il se fût heurté à un obstacle presque insurmontable. L'enrôlement volontaire, seul mode de recrutement de l'armée, ne suffisait déjà plus pour entretenir les régiments sur pied.

De toutes parts on signalait au Ministre les exactions sans nombre des officiers, qui étaient alors chargés de recruter leurs compagnies. Sur les routes conduisant aux marchés, il n'y avait plus de sécurité pour les paysans. Des enfants de 15 ans, des hommes chargés de famille étaient enlevés, garrottés, emmenés de force aux armées, et les intendants ne cessaient de se faire l'écho des plaintes que suscitaient ces violences, sources de troubles et de désolations dans les provinces du royaume.

Quant à recourir à l'arrière-ban, à imposer aux détenteurs de fiefs l'obligation de prendre les armes à tout appel du Roi et de se porter là où son service l'exigerait, Louvois savait par expérience combien il fallait faire peu de fonds sur ces troupes sans discipline et sans organisation définie, et combien il était difficile d'empêcher les gentilshommes d'éluder, sous mille prétextes, l'obligation qui leur était imposée de marcher en personne à l'arrière-ban ou de s'y faire remplacer.

Cet accroissement de forces militaires que la Royauté pouvait tirer avec peine du recrutement volontaire et qu'elle ne pouvait plus attendre de la noblesse, Louvois se résolut à le demander directement au peuple. Appuyé sur le pouvoir des intendants, les puissants détenteurs de l'autorité royale dans chaque province, le Ministre se crut assez fort pour instituer une milice recrutée non plus volontairement mais obligatoirement dans les rangs du peuple et qui, primitivement destinée à servir à l'intérieur, devait bientôt être appelée à un rôle plus actif et plus étendu.

Cette idée de l'établissement du service obligatoire n'avait pas été sans préoccuper les hommes d'État du XVIIe siècle. Un retour de deux siècles sur notre histoire leur en offrait d'ailleurs un exemple frappant dans cette admirable institution des francs-archers de Charles VII qui, au dire de Machiavel (1), eût rendu Louis XI invincible si ce prince avait voulu la maintenir. Dans les papiers qu'il nous a laissés, Chamlay, le conseiller toujours écouté de Louis XIV et de Louvois, a maintes fois examiné les moyens de fournir à l'infanterie ses recrues par une voie moins dispendieuse et moins violente que l'enrôlement confié aux officiers. « Il y a longtemps qu'on a proposé d'obliger chaque paroisse de donner un homme. Jamais cela n'a été si nécessaire », dit un mémoire sans date, du début de la guerre de la Ligue d'Augsbourg, qui se trouve dans les écrits rassemblés par Chamlay (2). « Si le Roi se faisait informer du nombre qu'il y en a dans son royaume et qu'à la fin des campagnes chaque capitaine d'infanterie, de cavalerie et de dragons, demandât ce qu'il lui faut de recrues, Sa Majesté régalerait également sur tout le royaume ce qui serait nécessaire pour rendre ses troupes complètes ». Un fragment de mémoire, sans date, écrit de la main même de Chamlay, indique que le Roi, touché des abus qui se commettent dans le recrutement, a examiné plusieurs expédients pour y remédier. Entre les trois expédients que Sa Majesté a regardés comme « les moins impraticables », l'un d'eux serait « de faire à l'avenir la levée des recrues réelle, c'est-à-dire, après avoir fait un dénombrement juste des gens de chaque paroisse du royaume capables de porter les armes, dont l'âge sera fixé depuis 17 jusques à 30 ou 32 ans, et parmi lesquels on ne comprendra que le moins possible de gens mariés, de faire tirer au sort, au mois d'octobre de chaque

---

(1) « Et n'y a point de doute que la puissance française serait invincible si l'institution de Charles septième était augmentée ou bien entretenue » (Machiavel, *Du Prince*, chap. XIII).

(2) Mémoire des abus qui se sont commis dans la levée des recrues, dans les routes et dans les étapes, coté Y (Archives historiques du Ministère de la guerre, vol. 1112).

année, celui ou ceux de chaque paroisse suivant le
nombre d'hommes que le Roi demandera qui devront
servir et qui, après s'être assemblés au temps préfixe
dans le chef-lieu de chaque élection, sénéchaussée ou
mandement, seront remis aux officiers des troupes,
désignés par le Roi, pour être conduits par étape dans
les lieux où seront les régiments dans lesquels ils devront
servir (1) ».

En admettant que ce mémoire soit postérieur de quelques années à l'ordonnance du 29 novembre 1688 sur
l'institution des milices provinciales, il n'en est pas moins
vrai que la question du service militaire obligatoire
s'était posée à nombre d'esprits éclairés et qu'elle ne
pouvait échapper à celui de Louvois.

L'ordonnance du 29 novembre 1688 doit être en effet
regardée comme une ordonnance de création, bien
qu'elle n'inventât point de toutes pièces les milices dont
on peut retrouver l'emploi à chacune de nos guerres du
XVIIe siècle. Récemment encore, dans la guerre de
Hollande, les milices du Languedoc avaient été mises
sur pied pour servir en Catalogne ; les paysans de la
Champagne avaient de même pourvu à la sécurité des
bords de la Meuse. Mais Louvois aura le mérite insigne
de transformer ces milices temporaires, accidentelles,
en une institution stable et de ne rien négliger, jusqu'à
sa mort, pour leur assurer ce caractère de permanence
qu'il leur avait imprimé dès le début. De plus, en intro-
duisant dans leur recrutement le principe du service
militaire obligatoire, il posera les bases d'une révolu-

---

(1) Cette note de Chamlay fait suite à un important mémoire sur la
levée des gens de guerre, du 1er décembre 1691, dont la copie paraît
faite par un secrétaire de Chamlay. Le mémoire étudie, dans tous leurs
détails, l'établissement et l'organisation d'un système de recrutement
obligatoire (A. H. G., vol. 1183).

tion entière des systèmes de recrutement et d'organisation de nos armées.

C'est dans une lettre au duc de Chaulnes, gouverneur
de Bretagne, du 29 octobre 1688, que l'on rencontre
pour la première fois, dans la correspondance de Louvois, trace de ses projets sur la transformation des
milices. « Le Roi, disait cette lettre, jugeant à propos de
mettre cet hiver les milices de Bretagne en meilleur état
qu'elles n'ont été par le passé, en sorte que l'on en puisse
tirer un bon service pour la défense de la province pendant l'année prochaine, le Roi m'a commandé de vous
demander votre avis sur ce que l'on pourrait faire de
mieux. La pensée de Sa Majesté serait d'établir un
nombre de compagnies d'infanterie et de cavalerie tel
que vous lui proposerez et auxquelles on essayerait de
donner des capitaines que l'on choisirait parmi la
noblesse des cantons dont seraient les compagnies, lesquels auraient servi dans les troupes; de mettre ces
compagnies en régiments dont les mestres de camp et
majors seraient choisis de même; de régler le nombre
de ces compagnies de manière que, si un diocèse pouvait fournir 1,000 hommes de milice, on n'y en prît que
500, moyennant quoi on choisirait les meilleurs et on
obligerait ceux qui ne seraient point commandés à contribuer de quelque chose à l'armement de ceux qui serviraient.

« A l'égard de la cavalerie, l'on y devrait observer le
même ordre. La pensée du Roi serait encore que,
lorsque cette milice sortirait pour servir hors de l'évê-
ché dont elle est, Sa Majesté la ferait payer sur le même
pied de ses troupes pour le temps qu'on la tiendrait
ensemble....

« Vous prendrez la peine de m'envoyer un état du
nombre des milices que l'on pourrait régler pendant cet
hiver dans l'étendue de votre gouvernement, afin que

je vous fasse savoir la volonté de Sa Majesté avant votre départ de Bretagne (1) ».

Copie de cette lettre fut envoyée à la plupart des gouverneurs et intendants des provinces. Louvois leur demanda de considérer la proposition faite au duc de Chaulnes comme s'adressant à chacun d'eux en particulier, dans les limites de leur ressort. Pour les provinces où les nouveaux convertis étaient en grand nombre, il n'oublia pas de faire ajouter ces lignes : « L'intention de Sa Majesté serait qu'il n'y eût point de nouveaux convertis dans les milices que vous assembleriez, mais qu'ils fussent seulement taxés pour payer ceux qui serviront pour eux (2) ».

Les Archives historiques de la Guerre ne possèdent plus les réponses des gouverneurs et des intendants à cette proposition de Louvois. Il n'est point douteux cependant qu'elles furent favorables. Nous savons, par la correspondance du Ministre, que le duc de Chaulnes se déclara, le 19 novembre 1688, prêt à tirer 4,000 hommes de milice de la Bretagne ; par les *Mémoires* de Foucault, alors intendant en Poitou, qu'il fit savoir à Louvois, le 13 novembre, « que cette vue était très bonne et que l'on pourrait mettre en régiments 6,000 hommes d'infanterie et tous anciens catholiques..... (3) ».

Le 3 décembre 1688, Louvois précisait au duc de Chaulnes ses vues sur les milices en l'informant que le Roi agréait ce chiffre de 4,000 hommes pour la Bretagne, « lesquels soient gens choisis, c'est-à-dire de jeunes gens non mariés, âgés de 24 à 25 ans, qui soient bien armés sans se soucier d'aucune uniformité dans les armes ni

---

(1) A. H. G., vol. 836.

(2) *Ibid.*

(3) *Mémoires de Nicolas-Joseph Foucault*, publiés par M. Baudry dans la collection des Documents inédits sur l'histoire de France.

dans leurs habits. Sa Majesté trouvera bon, pendant
que ces gens-là demeureront chez eux, qu'ils puissent
vaquer à leur travail, à la réserve des fêtes et dimanches
que les compagnies devront s'assembler pour faire l'exercice. Vous observerez, s'il vous plaît, qu'il doit y avoir
un capitaine, un lieutenant et deux sergents, pour
chaque 50 hommes..... (1) ». Louvois annonçait enfin
au duc de Chaulnes qu'il lui ferait parvenir prochaine-
ment une ordonnance pour l'établissement des milices
dans tout le royaume.

Dès le 29 novembre 1688, cette ordonnance était
prête sous le titre de « Règlement fait par le Roi pour
la levée des milices dans plusieurs provinces de son
royaume ». Elle était adressée le 7 décembre aux gouverneurs des provinces et, le 8 décembre, aux intendants des généralités intéressées à cette levée (2).

Il n'est pas indifférent de remarquer que la fin du
mois d'octobre 1688 avait été marquée par les prépa-
ratifs de descente de Guillaume d'Orange en Angleterre,
que ce prince débarquait à Exmouth le 15 novembre
1688, et que la cause des Stuarts paraissait bientôt com-
promise par les défections de l'entourage de Jacques II.
Louvois sentait la nécessité de se préparer à la lutte, et
l'institution de trente régiments de milice d'infanterie
n'était pas sans relation avec la gravité de la situation
au dehors.

L'importance du règlement du 29 novembre 1688
mérite que l'on passe en revue les mesures arrêtées
par Louvois : 1° pour l'organisation des régiments de
milice ; 2° le choix des officiers; 3° le choix des hommes ;
4° leur solde ; 5° leur habillement ; 6° leur armement ;
7° les avantages accordés aux miliciens.

---

(1) A. H. G., vol. 836.
(2) *Ibid.*, vol. 814.

1° *Organisation des régiments de milice.* — En principe, disait le préambule du règlement, ces régiments devaient être « toujours en état de marcher aux lieux où Sa Majesté le jugera à propos pour la sûreté de ses places, tant frontières que maritimes ». D'un effectif total qui variait suivant les provinces, ils avaient leurs compagnies toutes composées uniformément de 50 hommes (parmi lesquels deux sergents, un caporal, un anspessade, un tambour) commandés par deux officiers : un capitaine et un lieutenant.

L'état-major comprenait un colonel et un lieutenant-colonel, tous deux commandant une compagnie, un major et un aide-major.

Une compagnie se formait de 50 hommes des villages les plus rapprochés qui étaient tenus de fournir un milicien. Les officiers qui la commandaient devaient, autant que possible, être domiciliés au centre ou à proximité de ces villages.

2° *Choix des officiers.* — Le Ministre prescrivait de choisir les colonels, lieutenants-colonels, majors, aides-majors, capitaines, parmi d'anciens officiers ayant servi soit dans les troupes du Roi soit dans les compagnies de sa Maison.

Les lieutenants devaient être âgés de 22 ans au moins et pris parmi la noblesse ou gens vivant noblement, de préférence parmi les jeunes gens ayant servi ou provenant des compagnies de cadets-gentilshommes que le Roi entretenait dans ses places frontières.

Les gouverneurs ou lieutenants généraux commandant dans les provinces, en leur absence les intendants, étaient invités à faire parvenir au Roi, dans le courant de décembre 1688, un état des officiers proposés pour remplir les charges des régiments de milice afin que le Roi pût leur en faire délivrer les commissions et brevets.

3º *Choix des hommes.* — Les paroisses les plus faibles devaient être dispensées de fournir un homme. Dans toute paroisse qui concourait au recrutement d'un milicien, la désignation devait s'en faire à la sortie de la grand'messe, le dimanche qui suivrait la notification adressée par l'intendant, en la forme usitée pour la nomination des collecteurs des tailles, c'est-à-dire à la pluralité des voix.

Le milicien devait être célibataire, de l'âge de 20 à 40 ans. Une fois désigné, il ne pouvait plus s'absenter de sa paroisse au delà de deux ou trois jours.

S'il s'absentait sans ordre pour plus de trois ou quatre jours, il devenait passible d'une amende d'un écu applicable aux pauvres de la paroisse.

S'il quittait définitivement la paroisse ou désertait de son régiment assemblé, il encourait la peine du fouet.

Tout milicien hors d'état de servir ou venant à mourir devait être remplacé par la paroisse dans un délai de huit jours.

Il en serait de même pour l'homme que son capitaine et le commissaire des guerres, préposé à la police du régiment de milice, jugeraient impropre au service.

La durée du service était fixée à deux années, au bout desquelles le milicien devait être congédié et remplacé.

Pendant ces deux années, il lui était interdit de s'engager dans les troupes du Roi. De même, il était défendu aux officiers des troupes réglées d'engager des miliciens, sous peine d'être cassés.

La nomination des sergents appartenait au capitaine qui choisirait dans sa compagnie les sujets les plus capables et ayant, autant que possible, déjà servi.

Solde et entretien. — *a*) Tant que le milicien demeurait dans sa paroisse, celle-ci devait lui payer deux sols par jour, de six jours en six jours et d'avance.

La solde des officiers et la double paye, accordée à chaque sergent, étaient imposées par l'intendant sur tous les contribuables à la taille de la généralité, au sol la livre de leur taille, et devaient être versées de mois en mois, à l'avance et sans frais, par le receveur particulier des tailles de chaque élection au commis de l'extraordinaire des guerres.

Les appointements étaient fixés à 50 livres pour le colonel et à 15 livres pour le lieutenant-colonel, outre la paye de capitaine ; 40 livres pour le major ; 30 livres pour l'aide-major et les capitaines ; 15 livres pour les lieutenants.

b) Du jour où les régiments seraient assemblés par ordre du Roi, ils seraient payés par l'extraordinaire des guerres : les soldats, sur le pied de 3 sols et le pain ; les sergents, sur le pied de 8 sols et le pain ; les officiers, sur le même pied que les officiers des troupes du Roi.

5° *Habillement.* — L'habillement était à la charge de la paroisse. Comme Louvois voulait que la dépense se réduisît au strict nécessaire, l'homme devait seulement « avoir un bon chapeau, un justaucorps de drap, des culottes et bas aussi de drap et être bien chaussé, sans que les soldats qui composeront cette milice soient obligés à aucune uniformité de vêtements et couleur d'habit, de bas ni de chapeau ».

6° *Armement.* — En attendant que Sa Majesté pût envoyer des mousquets de ses arsenaux, le milicien devait être armé d'un mousquet ou d'un fusil « tel que la paroisse pourra trouver... Ladite paroisse fournira aussi un baudrier et une épée, dont la lame soit au moins de longueur de 2 pieds 9 pouces de roi, sans comprendre la garde et la poignée ».

7° *Avantages accordés aux miliciens.* — Ils se bornaient, pour les officiers, à la dispense de l'arrière-ban. Ils étaient plus appréciables pour le milicien qui, venant à se marier dans la même paroisse, ne pouvait être imposé à la taille que deux ans après son mariage.

Telles sont les principales dispositions de ce règlement du 29 novembre 1688, sur lequel il a semblé utile d'insister, car il a servi de base à toutes les ordonnances qui furent rendues au XVIIIᵉ siècle sur le même objet. Son application ne devait pas tarder à y faire découvrir des lacunes, des défectuosités, et nous verrons Louvois, dans le peu d'années que la mort devait lui laisser, remédier à une partie des défauts de son œuvre que l'expérience allait lui révéler.

A ce règlement était annexé un état des trente régiments de milice à lever dans les généralités suivantes :

Généralités.					Nombre d'hommes.
Paris........	2	régiments de 15 compagnies chacun.			1,500
Soissons	1	—	de 15	—	750
Amiens......	1	—	de 15	—	750
Rouen.......	2	—	de 15	—	1,500
Caen........	1	—	de 18	—	900
Alençon......	1	—	de 18	—	900
Châlons......	2	—	de 18	—	1,800
Dijon........	1	—	de 20	—	1,000
Orléans......	1	—	de 18	—	900
Moulins......	1	—	de 18	—	900
Tours........	1	—	de 20	—	1,000
Bretagne.....	4	—	de 20	—	4,000
Poitiers......	1	—	de 15	—	750
Limoges	1	—	de 15	—	750
Riom........	1	—	de 15	—	750
Lyon........	1	—	de 10	—	500
Grenoble.....	1	—	de 18	—	900
Provence.....	1	—	de 20	—	1,000
Montauban...	3	—	de 15	—	2,250
Bordeaux	3	—	de 15	—	2,250
	30 régiments.				25,050

Comme on le voit, dans une pensée de ménagement sans doute, les provinces récemment réunies à la France, l'Alsace, la Franche-Comté, le Roussillon, le pays de Luxembourg, l'Artois, le Hainaut et la Flandre, ne figurent point sur cet état.

Il y manque encore le nom de quelques anciennes provinces, le Languedoc, le Béarn, les Trois-Évêchés, si bien que la levée des 25,000 miliciens portait sur environ 15,000,000 d'habitants en se rapportant au chiffre de 19,000,000 d'habitants donné par Vauban, dans sa *Dîme royale*, pour la population du royaume à la fin du XVIIe siècle.

A première vue, il semblerait que la charge nouvelle que le Roi imposait à ses sujets fût loin d'être disproportionnée avec la population du royaume, mais un examen attentif montre que cette charge ne laissait pas d'être onéreuse à plusieurs provinces.

La répartition était d'abord très inégale. La Touraine (1,069,616 habitants) ne devait fournir qu'un homme sur 1,070 habitants. En Bourgogne (1,266,359 habitants), la levée n'était que d'un homme pour 1,260 habitants. En Poitou (généralités de la Rochelle et de Poitiers réunies) (972,621 habitants), elle n'était que d'un homme pour 1,300 habitants, tandis que, pour les trois généralités de Normandie (Rouen, Caen, Alençon) (1,540,000 habitants), elle prenait un homme sur 460 habitants ; en Champagne (693,244 habitants), un homme sur 385 habitants ; dans la généralité de Montauban (788,600 habitants), un homme sur 350 habitants.

En outre, bien que les ordonnances de cette époque soient muettes sur les exemptions de la milice, « on peut certainement considérer comme exemptes les personnes à qui fut accordée dispense du ban et de l'arrière-ban, ou même seulement de ce dernier. Tels étaient les maires des villes, les contrôleurs des deniers patrimoniaux et d'octroi des villes et communautés, les acquéreurs de domaines royaux, etc... Il semble même que l'on puisse aller plus loin et classer dans la catégorie des dispensés les titulaires d'offices emportant exemption du logement des gens de guerre, de guet et de garde, et « autres charges publiques ». L'énumération en serait trop longue ; qu'il suffise de dire que ces offices étaient généralement des charges de police ou de finance. Les maîtres de poste jouissaient également de ces avantages (1) ». Dans un siècle tout de privilèges et d'inégalités, il fut aisé de multiplier les exemptions au gré de la richesse ou d'un protecteur puissant. Les grandes villes échappèrent en général à l'obligation de participer à la levée des miliciens ; la milice atteignit presque uniquement le peuple des campagnes, le laboureur et le paysan sans appui et sans fortune, et ce ne fut pas un des moindres motifs de leur aversion pour la milice que l'injustice et le nombre des exemptions dont ces misérables eurent toujours sous les yeux le spectacle décourageant.

Ajoutons enfin que les nouveaux convertis devaient être exclus de la milice, et l'on comprendra que dans certaines généralités, comme celle de Montauban, où les nouveaux catholiques étaient nombreux, la milice pesa lourdement sur plusieurs des localités qu'elle frappait.

Quelques modifications furent apportées au tableau des régiments annexé à l'ordonnance du 29 novembre 1688.

Sur les représentations de l'intendant de Provence,

---

(1) L. Hennet, *Les milices et les troupes provinciales*, p. 30. — Cet ouvrage et celui de M. Gebelin, l'*Histoire des milices provinciales*, sont sans contredit les meilleurs travaux qui aient été consacrés à l'étude des milices sous l'ancien régime.

M. Le Bret, que sa généralité « n'était pas composée d'un assez grand nombre de communautés pour former vingt compagnies », Louvois lui fit savoir, le 26 décembre 1688, que le Roi réduisait le régiment de milice de cette province à 10 compagnies (1).

La Bretagne devait fournir quatre régiments de 1,000 hommes. Comme le Roi lui demandait encore la levée et l'entretien d'un nouveau régiment de dragons, et que les paroisses situées sur le littoral étaient déjà astreintes au service de la garde-côte, le duc de Chaulnes fit observer à Louvois qu'il en résulterait une charge écrasante pour la province et les paroisses de l'intérieur, et il obtint que le Roi supprimât un des régiments d'infanterie, ne laissant subsister que trois régiments de milice et le régiment de dragons (2).

Après avoir exprimé ses regrets de ne pouvoir lever un régiment d'infanterie, la ville de Bordeaux s'offrit, en décembre 1688, de mettre sur pied et d'entretenir une compagnie de milice de 100 hommes choisis (3). Louvois fit savoir à l'intendant de la généralité de Bordeaux, M. de Bezons, le 1er mars 1689, que le Roi agréait la formation d'une compagnie de grenadiers de Bordeaux de 100 hommes, commandés par 4 officiers, avec la solde de 3 sols au lieu des 2 sols accordés aux autres miliciens (4).

La première levée de la milice comprit donc vingt-neuf régiments et une compagnie de grenadiers, soit 23,650 miliciens.

Quant au Languedoc, au Béarn, aux Trois-Évêchés et

---

(1) A. H. G., vol. 816.

(2) *Ibid.*, vol. 903.

(3) Cette proposition fut transmise à Louvois par l'intendant de la généralité de Bordeaux, M. de Bezons, le 23 décembre 1688 (A. H. G., vol. 837).

(4) A. H. G., vol. 843.

aux provinces nouvellement conquises, des mesures spéciales furent prises à leur égard.

Le Languedoc fut invité, au début de l'année 1689, à mettre sur pied 4,000 hommes de milice. Malgré les répressions sanglantes de l'intendant M. de Basville et du comte de Broglie qui commandait dans la province, les assemblées n'étaient pas encore entièrement étouffées au sein des nouveaux convertis que cette province renfermait en grand nombre. Aussi, cette milice fut destinée à les maintenir en respect et à ne point quitter la province. Pour reconnaître cette faveur, les États du Languedoc s'engagèrent à pourvoir entièrement à l'entretien de ces milices et de deux régiments de dragons (1er et 2e Languedoc). Les 4,000 hommes de milice, primitivement destinés à former sept régiments, furent définitivement répartis en huit régiments d'un nombre variable de compagnies de 50 hommes, suivant l'étendue de la région confiée à leur garde. Ils formèrent, au total, 80 compagnies (1).

Le Béarn avait toujours mis des milices sur pied à toute menace d'invasion des Espagnols. Au début de 1689, le duc de Grammont reçut l'ordre d'en reconstituer un corps de 3,000 hommes. Le 12 février 1689, l'intendant, M. Feydeau du Plessis, ayant fait observer à Louvois que les nouveaux convertis étaient nombreux parmi les capitaines, et que leurs dispositions paraissaient peu sûres, Louvois lui ordonna de ne souffrir « aucun con-

---

(1) Le 27 février 1689, M. de Basville écrivait à Louvois : « Comme M. le comte de Broglie vous rend compte de ce qu'il fait en exécution des ordres que vous avez envoyés, je me contenterai de vous dire que nous allons travailler avec une grande diligence à faire lever les 4,000 hommes de milice par la province, que le Roi ordonne. Cela sera très facile et nous mettra en état de traiter si rudement ces misérables, s'ils osent faire le moindre mouvement, qu'ils auront sujet de s'en repentir » (A. H. G., vol. 903).

verti dans ces milices-là, ni officiers, ni soldats (1) ».
Sur une nouvelle lettre de l'intendant, du 9 mars 1689,
qui marquait que l'exclusion des nouveaux convertis
entraînerait de grands bouleversements, qu'il y aurait
à changer 25 officiers sur l'ensemble et plus des deux
tiers des hommes dans certaines compagnies (2), Louvois lui prescrivit de réduire l'effectif de ces milices à
1,800 hommes.

Quant aux Trois-Évêchés et aux pays nouvellement
réunis au royaume, ils ne tarderont pas à être soumis
à la levée des milices comme les provinces de l'ancienne France (3).

---

(1) En minute sur la lettre de M. Feydeau, du 12 février 1689 (A. H. G.,
vol. 902).

(2) A. H. G., vol. 903.

(3) Louvois se faisait renseigner par l'intendant de Bordeaux, M. de
Bezons, sur les milices du pays de Labourd (partie du pays basque
comprenant l'arrondissement actuel de Bayonne). Le 15 décembre 1688,
M. de Bezons lui rendait compte que ces milices devaient se composer
d'un régiment de 1,000 hommes « qui doit être prêt à marcher lorsque
le Roi l'ordonne, mais, depuis que trois communautés ont été séparées
du pays de Labourd, qui sont Guiche, Urt et une autre, le régiment
n'est pas tout à fait de 900 hommes. C'est M. d'Urtubie, qui est le
bailli du pays et très honnête homme, qui en est le colonel. Il n'y a
d'officiers que lui et son frère qui en est le lieutenant ; les autres officiers sont les baillis ou jurats qui conduisent les hommes que chaque
communauté est obligée de fournir. Ce régiment est entretenu aux
dépens de chaque communauté pendant trois jours, après lesquels le
Roi les paye ». Le Ministre prescrivait à M. de Bezons, le 29 décembre,
d'employer ces milices à la garde de leur pays ou aux fortifications de
Bayonne, de les grouper par compagnies de 50 ou de 100 hommes,
enfin d'enjoindre aux communautés de leur procurer des armes et de
procéder à la nomination des officiers (A. H. G., vol. 836 et 837).

Dans le Boulonnais existait aussi une milice spéciale, infanterie et
cavalerie, recrutée parmi les habitants du pays et solidement orga-
nisée. Dans ce pays d'élevages, les fermes les plus riches fournissaient
la cavalerie. Tous les officiers, jusqu'au grade de capitaine inclus,

Louvois avait hâte de voir les régiments de milice sur pied. Stimulant le zèle des gouverneurs et des intendants, les gourmandant, les réprimandant au besoin, il devait triompher des obstacles que cette institution nouvelle allait rencontrer presque partout. Elle lui réservait plus d'un mécompte, à commencer par les défauts que présenta trop souvent le corps d'officiers de ces régiments.

Le Ministre voulait, en principe, que les états de proposition des officiers lui parvinssent en décembre afin que, dès le mois de janvier 1689, ces officiers fussent reconnus et mis en mesure de s'occuper de leurs compagnies. C'était aux gouverneurs des provinces ou aux lieutenants généraux qui les remplaçaient qu'incombait la présentation des officiers. A leur défaut, ce privilège revenait à l'intendant.

Dans un temps où la noblesse n'avait d'autre occupation que celle des armes, où il restait dans les provinces un assez grand nombre d'officiers atteints par les

---

étaient nommés par le Roi. Le duc d'Aumont, gouverneur du Boulonnais, donnait tous ses soins au bon état de ces milices. Il obtint de Louvois, au début de 1689, d'y adjoindre deux compagnies de dragons, de 40 hommes. Les milices boulonnaises formaient alors un corps d'environ 4,000 hommes, dont 500 cavaliers et 80 dragons. Le 26 juin 1689, le duc d'Aumont écrivait à Louvois : « Je fis hier une revue générale de toutes les troupes du pays qui étaient au nombre de six bataillons dont les moindres étaient de 500 hommes, ayant à leur tête une compagnie de grenadiers de 48 hommes, et vingt compagnies de chevau-légers de 25 cavaliers chacune, et deux compagnies de dragons de 40 hommes chacune. qui sont assurément comme toutes les meilleures troupes du Roi » (A. H. G., vol. 887).

Bien qu'elles fussent destinées en principe à la garde des côtes et des villes du Boulonnais, toujours placées sous la menace d'un débarquement des Anglais, ces milices devaient être aussi, pendant cette guerre, appelées à tenir garnison dans les places de Flandre et d'Artois les plus rapprochées de leur territoire, telles que Lille, Béthune, Saint-Omer, Douai.

réformes qui avaient suivi la paix d'Aix-la-Chapelle et celle de Nimègue, les demandes d'emploi affluèrent. Des écoles de cadets, instituées par Louvois en 1682, il était sorti un grand nombre de jeunes gens qui, n'ayant point les ressources nécessaires pour entretenir une compagnie d'infanterie, pouvaient prétendre à remplir les places de lieutenant dans les régiments de milice. L'emploi de capitaine de milice convenait aussi à merveille à une foule de gentilshommes et d'officiers trop pauvres pour assumer l'entretien d'une compagnie d'infanterie et qui étaient heureux de trouver dans les milices un établissement où ils n'avaient rien à risquer de leur avoir ni pour le recrutement, ni pour l'habillement, ni pour l'armement des miliciens. En Bretagne, le duc de Chaulnes se vit assailli par plus de 200 solliciteurs qui, « presque tous », le prièrent de demander comme une grâce qu'on enlevât le nom humiliant de milice aux régiments (1). Dans l'Ile-de-France, le duc d'Estrées avait « trouvé plus de 60 gentilshommes qui ont tous servi et qui demandent de l'emploi (2) ». De Rouen, M. de Beuvron écrivait à Louvois qu'il avait « vu et examiné tous les officiers qui se sont présentés au nombre de plus de 400, et il en viendra encore beaucoup parce que, dans le commencement, plusieurs de ceux qui ont été officiers dans les troupes faisaient difficulté de se mettre dans les milices et voulaient la plupart être colonels, mais ils se réduiront aisément à être capitaines. A l'exemple et à l'envi les uns des autres, presque tous veulent servir et me demandent de l'emploi (3) ». Le lieutenant du Roi à Tours, M. de Rasilly,

---

(1) Le duc de Chaulnes à Louvois, 1er janvier 1689 (A. H. G., vol. 902).

(2) Le duc d'Estrées à Louvois, 7 janvier 1689 (A. H. G., vol. 902).

(3) M. de Beuvron à Louvois, 26 décembre 1688 (A. H. G., vol. 837).

informait le Ministre « du zèle de quantité d'officiers de cette province qui viennent tous les jours s'offrir pour remplir les charges du régiment de milice que Sa Majesté a ordonné être levé en cette généralité ; ils ont tous servi le Roi dans ses troupes... (1) ». Il n'y eut guère que dans le Bas-Poitou où la noblesse ne témoigna aucun empressement et n'avait pas encore fait de démarche « pour demander de l'emploi dans les milices » au début de mars 1689 (2).

Désireux d'entourer ces nominations de toutes les garanties, Louvois ne manqua pas de se faire adresser les états de services des candidats proposés, de discuter leurs titres et de consulter de vive voix les gouverneurs et les intendants quand il en eut le moyen. Le 2 janvier 1689, le Ministre priait M. Ménars, intendant de la généralité de Paris, de se rendre auprès de lui pour examiner, avant de le présenter au Roi, le mémoire des gentilshommes « qui peuvent être officiers de milice (3) » dans cette généralité. A tous les gouverneurs et intendants qui lui firent parvenir des états de proposition trop sommaires, sans y joindre les services détaillés des officiers, Louvois fit retourner ces états en leur prescrivant de les compléter (4). Malgré ces précautions, il ne fut cependant pas au pouvoir du Ministre d'écarter tous les sujets médiocres ou douteux. Obligés de compter avec les recommandations et disposant d'un temps très court pour adresser leurs états à Versailles, gouverneurs

---

(1) M. de Rasilly à Louvois, 25 décembre 1688 (A. H. G., vol. 837).

(2) M. de Vérac, commandant dans le Bas - Poitou, à Louvois (A. H. G., vol. 903).

(3) A. H. G., vol. 839.

(4) Ainsi, le 6 janvier 1689, Louvois renvoie à M. de Beuvron l'état des officiers proposés pour le régiment de milice de la généralité de Rouen « afin qu'il vous plaise de me marquer à côté les services de chacun de ceux que vous proposez » (A. H. G., vol. 839).

et intendants n'eurent pas toujours le loisir de contrôler eux-mêmes la valeur des sujets qui s'offraient à leur désignation. Aucun nom de nouveaux convertis ne figurait sur ces états (1).

Les Archives historiques de la Guerre ne possèdent plus les contrôles des régiments de milice de 1688 à 1697 (2). Cette source fait défaut pour y puiser des renseignements sur les officiers qui entrèrent dans la composition de ces régiments. Toutefois il paraît hors de doute, par le jugement qu'en portera Chamlay, d'après Catinat, par les plaintes fréquentes auxquelles donnera lieu, de la part des intendants, leur conduite dans les provinces, par les mille formes de leurs agissements coupables à l'égard des paroisses, par les mesures de répression sans nombre dont Louvois dut faire usage envers eux, que le corps d'officiers subalternes ne fut pas exempt de défauts. Malgré une surveillance sévère, Louvois et Barbezieux ne parviendront pas à extirper un vice capital : l'exploitation des compagnies par les capitaines. Nous verrons trop souvent ces officiers dépourvus d'émulation, uniquement préoccupés de tirer de l'argent des communautés et négligeant le soin de leurs hommes pour ne songer qu'à leurs intérêts particuliers.

Il serait néanmoins injuste de ne point reconnaître que, dans certains régiments, les officiers subalternes ne le cédaient point aux officiers des meilleurs régiments du Roi. Nous savons par les témoignages du maréchal de Lorges que le régiment de Durfort-Boissière, de la généralité de Bordeaux, avait un corps d'officiers remar-

----

(1) Louvois écrivait à M. de Beuvron, le 24 décembre 1688 : « Il ne convient pas au service du Roi que vous lui présentiez des nouveaux convertis pour être officiers de milice que vous pouvez choisir parmi les anciens catholiques » (A. H. G., vol. 836).

(2) Il n'existe qu'un seul contrôle du régiment de la généralité de Soissons, qui donne seulement les noms des hommes pour l'année 1695.

quable (1) ; par Catinat lui-même (2) qu'au régiment de Cavoye, de la généralité d'Amiens, tous les capitaines avaient servi et se ressentaient des choix heureux de l'intendant Chauvelin ; par le président de Saint-André, que le régiment de Du Gua, des milices du Dauphiné, était composé d'officiers qui « presque tous sont gentilshommes, bien faits et qui ont servi dans les armées du Roi (3) ». Bien des gentilshommes, qui avaient même été capitaines, se présentèrent pour entrer dans le régiment d'Aligny, de la généralité de Dijon. Il s'en trouva des régiments de Condé, de Picardie, de Vendôme, de Bourgogne. Le lieutenant-colonel avait été sous-lieutenant des gardes de M. le Prince ; le major, sous-lieutenant aux gardes ; le premier capitaine, à la tête des capitaines du régiment de Vendôme. Pendant les dix années d'existence du régiment, dit d'Aligny dans ses *Mémoires*, « je n'ai jamais souffert de capitaine et de lieutenant qui ne fussent gens de condition. Sitôt que je savais qu'on m'avait trompé, il fallait qu'ils quittassent (4) ».

Les colonels avaient été choisis avec plus de soin. L'on pouvait seulement regretter le grand âge d'un certain nombre d'entre eux. Presque tous pouvaient invoquer de brillants états de services. M. d'Aligny s'était couvert de gloire dans les rangs des mousquetaires aux sièges de Maestricht en 1673 et de Valenciennes en 1677. Louis XIV ne l'appelait que « le brave d'Aligny ». Quelques démêlés avec un de ses supérieurs l'avaient écarté

---

(1) Le maréchal de Lorges à Louvois, 10 juillet 1689 (A. H. G., vol. 905).

(2) Catinat à Louvois, 1ᵉʳ mai 1689 (A. H. G., vol. 887).

(3) M. de Saint-André à Louvois, Grenoble, 2 mars 1689 (A. H. G., vol. 903).

(4) *Mémoire des campagnes de M. le comte Quarré d'Aligny*, publié par M. Beauvois, p. 132.

momentanément des rangs de l'armée. La plupart des colonels des autres régiments étaient, comme lui, des vétérans des guerres de Dévolution et de Hollande. M. de la Ilhière-Lesdin, colonel du régiment de la généralité de Soissons, s'était distingué en Hongrie, à la bataille du Saint-Gothard en 1664. Major du régiment de Piémont en 1669, il avait pris part à la glorieuse défense de Grave en 1674 et connaissait à merveille les détails de l'infanterie par ses fonctions d'inspecteur général où il avait été appelé en 1676 (1). Le marquis d'Herbouville, colonel d'un régiment de la généralité de Rouen, avait pris part au siège de Lille en 1667 et aux batailles de Sinzheim, Ensheim et Turckeim. Sous-lieutenant aux gardes françaises en 1675, il en avait été fait lieutenant deux années plus tard. M. de Cavoye, colonel du régiment de la généralité d'Amiens, était entré au régiment du Roi, à sa création en 1663, avait fait, comme capitaine, la campagne de Flandre en 1667, et était passé avec sa compagnie dans le régiment des Fusiliers en 1671. Major de ce corps l'année suivante, il combat à Senef en 1674, se distingue dans les campagnes de Flandre suivantes et est nommé lieutenant-colonel au régiment des Fusiliers le 25 avril 1677. Le comte Du Gua, colonel du régiment de milice du Dauphiné, était un ancien capitaine du régiment du Roi-Cavalerie et avait assisté, entre autres combats, aux affaires de Sinzheim et d'Ensheim en 1674, à la bataille de Turckheim en 1675 et à celle de Saint-Denis en 1678. Le marquis de Coutenges, colonel du régiment de milice d'Auvergne, avait eu un bras emporté à la bataille de Rethel, en 1652 (2). Trois de ses fils servaient à ses

---

(1) Les états de services de cet officier et des suivants figurent dans la *Chronologie historique militaire* de Pinard.

(2) Tessé à Barbezieux, Pignerol, 19 août 1693 (A. H. G., vol. 1332).

côtés dans le même régiment. M. Du Pas, colonel d'un régiment de milice de la généralité de Paris, était un ancien garde du corps, vieilli au service (1). M. Caixon, colonel d'un des régiments de la généralité de Montauban, était aussi un glorieux soldat qui avait pris part aux dernières campagnes de Turenne avec le régiment Royal-la-Marine où il était entré, lors de sa création, le 24 décembre 1669.

Ces officiers, et plusieurs autres dont les états de services n'ont pu être retrouvés, ne devaient pas démentir un si beau passé.

Leur expérience personnelle exercera une action heureuse sur les régiments de milice qui leur sont confiés et qui seront sans contredit les mieux administrés et les plus aguerris.

Comme les régiments prirent les noms de leurs colonels, il ne sera pas inutile de rappeler ici ceux des officiers appelés à commander les 29 régiments mis sur pied en 1689, dans les généralités suivantes :

Paris....... MM.	DU PAS et DE LIGNIÈRES.
Soissons.......	DE LA ILHIÈRE-LESDIN.
Amiens	DE CAVOYE.
Rouen	Marquis DE SILLY (puis MONTENAY) et marquis D'HERBOUVILLE.
Caen	Marquis DE FONTENAY.
Alençon.......	Marquis d'O.
Châlons.......	DE GRANDPRÉ et baron DE MOULINS.
Dijon	D'ALIGNY.
Orléans	DE MENOU.
Moulins.......	DE DULAC.
Tours.........	DESCLOS.
Bretagne......	Marquis DUBOIS DE LA ROCHE, marquis de CARMAN, comte DE GUÉBRIANT.

---

(1) *Mémoire de la généralité de Paris,* publié par M. de Boislisle (Collection des Documents inédits sur l'histoire de France).

Poitiers . . . .   Marquis DE LA CARTE.
Limoges. . . . . . .   Marquis DE SAINT-JAL.
Riom . . . .   DE COUTENGES.
Lyon. . . . .   DE FONTANÈS.
Grenoble . . . . . .   Comte DU GUA.
Provence . . . . . .   Marquis DE BUOUS.
Montauban . . . .   Marquis DE LA GARDE, marquis DE BOURNAZEL et
                     CAIXON.
Bordeaux . . . . . .   Vicomte DE POUDENS, marquis DE LA ROCHE-
                     COURBON, marquis DE BOISSIÈRE-DURFORT.

Quelques retards dans l'expédition des commissions ne permirent pas à la plupart des capitaines de s'occuper de l'organisation de leurs compagnies avant février et mars 1689. Ces contretemps devaient d'ailleurs être de peu d'importance en présence des abus et des difficultés que nous allons rencontrer dans la levée des miliciens.

Le principe de faire fournir un milicien par chaque paroisse se prêta, dès l'abord, à une critique sérieuse. Il se trouvait des paroisses imposées à la taille de quelques centaines de livres, auxquelles il n'était point aisé d'entretenir un milicien, tandis que d'autres, imposées de quelques milliers de livres, pouvaient facilement lever plusieurs miliciens. Les intendants ne manquèrent pas d'en faire la remarque à Louvois. « En travaillant au département des 1,500 hommes de milice », lui écrivait M. Ménars, l'intendant de la généralité de Paris, à la date du 13 décembre 1688, « je trouve qu'il est ordonné par le règlement que chaque paroisse fournira un homme; et, comme il y a des paroisses qui portent 30,000 et 40,000 livres de taille plus ou moins, lesquelles ne fourniraient qu'un homme pendant que d'autres paroisses, qui ne portent que 500 à 600 livres de taille, en fourniront autant, je vous supplie, Monsieur, de me mander si Sa Majesté trouvera bon que les plus grosses paroisses fournissent des hommes à proportion de leur imposition. Cela me semble juste, outre que les soldats étant de proche en proche, les compagnies s'assembleraient plus aisément (1) ».

Le Ministre était trop clairvoyant pour ne pas faire droit à cette requête, et, deux jours plus tard, une ordonnance était publiée, « portant que les paroisses des provinces et généralités où la levée des milices a été ordonnée, lesquelles porteront 4,000 livres de taille, fourniront chacune deux hommes et ainsi des autres en augmentant autant d'hommes que la dite taille contiendra de fois celle de 2,000 livres, nonobstant ce qui est porté par le règlement du 29 novembre dernier (2) ». Louvois se réserva le moyen de contrôler la juste répartition des charges sur les paroisses des généralités en prescrivant aux intendants, par une circulaire du 29 décembre 1688 (3), de lui adresser : « 1° un état du nom des paroisses qui fourniront des soldats de milice, à côté duquel la cote de la taille de chaque paroisse sera marquée; 2° un état du nom des paroisses qui ne fourniront point de soldats, à côté desquelles la cote de chaque paroisse à la taille fût aussi marquée ». Deux jours auparavant, le Ministre avait renvoyé à l'intendant de la généralité de Soissons, M. Bossuet, son état des paroisses qui devaient fournir des miliciens où la cote des tailles avait été omise, et il ne lui dissimulait point que ce renseignement devait permettre à Sa Majesté de voir « si vous n'exemptez personne et s'il n'y a que les communautés les plus faibles qui, par le susdit règlement, ne doivent point fournir de soldat de milice (4) ».

---

(1) A. H. G., vol. 837.
(2) Recueil des Ordonnances (Bibliothèque du Ministère de la guerre).
(3) A. H. G., vol. 836.
(4) *Ibid.*, vol. 816.

On aurait pu encore adresser au règlement du 29 décembre 1688 le reproche de ne point tenir compte du chiffre de la population de chaque paroisse dans la répartition de la levée. Ainsi, dans le Dauphiné, où les impositions se levaient non sur les paroisses mais sur les communautés, où 1,312 paroisses formaient 959 communautés, l'intendant M. Bouchu prévenait Louvois, le 26 décembre 1688, que l'habillement d'un homme et son entretien pendant un an coûteraient autant et plus, à certaines communautés, « que ce qu'elles payent de taille (1) ». Pour obtenir une égale répartition des charges, l'intendant prit le parti de baser son travail non sur le nombre des communautés mais sur le chiffre des feux de chaque communauté.

Il semble que l'on puisse poser en règle générale que les paroisses où la taille était inférieure à 400 livres furent, presque dans toutes les généralités, exemptes de la levée. Ainsi les paroisses imposées à moins de 420 livres dans la généralité de Rouen (2), à moins de 390 livres dans celle de Bordeaux (3), se virent dispensées de fournir un homme.

En principe, les paroisses du littoral, déjà soumises à la garde-côte, devaient être dispensées de la milice dans un rayon de 2 lieues à l'intérieur des terres. Cette règle souffrit néanmoins quelques exceptions; ainsi, sur l'observation de l'intendant, M. de Gourgues, que la Basse-Normandie ne pourrait fournir un régiment de 900 hommes si les paroisses, sujettes à la garde-côte, étaient exemptées de la milice, Louvois agréa sa proposition d'y

---

(1) A. II. G., vol. 837.

(2) M. Feydeau de Brou, intendant de la généralité de Rouen, à Louvois, 30 décembre 1688 (A. II. G., vol. 837).

(3) M. de Bezons, intendant de la généralité de Bordeaux à Louvois, 11 janvier 1689 (A. II. G., vol. 902).

faire contribuer les paroisses de la côte qui payeraient 600 à 700 livres de taille (1).

Ces questions d'ordre administratif facilement résolues, les intendants pouvaient procéder à la levée des hommes, mais ici leur tâche fut plus ardue. L'institution nouvelle, qui pesait presque uniquement sur les paysans, rencontra, partout pour ainsi dire, une vive répulsion parmi le peuple des campagnes, et nous verrons les paysans s'ingénier, par mille ruses et par mille finasseries, à esquiver le service de la milice. Le moyen le plus usité fut la désertion des paroisses par les jeunes gens, soit avant, soit après les désignations pour la milice. Elle sévit particulièrement dans les trois généralités de la Normandie, dans le Poitou, la Bretagne, la Guyenne, sans épargner les autres provinces. Le 7 janvier 1689, M. de Beuvron rend compte à Louvois que, dans la généralité de Rouen, les jeunes gens se cachent ou sortent des paroisses (2). A peine entré en possession de l'intendance de Rouen, Chamillart constate, le 15 février 1689, que, « depuis quelque temps, la plupart de ceux qui ont été nommés soldats pour la milice s'absentent de leurs paroisses, quelques-uns même avant la nomination, de peur de l'être (3) ». Dans une lettre sans date, du milieu de février 1689, il avoue que la levée des miliciens « est un ouvrage bien plus difficile que l'on ne peut se l'imaginer, et, si je n'étais venu moi-même sur les lieux, cela n'aurait jamais fini. Tous les garçons des paroisses qui doivent nommer s'enfuient, et, quelques nominations que les habitants fassent, il ne se

---

(1) La lettre de M. de Gourgues, du 5 janvier 1689, porte en minute la décision de Louvois : « Cela est bon » (A. H. G., vol. 902).

(2) A. H. G., vol. 902.

(3) *Ibid.*

trouve personne lors des revues (1) ». L'intendant de la
généralité d'Alençon, M. de Bouville, signale à Louvois,
le 28 décembre 1688, « qu'il y a beaucoup de gens dans
les paroisses qui, dans la crainte d'être nommés, quoiqu'ils le dussent souhaiter, se sont absentés (2) ». Dans
la généralité de Caen, le gouverneur, M. de Matignon,
rend compte, le 8 février 1689, que les hommes capables de servir, une fois nommés par les paroisses, « se
cachent et ne comparaissent pas aux revues (3) ».

En Poitou, les communautés sont obligées de procéder
à deux et trois nominations successives sans parvenir à
arrêter la désertion (4), et le gouverneur, M. de Vérac,
écrit de Poitiers, le 19 mars 1689, « que les soldats que
les paroisses ont nommés désertent presque partout (5) ».
En Bretagne, les déserteurs sont nombreux et, chose
plus grave, rencontrent appui et protection auprès des
gentilshommes, recteurs et prêtres, qui aident à les
cacher (6). Dans la généralité de Bordeaux, l'intendant,
M. de Bezons, rend compte, à la date du 15 février,
« qu'il y a beaucoup de ceux qui ont été nommés, lesquels s'absentent (7) », et le gouverneur, le maréchal de
Lorges, confirme ce témoignage, le 19 mars, en signa-
lant que « déjà, pour être seulement nommés par les
collecteurs, beaucoup désertent (8) ». Suivant une lettre
de M. de la Berchère, intendant de Montauban, du
26 janvier, « du côté d'Asturar et de Comminges, des
soldats se sont absentés après avoir été nommés et

---

(1) A. H. G., vol. 903.
(2) *Ibid.*, vol. 837.
(3) *Ibid.*, vol. 902.
(4) L'intendant Riboyre à Louvois, 6 avril 1689 (A. H. G., vol. 904).
(5) A. H. G., vol. 903.
(6) Le duc de Chaulnes à Louvois, 12 juin 1689 (A. H. G., vol. 903).
(7) A. H. G., vol. 902.
(8) *Ibid.*, vol. 903.

même avant de l'être (1) ». L'intendant M. de Vaubourg signale aussi quelques désertions parmi les miliciens d'Auvergne (2), et M. de Saint-Aulaire, gouverneur de Limoges, mande, le 3 mars, que « les officiers travaillent avec empressement à assembler leurs soldats, mais il s'y trouve de la difficulté par la désertion de plusieurs de ceux qu'on a nommés (3) ».

Ces exemples suffisent pour montrer l'aversion profonde qui accueillit, dès ses débuts, l'établissement du service militaire obligatoire en France. Là où les paysans ne recoururent point au procédé brutal de la désertion, ils surent inventer plus d'un prétexte pour échapper à la milice. Beaucoup prirent le parti de se marier. Les intendants des généralités d'Alençon et de Caen signalent une recrudescence des mariages au début de 1689. L'intendant de Caen, M. de Gourgues, écrit à Louvois, le 5 janvier, que, « depuis la publication du règlement, les curés sont dans une occupation continuelle à marier les jeunes gens de ce pays-ci, où les esprits sont toujours occupés à éluder la loi (4) ». Un peu partout, les paysans simulèrent des engagements dans les troupes réglées, se firent recevoir à prix d'argent au nombre des recrues rassemblées par les officiers dans les provinces et n'y demeurèrent que le temps nécessaire pour se soustraire à la milice. Plusieurs, dans le même but, entrèrent au service feint ou réel de gentilshommes ou de personnes de qualité. « Chacun, dit dans ses *Mémoires* l'intendant Foucault, qui venait de succéder à M. de Gourgues à Caen, chacun cherchait les

---

(1) A. H. G., vol. 902.
(2) M. de Vaubourg à Louvois, 4 mars 1689 (A. H. G., vol. 903).
(3) A. H. G., vol. 903.
(4) *Ibid.*, vol. 902.

moyens de s'exempter de ce service, au point qu'une femme, m'ayant donné plusieurs raisons, toutes mauvaises, pour empêcher son. fils d'être enrôlé et voyant que je n'y avais point d'égard, elle se récria : « Eh bien ! « monsieur, puisque ces raisons ne vous persuadent « point, je vous déclare que mon fils est bâtard, et, le « Roi ne voulant point de bâtards dans ses troupes, « vous devez me le rendre. » Elle prit en même temps plusieurs paysans de son village à témoin de la vérité du fait qu'elle avançait (1) ». Enfin nous verrons que nombre de paysans mettront en œuvre la puissance corruptrice de l'argent et parviendront à se soustraire au service de la milice, « moyennant quelque honnêteté aux officiers ».

Gouverneurs et intendants n'avaient pas seulement à compter avec les subterfuges des paysans : ils rencontraient encore une résistance sérieuse des paroisses elles-mêmes, soit par mauvaise volonté, soit par crainte des représailles que redoutaient les baillis, syndics, principaux habitants, des désignations de miliciens. Dans l'Orléanais, l'intendant, M. du Creil, se vit contraint d'envoyer des archers tenir garnison dans plusieurs paroisses « récalcitrantes (2) », qui apportaient des retards à cette levée. Dans le Bourbonnais, certaines paroisses n'avaient pas encore procédé à leurs désignations au début de février 1689, et l'intendant, M. Daquin de Châteaurenard, écrivait à Louvois, le 11 février, qu'il allait « menacer d'envoyer chez deux ou trois des principaux d'entre eux huit ou dix soldats en garnison pour y demeurer jusqu'à

---

(1) *Mémoires de Foucault*, publiés par M. Baudry.

(2) M. du Creil au Contrôleur général, 26 juin 1689 (*Correspondance des contrôleurs généraux avec les intendants*, publiée par M. de Boislisle, t. Ier).

ce qu'ils aient satisfait de leur part à cette nomination (1) ». En Auvergne, M. de Vaubourg, intendant de la généralité, rendait compte au Ministre, le 4 mars, que « quelques paroisses sont jusques à présent en demeure et refusantes de nommer les soldats. Je vais moi-même en quelques-unes, et M. Merveillaud, commissaire des guerres, ira dans les autres pour faire faire les nominations ou pour choisir et enrôler, en cas de refus, des garçons de la qualité portée par le règlement du 29 novembre 1688, afin que le service ne soit pas retardé (2) ». Au mois d'avril, l'intendant du Poitou, M. Ribeyre, n'était pas encore parvenu à compléter les compagnies de milice de son département, malgré les mesures de rigueur décrétées contre plusieurs paroisses : « Cela vient, écrivait-il à Louvois le 6 avril, de ce que la plupart des paroisses ayant nommé il y a longtemps leur soldat, les officiers ne venant pas le prendre parce qu'ils n'ont reçu leurs commissions que depuis quinze jours, le soldat s'est absenté et le second et le troisième, que la paroisse a nommés successivement, car il y en a qui en ont nommé jusqu'à trois ou quatre qui se sont absentés, et, après cela, elles n'ont pas voulu en nommer d'autres, quoi que je leur aie enjoint, par des ordonnances portant 50 livres d'amende contre le syndic et de 100 livres contre les habitants solidairement, ce qui m'a obligé d'envoyer les officiers des élections pour en nommer d'office, faute par les paroisses d'en nommer (3) ».

Enfin, le duc de Chaulnes, gouverneur de Bretagne, avouait à Louvois, le 12 juin 1689, que, sans des mesures énergiques pour contraindre les paroisses à la levée, « il n'y aurait pas présentement 500 hommes dans les trois

---

(1) A. ll. G., vol. 902.
(2) *Ibid.*, vol. 903.
(3) *Ibid.*, vol. 904.

régiments. Presque tous les gentilshommes, les recteurs et prêtres, les veuves, tous chagrins de l'exclusion qu'on leur avait donnée pour faire trouver de bons soldats, firent tout ce qu'ils purent contre les nominations et appuyèrent sourdement la retraite de ceux qui avaient été nommés. L'autorité manqua tout d'un coup aux syndics et trésoriers et marguilliers ; ils se cachèrent les premiers et n'osèrent plus nommer personne, intimidés par les menaces de tous ceux qui prenaient intérêt à ces nominations, et, si l'on n'eût mêlé un peu d'autorité pour faire obéir les paroisses, l'on n'aurait pu lever un régiment (1) ».

Les paysans eux-mêmes n'avaient pas été étrangers à ces menaces d'intimidation en plus d'un endroit. Suivant le témoignage de l'intendant Chauvelin, elles avaient empêché « beaucoup de communautés » de la Picardie de faire leurs nominations à la date qu'il leur avait fixée. « Les menaces de ceux sur qui pouvait tomber le choix et la crainte d'être brûlés par ceux qui seraient mécontents d'être élus, les retiennent, écrivait l'intendant à Louvois, le 7 février 1689. J'ai été obligé, pour l'exemple, d'envoyer prendre par des archers les lieutenants et les deux principaux habitants de quelques communautés (2) ». Dans le Limousin, un paysan allait jusqu'à « tirer un coup de pistolet à son curé, à la porte de l'église, parce qu'il l'avait fait nommer (3) ». Dans la généralité de Paris, l'intendant, M. Ménars, rendait compte à Louvois, le 11 mars, que les nouveaux miliciens « maltraitent ceux qu'ils croient leur avoir donné leur voix (4) ». Les mêmes faits se reproduisaient dans le Mâconnais où le

---

(1) A. H. G., vol. 905.

(2) *Ibid.*, vol. 902.

(3) M. de Saint-Aulaire, commandant à Limoges, à Louvois, 3 mars 1689 (A. H. G., vol. 903).

(4) A. H. G., vol. 903.

président des États, l'évêque Tilladet, signalait, en février 1689, des miliciens « qui ont frappé les collecteurs pour les avoir nommés les premiers, et qui menacent de brûler (1) ».

Là ne s'arrêtèrent pas les difficultés dans la levée de la milice. Les plus graves et les plus nombreuses vinrent du mode de désignation des miliciens, qui ouvrait la porte à l'arbitraire et à l'injustice. « Demander à des hommes rassemblés un dimanche de désigner en toute justice, pour un service forcé et périlleux, celui d'entre eux qu'ils jugeaient le plus apte, c'était compter sur une impartialité plus qu'humaine et même compromettre la bonne organisation de l'institution nouvelle (2) ». Trop souvent les voix se portèrent sur des misérables sans défense et sans appui, trop souvent des cabales se nouèrent pour satisfaire des rancunes particulières et transformer ces désignations en un instrument de vengeance et d'oppression. Le paysan de la généralité de Caen avait souvent vu, dans le choix du milicien, « une occasion favorable à pouvoir se venger de son ennemi ou chagriner la veuve, lui ôtant son fils qui lui sert à gagner sa vie, sans considérer s'il a les forces ni l'âge nécessaires pour un tel emploi (3) ». Il en était de même en Picardie, où l'intendant Chauvelin signalait, le 7 février 1689, l'âpreté avec laquelle les jalousies et les vengeances locales s'étaient exercées dans son département : « Les paysans, qui sont mauvais ou vindicatifs, se sont servis de cette occasion pour se nuire les uns aux autres en faisant nommer un garçon qui exploite une

---

(1) L'évêque Tilladet à Louvois, sans date, lettre classée au 16 février 1689 (A. H. G., vol. 903).

(2) Gebelin, *loc. cit.*, p. 37.

(3) M. de Gourgues à Louvois, 5 janvier 1689 (A. H. G., vol. 902).

ferme afin d'avoir son marché, ou le fils d'une pauvre
veuve ou d'un vieillard qui ne subsistent et n'entre-
tiennent leur commerce que par le secours de ce fils, au
lieu de choisir les plus inutiles dans la paroisse et ceux
qui ne payent que très peu de taille. On ne peut pas
concevoir toutes (les) injustices que ces gens-là imaginent.
J'y ai remédié autant qu'il m'a été possible sur les plaintes
qui m'ont été faites par un nombre infini de gens qui
sont venus de toutes parts, ou en instruisant les lieutenants ou marguilliers des villages qui me sont venus
consulter sur les mauvaises interprétations qui se
donnaient à l'ordonnance par leurs fausses imagi-
nations (1) ».

Les intendants n'ont point seulement à réprimer dans
la levée des miliciens toutes sortes d'injustices : ils doivent encore lutter contre mille abus. Les communautés
ne se contentent pas de nommer «les plus pauvres, qui
vivent du jour à la journée (2) », elles font souvent tomber leur choix sur des gens mal faits, boiteux, trop
jeunes, incapables de servir. Parfois les paysans se font
un malin plaisir de donner leurs voix aux collecteurs des
tailles, à des jeunes gens absents de la paroisse depuis
de longues années ou engagés au service de gentilshommes, à des vagabonds, à des nouveaux convertis.
Des difficultés d'un ordre imprévu se produisent dans
quelques paroisses qui n'ont point de jeunes gens de
l'âge requis ou qui ne sont pas composées d'anciens
catholiques. Presque partout les jeunes gens se cotisent
en faveur du nouveau milicien, et les paroisses s'impo-
sent de lourds sacrifices pour enrôler des individus

---

(1) A. H. G., vol. 902.
(2) L'intendant de la Berchère à Louvois, 25 octobre 1689 (A. H. G.,
vol. 906).

étrangers à la localité. A son de caisse et sous la promesse d'une somme alléchante, elles font appel à des mercenaires de bonne volonté.

Gouverneurs et intendants portent ces abus à la connaissance de Louvois. Dans ses lettres, M. de Matignon, gouverneur de la Basse-Normandie, ne tarit point sur l'esprit fertile en malices des paysans de sa province, « qui ont choisi tous misérables hors d'état de servir (1) ». Quand l'intendant Foucault assemble le régiment de la Basse-Normandie à Vire, en avril 1689, il est, durant quinze jours, en partie occupé à « juger tous les différends que la plus fine chicane peut inventer entre les paysans des paroisses au sujet de ces enrôlements (2) ». En février 1689, au moment où il cédait l'intendance de Rouen à Chamillart, Feydeau de Brou ne savait plus comment « résoudre une multiplicité innombrable de difficultés que les habitants des paroisses prennent plaisir de faire naître, les uns par malice et les autres par bêtise (3) ». Avant de passer de la généralité de Châlons à celle de Tours, M. de Miromesnil nommait, par une ordonnance du 4 février, dans chaque élection de Champagne, une personne capable d'arrêter, avec les capitaines, les nominations des soldats de milice, parce qu'il « s'est commis plusieurs abus dans les nominations de soldats par le crédit des principaux des paroisses, la plupart des communautés ayant affecté de présenter des personnes absolument hors d'état de servir (4) ». Passant en revue quinze compagnies du régiment de milice du Dauphiné assemblées à

---

(1) M. de Matignon à Louvois, 1er janvier 1689 (A. H. G., vol. 902).
(2) *Mémoires de Nicolas Foucault.*
(3) Feydeau de Brou à Louvois, 28 décembre 1688 (A. H. G., vol. 837).
(4) A. H. G., vol. 902.

Romans, M. de Larray, qui commandait dans cette province, informait Louvois qu'il y avait trouvé 100 hommes de rebut, « si mal faits qu'on ne peut les souffrir. Outre leur désagréable figure, la plupart ont mal aux jambes. C'est la faute des consuls qui ont choisi, Monseigneur, tout ce qu'il y avait de plus mauvais dans leur communauté (1) ». Le 22 mars 1689, l'intendant d'Orléans, M. du Creil, rendait compte à Louvois qu'il profiterait de l'assemblée du régiment de milice de sa généralité dans cette ville pour régler une foule de contestations, provoquées par des nominations de gens « incapables de servir (2) ».

Il nous reste encore à examiner une dernière catégorie d'abus dans la levée de la milice, ceux qui prirent naissance, en grand nombre, des malversations, compromissions et exactions des officiers.

Louvois avait posé, aussi larges que possible, les conditions d'acceptation des nouveaux miliciens. Pour la taille, l'une des préoccupations les plus importantes des officiers de cette époque, il n'en avait indiqué aucune. « A l'égard de la taille du soldat, écrivait-il à M. Feydeau de Brou le 30 décembre 1688, il ne faut pas s'y attacher si fort, pourvu qu'il soit de tournure et en état de servir (3) ». Le Ministre demandait seulement que l'homme fût valide, comme il le déclarait à M. de Châteaurenard, le 28 janvier 1689 (4). Néanmoins beaucoup de capitaines et plusieurs colonels de régiments de milice se mirent à mesurer les hommes nommés par les paroisses, ne voulant en accepter que de la taille de

---

(1) M. de Larray à Louvois, 30 mars 1689 (A. H. G , vol. 903).
(2) A. H. G., vol. 903.
(3) *Ibid.*, vol. 836.
(4) *Ibid.*, vol. 840.

5 pieds 4 pouces, comme dans les troupes du Roi. Il en résulta des allées et venues des syndics, baillis, consuls, pour leur présenter des hommes jusqu'à trois et quatre fois sans parvenir à les faire agréer. De guerre lasse, comme le fait eut lieu en Bretagne (1), certaines paroisses prirent le parti d'acheter des hommes au dehors pour faire face à ces exigences.

Cet abus se produisit dans la plupart des généralités. En Normandie, « les capitaines s'étaient rendus tellement maîtres de leurs compagnies que quelques-uns voulaient les plus grands hommes des paroisses qui leur en devaient fournir et, pour cela, en avaient refusé plusieurs des premiers nommés (2) ». Des colonels, comme M. de la Rochecourbon en Guyenne, M. de Carman en Bretagne, mirent en œuvre de pareilles prétentions et forcèrent les communautés à ne leur présenter que des hommes de grande taille. Sur ses terres de Clamart et de Meudon, Louvois était lui-même témoin de cet abus. De Versailles, le 27 février 1689, il écrivait à l'intendant Ménars : « Les capitaines des compagnies de milice veulent mesurer les soldats, et j'en ai vu un de Clamart qu'ils ont refusé, qui est très bon. Je vous prie de pourvoir à faire cesser ce désordre (3) ».

Si plusieurs officiers n'étaient guidés, en mesurant leurs hommes, que par le souci d'avoir des soldats d'un aspect plus flatteur, beaucoup aussi se servaient de ce prétexte pour entrer en composition avec les paroisses et en tirer de l'argent. Ils ne consentaient à se relâcher de leurs exigences que moyennant quelques présents. L'in-

---

(1) L'intendant de Pomereu à Louvois, 7 juin 1689 (A. H. G., vol. 905).

(2) Chamillart à Louvois, sans date, lettre classée au 16 février 1689 (A. H. G., vol. 903).

(3) A. H. G., vol. 842.

tendant d'Alençon, M. Pomereu de la Bretèche, rendait
compte à Louvois, le 7 avril 1689, que l'assemblée du
régiment de milice de sa généralité éprouvait des retards
par les manœuvres des capitaines « qui ne songent qu'à
gagner de l'argent ». L'un d'eux, un sieur de La Lande,
reculait l'assemblée de sa compagnie en refusant les
soldats nommés par les paroisses, « à moins qu'on ne
lui donne un droit, qu'il appelle droit de réception (1) ».
Dans le Lyonnais, cet abus montait « à des sommes très
considérables...., chaque capitaine a exigé, à ce qu'on
dit, plus de 200 pistoles », en partie « pour agréer des
soldats qui se trouvaient toujours trop petits », et, mandait l'intendant de Bérulle à Louvois, le 14 avril 1689,
« quelques soins que j'aie pris pour contenir les officiers
de milice et les empêcher d'exiger de l'argent des
paroisses qui doivent fournir les hommes, je n'ai pu,
Monsieur, y réussir (2) ». Dans le Languedoc, le comte
de Broglie faisait emprisonner à la citadelle de Saint-
Esprit le major du régiment de milice de Tourette,
prévenu d'avoir tiré des paroisses une somme de
200 livres dans la levée de ce régiment (3). Dans la
généralité de Montauban, les sommes données par les
communautés aux capitaines, « afin de les porter à recevoir sans difficulté les soldats qu'elles faisaient présenter (4) », s'élevaient aussi à un chiffre élevé.

Les interventions de protecteurs influents et la puissance corruptrice de l'argent amenèrent souvent les
capitaines à refuser des hommes aptes au service. L'intendant de Moulins, M. de Châteaurenard, rendait
compte à Louvois, le 23 janvier 1689, que les officiers

---

(1) A. H. G., vol. 904.
(2) *Ibid.*
(3) Le comte de Broglie à Louvois, 17 mai 1689 (A. H. G.,
vol. 904).
(4) M. de la Berchère à Louvois, 24 mai 1689 (A. H. G., vol. 904).

du régiment de milice du Bourbonnais abusaient « du droit, que le Roi leur donne par son règlement, d'admettre et de rejeter les soldats qui ont été choisis par la paroisse, les déchargeant par compère et par commère, et qu'il y a telle paroisse qui a déjà présenté quatre hommes sans pouvoir être admis (1) ». Il prévoyait que les soldats un peu aisés parviendraient à se faire refuser « moyennant quelque honnêteté aux officiers ». Dans la généralité de Rouen, Chamillart, apprenant que quelques soldats s'étaient « déchargés par argent (2) », se faisait rapporter toutes les nominations pour en examiner la validité, et, malgré cette précaution, il avouait plus tard à Louvois « qu'il y a eu quelques capitaines dont les uns par amis, d'autres par argent, ont rendu de très beaux hommes et en ont pris de mauvais (3) ». Dans la généralité de Lyon, moyennant « des sommes très considérables », des capitaines exemptaient « ceux qui refusaient de marcher, quoique nommés (4) ». En prenant possession de l'intendance de Limoges, M. de Bouville constatait les malversations de quantité de syndics et de capitaines. « Au surplus, écrivait-il à Louvois le 25 avril 1689, les hommes sont assez bien faits, et ils seraient encore plus beaux si quelques capitaines n'avaient pris de l'argent pour exempter quelques-uns de ceux qui avaient été nommés, et s'ils n'avaient eu des égards pour des recommandations qu'on leur a faites (5). » L'intendant de Bretagne, M. de Pomereu, signalait à Louvois, le 27 avril 1689, « les vexations et les petites pilleries » qui

---

(1) A. H. G., vol. 902.

(2) Chamillart à Louvois, sans date, lettre classée au 16 février 1689 (A. H. G., vol. 903).

(3) Chamillart à Louvois, 16 octobre 1689 (A. H. G., vol. 906).

(4) L'intendant de Bérulle à Louvois, 14 avril 1689 (A. H. G., vol. 904).

(5) A. H. G., vol, 904.

se pratiquaient dans les régiments de milice de cette province. Il se proposait de vérifier tous les avis qu'on lui avait donnés « de bien des sommes reçues par les officiers pour changer les nominations des soldats (1) ». Le colonel Dubois de la Roche n'était pas à l'abri de ces malversations.

Assailli par ce concert de difficultés et d'abus que soulève la seule levée de la milice, Louvois laisse échapper, dans sa correspondance avec les intendants, plus d'un signe de mauvaise humeur. Comme le puissant Ministre est habitué à voir tout plier sous lui, il s'irrite des résistances et des retards. Feydeau de Brou, qui a eu l'imprudence de lui exposer tout au long les difficultés de cette levée dans la généralité de Rouen, ne tarde pas à encourir une profonde disgrâce et à devoir se démettre de sa charge (2). C'est par l'action personnelle des intendants que Louvois entend mettre fin aux retards dans la levée. Il leur recommande de « se promener » dans leurs élections au lieu de rester au chef-lieu de leur département. « Si vous vouliez bien vous promener un peu d'élection en élection, écrit-il à Feydeau de Brou le 30 décembre 1688, vous feriez bientôt cesser les difficultés qui arrivent dans les paroisses (3) ». Il ne tarde pas à renouveler les mêmes injonctions aux intendants des

---

(1) A. H. G., vol. 901.

(2) Sous le coup de sa disgrâce, M. Feydeau de Brou écrivait à Louvois, le 9 février 1689 : « Si les difficultés que j'ai pris la liberté de vous faire mal à propos au sujet de la levée des garçons de milice vous ont déplu, je puis, Monsieur, vous assurer que la seule envie de me conformer trop scrupuleusement à vos ordres en a été la cause unique.... Je n'ose paraître devant vous sans votre permission. Si vous me l'ordonnez, je me présenterai avec toute la soumission que je dois.... » (A. H. G., vol. 902).

(3) A. H. G., vol. 836.

généralités de Moulins, d'Orléans et de Paris. Il n'admet pas que gouverneurs et intendants, investis d'un pouvoir sans limite, ne puissent terminer promptement toutes ces misères. Maintes fois, il leur exprime nettement sa pensée, comme il le fait dans cette lettre à M. de Matignon, du 27 février 1689 : « Il faudrait faire autant de règlements qu'il y a de paroisses s'il fallait écouter toutes les difficultés qui se présentent parmi les communautés de l'étendue de votre commandement au sujet des milices. C'est à vous à les faire obéir et à punir ceux qui manqueront d'exécuter ce que vous ordonnerez (1) ».

Pour réprimer la désertion des nouveaux miliciens, le Ministre approuve les mesures de sévérité employées par les intendants, lesquelles consistent surtout à envoyer des troupes ou des archers tenir garnison chez les parents des insoumis. Ce sont les chefs des communautés que Louvois recommande de rendre personnellement responsables de l'exécution de la levée et de punir sévèrement, en cas de retard, par de la prison, des amendes ou des logements militaires. « Il faut faire mettre en prison les chefs des paroisses qui n'ont pas encore nommé les soldats de milice et leur faire payer de grosses amendes (2) », écrit-il à l'intendant d'Auvergne, M. de Vaubourg, le 9 mars 1689. A M. de Vérac, qui commande dans le Poitou, il mande, le 31 mars 1689 : « Il faut obliger les paroisses du Poitou à fournir incessamment les soldats qui doivent marcher, et le moyen d'y réussir c'est d'envoyer des dragons chez les baillis, qui seront mis en demeure d'exécuter ce qu'ils doivent (3) ». Comme la levée des miliciens du Poitou

____

(1) A. H. G., vol. 842.
(2) *Ibid.*, vol. 843.
(3) *Ibid.*, vol. 844.

continue à éprouver des retards, Louvois s'impatiente, et va même jusqu'à prescrire à l'intendant Ribeyre, le 14 avril 1689, « de faire marcher des syndics à la place de ceux qui manqueront, et vous n'aurez pas plutôt mis deux fois cet expédient en usage que vous verrez qu'ils en nommeront de propres à bien servir (1) ».

De même, Louvois entend que les communautés remplacent sur-le-champ les miliciens impropres au service et qu'elles soient condamnées pour ce fait à l'amende. « S'il y a des paroisses qui nomment des garçons pour la milice au-dessous de l'âge prescrit·par ledit règlement, ou d'autres qui soient boiteux, écrit-il à M. Feydeau de Brou, le 30 décembre 1688, il est aisé de remédier à cet inconvénient en condamnant à l'amende la première paroisse qui ne se sera pas conformée au susdit règlement (2) ». Il juge même que des mesures de rigueur doivent être employées contre les consuls et syndics de ces paroisses, et, comme M. de Larray lui a fait savoir qu'il y a « beaucoup de soldats mal tournés et incommodés dans les milices du Dauphiné », Louvois lui mande, le 7 avril 1689, qu'il « serait bon de faire un exemple des consuls qui les ont nommés pour leur apprendre à n'en point envoyer qui ne soient en état de servir (3) ».

Les autres difficultés, qui avaient arrêté certains·intendants dans la levée des miliciens, sont loin d'embarrasser le Ministre. Là où il n'existe que des nouveaux convertis, il faut, répond Louvois (4), obliger la paroisse à se

---

(1) A. H. G., vol. 845.
(2) *Ibid.*, vol. 836.
(3) *Ibid.*, vol. 845.
(4) Annotation de Louvois sur une lettre de l'intendant de Bezons, de la généralité de Bordeaux, du 15 février 1689 (A. H. G., vol. 902).

procurer un homme de bonne volonté dans une communauté voisine. A l'égard des garçons qui se sont mariés après avoir été désignés comme miliciens, Louvois fait remarquer à l'intendant Foucault que « ce n'est point une raison pour se dispenser d'être soldat de milice que d'être marié. Ainsi ceux qui, après avoir été nommés par les communautés de votre département, ont contracté mariage, devront marcher comme les autres (1) ». Là où il ne se trouve point de garçon propre au service, le Ministre ordonne de passer outre et de prendre un homme marié. On remarquera la désinvolture avec laquelle Louvois enfreint lui-même l'une des dispositions capitales de son ordonnance du 29 novembre 1688, dans sa réponse à l'intendant de Moulins, M. de Châteaurenard, du 16 février 1689 : « Il n'est pas difficile de lever la difficulté que vous trouvez dans les paroisses où il n'y a point de garçons propres à servir dans la milice, puisque, en ce cas, il n'y a qu'à nommer un homme marié qui n'ait pas plus de 40 ans et moins de 20 (2) ». C'est là la première atteinte portée par la Royauté à ses engagements envers les miliciens, et nous verrons qu'elle les multipliera dans la suite avec le même sans-gêne.

Enfin, comme il importe avant tout d'éviter que les communautés continuent à enrôler, à prix d'argent, des hommes étrangers aux paroisses, les capitaines des troupes du Roi ne pouvant, avec les quelques écus dont ils disposent, soutenir la concurrence des offres magnifiques des paroisses à leurs soldats mercenaires, Louvois prend le prétexte d'épargner aux communautés des dépenses superflues et fait rendre, le 17 janvier 1689,

---

(1) Louvois à l'intendant Foucault, 17 mars 1689 (A. H. G., vol. 844).

(2) A. H. G., vol. 838.

une ordonnance (1) défendant aux paroisses de choisir les miliciens ailleurs que dans leur sein.

Quant aux manœuvres coupables des officiers à l'occasion de la levée des miliciens, Louvois les poursuit impitoyablement. Il fait cesser partout les agissements des capitaines et des colonels qui ne voulaient admettre que des hommes de 5 pieds 4 pouces. Le duc de Chaulnes ayant vanté la beauté des compagnies du régiment de Carman, alors que Louvois sait par l'intendant les procédés irréguliers du colonel et des capitaines de ce régiment, s'attire cette réponse ironique du Ministre : « Je ne m'étonne pas que les cinq compagnies du régiment de Carman soient belles après toutes les vexations que j'apprends qu'il a faites et les beaux ordres qu'il a donnés aux communautés de ne point fournir d'hommes qui n'eussent 5 pieds 4 pouces, au préjudice de la défense que le Roi avait faite que l'on mesurât les hommes. Si vous voulez bien vous faire représenter quelques-uns de ceux que M. de la Coste a aussi donnés, vous verrez qu'il a fait le contre-pied des règlements de Sa Majesté. Il vaudrait beaucoup mieux que ces messieurs demeurassent chez eux que d'en user de cette manière (2) ». Par l'intendant de Bretagne, M. de Pomereu, Louvois fait en même temps prévenir M. de Carman que, s'il continue ses exactions, « le Roi le privera de son emploi (3) ».

Dès qu'il apprend les compromissions des officiers avec les communautés ou avec leurs hommes, les prélèvements d'argent opérés par eux soit pour refuser des soldats, soit pour en accepter, Louvois se hâte de les

______

(1) Recueil des Ordonnances (Bibliothèque du Ministère de la Guerre).

(2) Louvois au duc de Chaulnes, 2 juin 1689 (A. H. G., vol. 850).

(3) Louvois à M. de Pomereu, 16 juin 1689 (A. H. G., vol. 850).

réprimer sévèrement. Il ordonne à tous les intendants une enquête approfondie afin de pouvoir atteindre sûrement les coupables. Comme beaucoup de ces exactions ne parvinrent à la connaissance du Ministre qu'après la sortie des régiments de milice de leur province, Louvois ordonna d'exiger, à leur retour, des officiers coupables, la restitution des sommes extorquées ; souvent il les fit emprisonner. Les plus gravement compromis furent en outre cassés, entre autres le capitaine de La Laude (1), dont nous avons signalé les exactions dans la généralité d'Alençon, le major du régiment de Tourette, qui avait exigé de l'argent de plusieurs communautés du Languedoc (2), et un lieutenant du régiment de milice du Dauphiné qui, moyennant 15 louis d'or, avait donné congé à l'un de ses hommes (3). Les syndics compromis dans les mêmes manœuvres ne furent pas davantage épargnés. Louvois recommanda à l'intendant de Basville de ne point perdre de vue la punition de certains consuls du Velay et du Gévaudan, coupables de malversations dans la levée des miliciens et, s'il s'en trouvait « de très coupables, de lui envoyer leurs noms pour les priver d'emploi et les en rendre incapables pendant dix ans (4) ».

Avant d'examiner les résultats obtenus dans la pratique par ces mesures de Louvois, il faut connaître les difficultés auxquelles donnèrent lieu l'habillement et

---

(1) L'ordre de casser cet officier fut adressé à son colonel, le marquis d'O, le 19 avril 1689 (A. H. G., vol. 846).

(2) Le 11 juin 1689, Louvois ordonna au comte de Broglie de casser de son grade cet officier (A. H. G., vol. 850).

(3) Louvois adressa, le 18 mai 1689, à l'intendant Bouchu, les ordres nécessaires pour faire emprisonner cet officier, le condamner à restituer l'argent et le chasser du régiment (A. H. G., vol. 848).

(4) Louvois à M. de Basville, 28 juin 1689 (A. H. G., vol. 851).

l'armement des milices, les abus qui s'y glissèrent et les remèdes qu'y apportèrent les intendants et le Ministre.

Guidé par des vues d'économie, Louvois avait réduit l'habillement des miliciens à un justaucorps, à des culottes et des bas de drap, à un chapeau et à une paire de souliers. Il n'avait imposé aucune uniformité, et, informé que dans quelques provinces, en Normandie notamment, les paysans portaient généralement des vêtements de toile, il avait fait rendre, le 3 janvier 1689, une ordonnance aux termes de laquelle, « dans les paroisses où les paysans n'ont accoutumé d'être vêtus que de toile, le justaucorps du soldat de milice sera seulement de bon treillis doublé de toile, et les bas et culottes aussi de bon treillis doublé de toile (1) ».

Ces mesures d'économie tournèrent à l'encontre du but que poursuivait leur auteur. En laissant aux paroisses toute liberté pour habiller leurs hommes, il en résulta des frais élevés et des abus sans nombre : voyages coûteux des syndics dans les villes sous prétexte d'acheter des vêtements, élévation du prix des étoffes après accord entre les marchands et les syndics, livraisons de fournitures médiocres ou mauvaises. Dès le mois de janvier 1689, le duc de Chaulnes mettait en garde le Ministre contre ces inconvénients : « J'ai fait venir, dans tous les lieux où j'ai passé, les recteurs et principaux habitants des paroisses pour savoir comment ils en pourraient user pour les habillements des soldats. Ils m'ont tous dit la même chose, qu'ils ne pouvaient que charger quelques-uns d'entre eux, ou les marguilliers, pour acheter dans les villes les plus prochaines l'équipage d'un soldat. Ils conviennent tous que les personnes commises les trom-

____

(1) Recueil des ordonnances (Bibl. du minist. de la guerre).

peront, et qu'ainsi il leur en coûtera peut-être beaucoup (1)... ». Le duc de Chaulnes transmettait le vœu des paroisses qui demandaient que le Ministre arrêtât une somme fixe pour l'habillement et l'équipage d'un soldat, somme qui serait versée à cet effet entre les mains des collecteurs des fouages (tailles). L'intendant du Dauphiné, M. Bouchu, émettait aussi l'avis que, pour éviter les retards, le mauvais choix des étoffes, la malpropreté et la bigarrure des habits, les dépenses exagérées que causeraient aux communautés l'ignorance ou la friponnerie des consuls, il y aurait avantage à faire un marché général ; qu'il avait assemblé les marchands de Grenoble et obtenu qu'ils livreraient, pour 35 livres, l'habillement et l'équipement du milicien, épée et baudrier compris, à la réserve du mousquet et de la bandoulière (2).

Dans la généralité de Rouen, M. Feydeau de Brou constatait, dès le mois de décembre 1688, que certaines paroisses avaient fixé, au prix exagéré de 25 écus, l'équipage du milicien, et « d'autres, plus et moins, suivant qu'ils ont dessein de profiter sur ledit achat (3) ». L'intendant de la généralité d'Amiens, Chauvelin, exposait aussi à Louvois les dangers de laisser l'habillement à la merci des paroisses : « Les lieutenants ou collecteurs des communautés, qui seront chargés de faire l'emplette de l'habit, n'achèteront que de très mauvaises étoffes qui ne feront aucun profit, et qui leur seront vendues fort cher par les marchands. C'est pourquoi j'ai fait faire quelques paires d'habits, des étoffes dont je vous envoie les échantillons, pour servir de modèle. Si vous l'approuvez, l'on

---

(1) Le duc de Chaulnes à Louvois, 22 janvier 1689 (A. H. G., vol. 902).

(2) M. Bouchu à Louvois, 26 décembre 1688 (A. H. G., vol. 837).

(3) Feydeau de Brou à Louvois, 28 décembre 1688 (A. H. G., vol. 837).

pourra indiquer, aux communautés, des marchands qui les livreront tout faits pour 22 livres... Autrement, si l'on laisse la liberté aux communautés de s'en pourvoir ainsi qu'elles le jugeront à propos, il leur en coûtera beaucoup plus et (elles) n'auront rien qui vaille. Il m'a même été rapporté que des habitants, qui ont été chez des marchands pour acheter de l'étoffe, demandaient des quittances plus fortes que ce qu'ils payaient (1) ». A l'exemple de Chauvelin, l'intendant de la généralité d'Orléans, M. du Creil, faisait confectionner 200 équipages, au prix de 26 francs, pour les miliciens de son département, n'en ayant usé ainsi, comme il l'écrivait à Louvois le 23 janvier 1689, « que sur la certitude que j'ai que ceux qui seront préposés pour ces levées, ou n'équiperont pas leur soldat comme il le doit être, ou lèveront plus qu'il ne faudra (2) ».

La plupart des intendants prirent ainsi d'eux-mêmes l'initiative de surveiller l'habillement des miliciens et d'en confier la confection à quelque marchand accrédité. Comme il ne devait pas en coûter davantage aux paroisses d'adopter un habillement uniforme, presque partout les miliciens furent habillés sur un même modèle, de drap gris blanc généralement. Dans l'adoption d'un uniforme et dans la bonne confection des effets, les intendants voyaient d'ailleurs un moyen pour attirer les paysans à la milice. Les pauvres diables, qui n'avaient souvent que des haillons, seraient bien aises de se trouver nantis de bons vêtements. Le 5 janvier 1689, M. de Gourgues mandait à Louvois « qu'un habillement uniforme invitera plusieurs à s'enrôler... En ce pays-ci le paysan est très mal habillé, et, chaque paroisse se trouvant obligée, par nécessité absolue, de lui donner un

____

(1) Chauvelin à Louvois, 7 février 1688 (A. H. G., vol. 902).
(2) A. H. G., vol. 902.

habit et de l'équiper, il n'en coûtera pas davantage de faire des habits uniformes que de différentes couleurs (1) » ; M. Bouchu écrivait aussi de Grenoble, le 16 janvier 1689, que « la bonté des habits est le plus grand appât pour aider à surmonter la répugnance que les paysans ont d'entrer dans ce service (2) ».

Louvois s'était d'abord irrité de la prétention des intendants d'établir un prix et un modèle uniformes pour l'habillement des miliciens de leur département. Son premier mouvement avait été de les rappeler à l'exécution stricte de l'ordonnance du 29 novembre 1688 et d'annuler leurs marchés. C'est ainsi qu'il avait d'abord enjoint à M. du Creil de rompre son marché aussitôt après en avoir reçu l'ordre (3). Mais, devant l'unanimité et le bien-fondé des représentations des intendants, le Ministre ne tarda pas à se relâcher de son intransigeance du début et à s'en remettre aux intendants du soin de faire, en matière d'habillement, « ce qu'ils jugeraient à propos (4) ». Il en vint même à toujours autoriser les

---

(1) M. de Gourgues ajoutait dans sa lettre que, pour le régiment de la généralité de Caen, l'habillement d'un milicien ne dépasserait pas 28 livres 10 sols. Quelques jours plus tard, le 16 janvier 1689, M. de Matignon, le gouverneur de la Basse-Normandie, suppliait Louvois « de faire réflexion sur la manière d'habiller les soldats, le treillis et le coutil dégoûtant extrêmement ce qu'il a de meilleurs officiers que j'ai engagés à entrer dans ces régiments, les ayant regardés dans le commencement comme des troupes réglées, au lieu que, présentement, ils se persuadent que le Roi regarde ces troupes comme les milices qu'on avait coutume de faire servir à la côte, ce qui me fait craindre que beaucoup de ces officiers ne remercient » (A. H. G., vol. 902).

(2) A. H. G., vol. 902.

(3) Décision de Louvois sur la lettre de M. du Creil, du 15 janvier 1689, où cet intendant lui faisait part de ce marché (A. H. G., vol. 902).

(4) Sur la lettre de l'intendant Chauvelin, du 7 février 1689, Louvois faisait porter cette annotation : « Le Roi s'en remet à lui de faire sur cela (l'habillement des miliciens) ce qu'il jugera à propos » (A. H. G.,

marchés et l'uniformité des vêtements, pourvu que l'économie servît de règle invariable aux démarches des intendants.

A propos de l'habillement des miliciens, Louvois punit sans pitié les auteurs des vols et des malversations. Sur ce domaine il ne pouvait être induit un seul instant en erreur : il savait en effet, mieux que personne en France, ce qu'il fallait d'étoffe pour habiller un soldat, comme le prouve la réponse caractéristique qu'il devait bientôt adresser à l'intendant de Lorraine, Charuel, lors de l'habillement de ses miliciens : « Il ne faut point deux aunes de serge de Berry pour faire un justaucorps, mais tout au plus une aune trois quarts (1) ». Apprenant par une lettre de M. Ménars que les marchands de Crépy-en-Valois ont, d'accord avec un capitaine de milice, le sieur Blajan, fait payer aux paroisses 61 livres pour des habits de soldat, Louvois s'empresse d'écrire à l'intendant : « Comme c'est une friponnerie qui ne doit pas être tolérée, l'intention du Roi est que vous les condamniez à payer le double du profit qu'ils voulaient faire, et, pour punir le sieur Blajan d'avoir pris de l'argent d'eux pour favoriser leur friponnerie, le Roi a résolu de le casser et désire que vous proposiez un autre officier pour mettre en sa place (2) ». Conformément aux ordres du Ministre, les marchands de Crépy ne tardent pas à restituer 580 livres « pour le profit injuste qu'ils avaient exigé sur les habits des soldats (3) ».

---

vol. 902). Le 25 janvier 1689, Louvois faisait savoir à l'intendant Bouchu qu'il approuvait l'habillement du régiment de milice du Dauphiné sur les bases réglées par lui, « puisqu'il ne sera pas plus à charge aux communautés » (A. H. G., vol. 840).

(1) Louvois à M. Charuel, 3 février 1691 (A. H. G., vol. 1023).

(2) Louvois à M. Ménars, 1er avril 1689 (A. H. G., vol. 845).

(3) Le même au même, 25 avril 1689 (A. H. G., vol. 846). De ces 580 livres, 510 furent distribuées, par les ordres du Ministre, aux filles

Louvois apprend qu'en Bretagne « les communautés, qui ont nommé les soldats du régiment Dubois de la Roche, ont donné 100 sols pour chacune épée, que cependant on leur en a fourni qui n'en valent pas 30 ». Aussitôt le Ministre demande à l'intendant, M. de Pomereu, de lui faire savoir « le nom du marchand qui les a livrées parce que je le ferai mettre en prison et restituer les deux tiers de l'argent. Je vous supplie aussi, ajoute le Ministre, de m'envoyer un échantillon de l'étoffe dont sont faits les habits desdits soldats et un de celle dont ils le devaient être, afin que, si je connais que les marchands qui les ont vendus ne se soient pas conformés à ce dernier, je puisse leur faire payer de rudes amendes (1) ».

Comme on le verra plus loin, cette surveillance incessante de Louvois et des intendants ne tarda pas à porter ses fruits.

L'armement des miliciens ne laissa pas d'embarrasser les paroisses et les intendants. L'ordonnance du 29 novembre 1688 avait fait entendre que le Roi ne tarderait pas à fournir aux régiments de milice leurs mousquets. Louvois avait même ordonné, le 8 décembre 1688, au lieutenant général d'artillerie de la Frézelière, chargé du département d'Alsace, de diriger 5,000 mousquets sur Verdun, et à M. du Metz, lieutenant général d'artillerie chargé du département de Flandre, d'assembler dans les places de la Somme 8,000 mousquets, destinés à l'armement des régiments de milice (2). Dans plusieurs généralités, les paroisses avaient cru pouvoir se limiter à la dépense de l'habillement et de l'épée du milicien; mais, soit qu'il craignît d'affaiblir les approvisionnements

---

de l'Ave-Maria, aux capucins de la rue Saint-Honoré et aux capucins de Meudon.

(1) Louvois à M. de Pomereu, 15 août 1689 (A. H. G., vol. 854).

(2) A. H. G., vol. 814.

déjà restreints de nos places frontières, soit plutôt qu'il fût guidé par des raisons d'économie, le Ministre ne tardait pas à enjoindre aux paroisses d'assurer elles-mêmes l'armement de leurs miliciens. Plusieurs intendants, entre autres celui de la généralité d'Amiens, Chauvelin, ayant observé qu'un mousquet embarrasserait les paysans tandis qu'ils tireraient un excellent parti du fusil, arme avec laquelle ils étaient familiarisés (1), Louvois adressait aux intendants, le 25 février 1689, une circulaire ainsi conçue : « L'intention du Roi étant que les soldats de milice soient armés de fusils au moins propres à servir le reste de cette année, je vous en donne avis afin que vous teniez la main à ce qu'entre ci et le 15 ou 20 du mois prochain les régiments de milice de votre département soient en état de servir partout où sa Majesté l'ordonnera (2) ».

Pour compléter l'armement, en plus du fusil et de l'épée, Louvois voulait que le milicien fût muni d'une « poire à poudre dans sa poche, toute des plus communes (3) », et, sur la proposition de M. de Miromesnil, intendant de la généralité de Châlons, il autorisait l'adoption du ceinturon au lieu du baudrier, parce que « le ceinturon sera à meilleur marché (4) ».

Dans quelques provinces, l'Orléanais, le Languedoc par exemple, les armes récemment enlevées aux nouveaux convertis furent employées à armer les miliciens.

---

(1) Chauvelin à Louvois, le 7 février 1689 : « Il me semble qu'il serait bien à propos d'armer ces gens-là de bons fusils. Ils sont accoutumés à cette arme et s'en serviront bien, au lieu qu'ils auront de la peine à s'accoutumer au mousquet avec lequel ils ne tireront jamais aussi juste qu'ils font avec le fusil » (A. H. G., vol. 902).

(2) A. H. G., vol. 842.

(3) Apostille de Louvois sur une lettre de l'intendant Bossuet, du 23 février 1689 (A. H. G., vol. 903).

(4) Louvois à M. de Miromesnil, 25 décembre 1688 (A. H. G., vol. 836).

La citadelle de Saint-Esprit renfermait de ce fait un grand nombre de fusils que M. de Basville obtint de remettre en état et de distribuer aux régiments de milice du Languedoc (1).

Dans la plupart des généralités, celles de Rouen, de Bordeaux, de Montauban, de Poitiers, de Paris et de Rennes, etc., les paroisses éprouvèrent de sérieuses difficultés à armer leurs hommes, soit qu'elles fussent éloignées des centres de fabrication et d'achat, soit qu'elles fussent mal secondées par leurs syndics ou consuls. Le 16 mars 1689, Chamillart, qui vient de passer en revue seize compagnies de milice de la généralité de Rouen, écrit à Louvois qu'elles manquent d'armes : « Il y a fort peu de fusils dans les paroisses, et les ouvriers les ont tellement renchéris, par la nécessité qu'ils voient qu'il y a d'en avoir, qu'ils les vendent deux fois plus qu'ils ne valent (2) ». A Bordeaux, M. de Bezons constate, le 17 avril, que les armes parviennent difficilement aux trois régiments de sa généralité (3). A Montauban, M. de la Berchère avoue, le 20 avril, que l'armement du régiment de La Garde « n'est pas bon (4) ». Dans le Poitou, l'intendant se déclare, le 22 avril, très embarrassé pour se procurer des armes, et fait observer qu'il manque encore 240 fusils aux miliciens de sa généralité (5). Dans plusieurs généralités, celle de Paris notamment, les paroisses prennent le parti de remettre aux capitaines une somme, destinée à l'achat du fusil qu'elles n'ont pu se procurer. A la date du 27 mars 1689, le régiment de Lignières, de cette dernière généralité, n'a que cinq compagnies bien armées. Trois sont sans fusils : les sept

---

(1) M. de Basville à Louvois, 6 mars 1689 (A. H. G., vol. 903).
(2) A. H. G., vol. 903.
(3) *Ibid.*, vol. 904.
(4) *Ibid.*, vol. 904.
(5) *Ibid.*, vol. 837.

autres ne présentent qu'un armement très incomplet (1).
Pour compléter l'armement, les paroisses ont versé
entre les mains des capitaines 3,454 livres, en moyenne
16 livres par fusil manquant, alors que le prix courant
d'un fusil ne dépasse point 12 livres. En Bretagne enfin,
l'armement des trois régiments de milice subit des retards
considérables, est à peine commencé au mois de juin
1689, coûte fort cher et ne vaut rien. Au témoignage de
l'intendant, M. de Pomereu, cet armement était à renouveler en entier. « On convient de toutes parts que l'armement est mauvais, écrivait-il à Louvois le 30 octobre
1689. Les commissaires vous ont porté des plaintes des
mauvais fusils. Ils ne valent presque tous rien, quoique
achetés bien cher par les syndics et marguilliers et gentilshommes, recteurs, ou autres personnes puissantes,
par force ou par une lâche complaisance, à un prix
excessif (2). »

Il va sans dire que les fusils délivrés par les paroisses
étaient de différentes longueurs et de différents calibres,
en général d'un calibre plus petit que celui des troupes
du Roi. En s'en remettant aux communautés du soin
d'armer les milices, Louvois ne pouvait avoir qu'un
armement médiocre, incomplet et de divers modèles.
Aussi bien, dans sa pensée, la solution indiquée par sa
circulaire du 29 février 1689 n'avait qu'un caractère
provisoire, et nous le verrons modifier bientôt, en ce qui
concerne l'armement des miliciens, ses prescriptions du
début.

Louvois ne manque pas de combattre, avec sa vigueur
accoutumée, les retards dans l'armement des miliciens.
Il prévient intendants et gouverneurs qu'il n'admet

---

(1) État de l'armement du régiment de Lignières, envoyé à Louvois
par M. Ménars, le 27 mars 1689 (A. H. G., vol. 903).
(2) A. H. G., vol. 906.

aucune excuse sur cet article. A l'intendant de la généralité de Soissons, Bossuet, il témoigne, le 18 mars, sa « surprise » de voir qu'il n'ait pas encore pourvu à l'arment de ses miliciens, connaissant l'intention du Roi à ce sujet(1). A Chamillart il enjoint, le 1er avril, de faire en sorte « que les soldats de son département aient au plus tôt des fusils, car je ne puis vous céler qu'après vous avoir tant de fois écrit sur la même chose, je suis surpris que cela ne soit pas encore fait(2) ». Dans sa lettre au duc de Chaulnes, du 17 juin, il manifeste son mécontentement de constater, par les revues, que les soldats du régiment de milice de Dubois de la Roche « n'ont, pour la plupart, ni fusils ni épées. Je vous avoue que je croyais qu'au mois de juin il y avait lieu d'espérer que les régiments de Bretagne seraient en état de servir. Je vous supplie d'y mettre ordre et de me croire, etc. (3) ».

Ces exhortations et ces reproches du Ministre ne purent néanmoins empêcher quelques retards dans la mise en marche des régiments de milice par le fait de l'incomplet de leur armement.

En reportant sur les paroisses, déjà chargées de la levée et de l'habillement de leurs miliciens, le soin de les armer, Louvois avait réalisé la nouvelle organisation de vingt-neuf régiments sans qu'il sortit un sol des coffres du Roi. Par contre, les dépenses imposées aux paroisses avaient été considérables, non point tant par les opérations mêmes de la levée que par les faux frais qu'elle avait entraînés : voyages des syndics, consuls, maires, pour acheter les effets d'habillement et d'armement et pour présenter les hommes aux capitaines;

---

(1) A. H. G., vol. 844.
(2) *Ibid.*, vol. 845.
(3) *Ibid.*, vol. 851.

sommes données par les paroisses à leurs soldats pour les empêcher de déserter et aux capitaines pour les agréer, sommes consacrées par elles à l'achat de soldats mercenaires, etc. Malgré les défenses portées par l'ordonnance du 17 janvier 1689, les intendants fermèrent presque partout les yeux sur les résultats acquis et reçurent les hommes enrôlés par les paroisses à prix d'argent. Dans certaines généralités, celle de Bordeaux par exemple, ces faux frais égalèrent la dépense de l'organisation (1). M. de Vaubourg, intendant d'Auvergne, évaluait à près de 100 livres le montant de la mise sur pied d'un milicien. L'habillement avait coûté 38 livres 6 deniers, le fusil 12 livres, et la dépense « faite par les paroisses, soit pour empêcher les soldats de déserter, soit pour en acheter, la plupart des garçons s'étant sauvés à l'annonce de cette nouvelle organisation, a été au moins de 3 ou 4 pistoles chacun (2) ». M. du Creil évaluait à peu près à la même somme, soit à 86,000 livres, la dépense faite dans la généralité d'Orléans pour 900 miliciens. Sur cette somme, les « faux frais » s'élevaient à plus de 25,000 livres (3). Enfin M. de la Berchère, envoyant à Louvois, le 24 mai 1689, le montant de la dépense d'organisation des trois régiments de milice de la généralité de Montauban (2,250 hommes),

---

(1) M. de Bezons écrivait au contrôleur général, le 27 mai 1689 : « Les faux frais occasionnés par la levée de la milice égalent la dépense de l'organisation. Dans certaines communautés, il a fallu faire huit ou dix nominations, soit que les garçons choisis comme propres pour le service eussent déserté, soit que ceux que les paroisses envoyaient y fussent impropres » (*Correspondance des contrôleurs généraux avec les intendants*, t. 1er).

(2) M. de Vaubourg au contrôleur général, 10 juin 1689 (*Correspondance des contrôleurs généraux avec les intendants*, t. 1er).

(3) M. du Creil au contrôleur général, 26 juin 1689 (*Correspondance des contrôleurs généraux avec les intendants*, t. Ier).

écrivait qu'elle s'élevait, sans les faux frais, à 123,550 livres. Elle se décomposait ainsi :

Habits, ceinturons et épées................	67,500 livres.
Hallebardes, fourniments, fusils, tambours..	27,000 —
Appointements des officiers et double paye des sergents, depuis le 1er janvier 1689 jusqu'au départ des régiment de la province..	8,400 —
Paye des soldats depuis le jour de leur nomition jusqu'à celui de leur départ..........	20,250 —
TOTAL............	123,550 livres.

A cette somme, déjà considérable, venaient encore s'ajouter, dit M. de la Berchère, des dépenses accessoires « pour plusieurs voyages que les consuls ont faits pour présenter et faire recevoir aux capitaines et aux commissaires des guerres les soldats que les communautés avaient nommés, pour ce qu'elles ont donné aux soldats pour leur enrôlement contre la disposition du règlement, aux capitaines afin de les porter à recevoir sans difficulté les soldats qu'elles faisaient présenter, et d'autres abus qui se sont pratiqués à l'insu et que je n'ai pu empêcher entièrement (1)..... »

M. de la Berchère constatait que, de ce fait, le recouvrement des tailles avait été « un peu reculé » dans son département, et il mettait en avant cette sage proposition dont Louvois ne devait point tarder à reconnaître les avantages : « J'ai observé au surplus qu'en pareilles occasions où il s'agit de faire faire quelques fournitures par les communautés, ce serait l'intérêt du Roi et un soulagement considérable pour elles de faire estimer au juste le montant des fournitures qu'il faudrait faire, et d'en faire faire la levée en argent qui serait remis ensuite à des personnes intelligentes que l'on préposerait pour faire faire lesdites fournitures. »

---

(1) A. H. G., vol. 904.

On a vu plus haut que des paroisses, payant seulement 400 livres de taille, étaient astreintes à fournir un milicien. Même en tenant compte de ce que l'imposition pour la solde des officiers et la double paye des sergents fut répartie sur toutes les paroisses des généralités suivant leurs facultés (1), on peut conclure, des chiffres précédents, que l'entretien d'un milicien, sans les faux frais, augmenta de plus du huitième les charges des paroisses les plus faibles.

En faisant exception pour quelques départements où les retards se prolongèrent, comme en Bretagne et en Poitou, la plupart des régiments de milice furent mis sur pied au début d'avril 1689. Des résultats de cette organisation, il semble que l'on puisse dire qu'en général les hommes étaient aptes au service, l'habillement convenable, l'armement défectueux.

Beaucoup de miliciens avaient été choisis parmi d'anciens soldats, enrôlés souvent à prix d'argent. Sur les 1,000 hommes du régiment d'Aligny, de la généralité de Dijon, on en comptait 800 qui avaient servi (2). La plupart des sergents avaient été tirés de la même catégorie, et Louvois avait autorisé les intendants et gouverneurs à les prendre parmi les hommes mariés de bonne volonté, le cas échéant (3). Alors que certains régiments

---

(1) Le 23 décembre 1688, M. Bossuet, intendant de la généralité de Soissons, écrivait à Louvois : « J'ai fait le département, au sol la livre de taille, de la somme que Sa Majesté ordonne être levée sur toute la généralité pour le payement des officiers du régiment et pour la seconde paye des sergents » (A. H. G., vol. 837).

(2) *Mémoire des campagnes de M. le comte Quarré d'Aligny*, p. 131.

(3) Le duc d'Estrées, gouverneur de l'Ile-de-France, écrivait à Louvois, le 7 janvier 1689 : « La seule chose qui nous embarrasse, ce sont les sergents qui font presque tout le bien ou le mal d'une compagnie. Je crois, Monsieur, que vous serez obligé de permettre aux capitaine de prendre, des gens mariés, ceux qui voudront servir de

d'infanterie des troupes du Roi étaient encombrés d'enfants (1) et de vieillards, les régiments de milice offraient cet immense avantage de ne compter que des soldats dans la force de l'âge. Malgré les abus qui s'étaient glissés dans la nomination des miliciens, la surveillance des capitaines, des commissaires des guerres, des intendants surtout, fit rectifier la plupart des choix défectueux. Aucun régiment ne se mit en marche sans avoir été passé en revue par l'intendant de sa généralité. Inspectant avec le plus grand soin les compagnies du régiment de milice du Dauphiné assemblées à Romans, l'intendant Bouchu ordonnait le remplacement de 131 hommes et de 79 fusils. « Je puis vous assurer, écrivait-il à Louvois le 31 mars 1689, que, quand ce qui a été réformé aura été remplacé, le Roi n'aura aucunes troupes de nouvelle levée qui en approchent et peu d'anciennes qui soient plus belles »; et M. de Larray, le maréchal de camp qui commandait dans la province, un juge sévère s'il en fût, confirmait cette appréciation de l'intendant en mandant à Louvois, le 5 avril, que, grâce aux soins de M. Bouchu les dix-huit compagnies de milice du Dauphiné « forment un beau bataillon ; les hommes en sont bons, bien vêtus et bien armés (2) ».

---

bonne volonté; il se trouvera de vieux soldats dans les villages. Il ne faut pas s'attendre que des gens de 25 ans, qui n'ont jamais ouï parler du détail d'une compagnie, puissent servir de sergents » (Arch. hist., vol. 902). Louvois s'empressait d'agréer cette proposition et d'écrire à l'intendant de la généralité de Soissons, M. Bossuet, le 10 janvier 1689 : « Le Roi trouvera bon que vous choisissiez des gens mariés pour être sergents dans les compagnies de milice, pourvu que ce soient des gens qui aient servi » (A. H. G , vol. 839).

(1) Au début de la campagne de Flandre de 1689, M. de Calvo faisait savoir à Louvois que le régiment d'infanterie de Catinat n'était composé que d'enfants incapables de soutenir les fatigues de la guerre (A. H. G., vol. 945).

(2) A. H. G., vol. 904.

De nombreux témoignages prouvent que les efforts des intendants aboutirent à mettre la plupart des régiments de milice sur un bon pied. Foucault, dans ses *Mémoires*, vante le régiment de Fontenay, de la généralité de Caen, composé de « 900 hommes faits, de 20 à 30 ans ». Ce régiment « s'est trouvé si beau et si capable de servir, qu'il a été commandé pour marcher hors de la généralité (1)..... ». Le gouverneur de la Touraine, M. de Rasilly, rendait compte à Louvois, le 11 mars 1689, que les compagnies de milice du régiment de cette province étaient « bonnes et meilleures que les compagnies nouvellement levées pour plusieurs régiments (2) »; et l'intendant, M. de Miromesnil, qui passait en revue ses vingt compagnies à Saumur, écrivait, de son côté, au Ministre : « J'ose pouvoir dire que le Roi a sujet d'être content de cette troupe, composée d'hommes bien faits, auxquels on fera faire continuellement l'exercice. Plus des trois quarts des soldats sont de très bonne taille. Tout est bien vêtu et armé. Il y a de l'uniformité dans les habits en deux tiers des soldats : le reste est vêtu de bon drap, mais l'un plus brun que l'autre (3) ». Sur dix-huit compagnies, le régiment d'O, de la généralité d'Alençon, offrait, au début d'avril, dix-sept compagnies « complètes en hommes bien faits, bien armés et bien équipés (4) ». Le régiment d'Aligny arrivait à Romans, dans le Dauphiné, le 14 avril, et M. de Larray écrivait à Louvois, le lendemain, que « ce régiment est beau et tout complet, à huit hommes près (5) ». M. de la Berchère se louait, le 27 avril, du régiment de Caixon, de

---

(1) *Mémoires de Nicolas-Joseph Foucault*, p. 251.
(2) A. H. G., vol. 903.
(3) *Ibid.*, vol. 904.
(4) M. de Pomereu de la Bretèche à Louvois, 11 avril 1689 (A. H. G., vol. 904).
(5) A. H. G., vol. 903.

la généralité de Montauban, « qui sera bon et qui était complet à cinquante homme près, qu'on travaille tous les jours à faire venir. Ce régiment est en petits hommes pour la plus grande partie, mais ils n'en sont pas moins propres pour le service. Je les ai trouvés vifs et bien pris dans leur taille. Ils sont tous habillés de neuf et de drap gris blanc, à l'exception de quarante ou cinquante qui ont été habillés de drap gris brun par les communautés, qu'on rendra uniforme peu à peu. On ne trouve pas de si bonnes armes de ce côté-là que dans le Quercy, mais M. de Caixon et les officiers du régiment prennent soin de faire chercher les meilleures (1) ».

Le comte de Broglie n'avait aussi que des éloges à décerner au corps de milice du Languedoc « qui est très beau, et il serait difficile d'y trouver du rebut, les officiers fort assidus à leur devoir, et on y observe une fort bonne discipline (2) ». Il donnait cependant une mention spéciale aux régiments de Tourette, de Chambonais et de Vogüé, à ce dernier surtout, dont il disait : « On le pourrait mettre avec les bataillons de campagne, sans que l'on pût y trouver de différence pour la beauté (3) ». Enfin si, dans les trois régiments de la généralité de Bordeaux, l'armement était médiocre et incomplet, les hommes présentaient le meilleur aspect. Au témoignage de l'intendant, M. de Bezons, le régiment de Poudens était composé « de bons hommes (4) ». La plupart de ceux du régiment de La Rochecourbon lui avaient paru « bons et qui ont l'air de soldats (5) ». Enfin, en se rendant à Blaye, le maréchal de Lorges avait l'occasion de

---

(1) A. H. G., vol. 903.

(2) Le comte de Broglie à Louvois, 13 mai 1689 (A. H. G., vol. 904).

(3) Le même au même, 18 juin 1689 (A. H. G., vol. 905).

(4) M. de Bezons à Louvois, 17 avril 1689 (A. H. G., vol. 904).

(5) Le même au même, 25 mai 1689 (A. H. G., vol. 904).

voir le régiment du marquis de Boissière, et il en faisait
à Louvois ce tableau flatteur : « Ce régiment est déjà
sous les armes comme un vieux régiment. Il y a bien
500 soldats que l'on trouverait beaux dans le régiment
du Roi et les Gardes mêmes. Tous les sergents sont
faits à peindre. Le corps des officiers, tant capitaines
que lieutenants, est de même composé de vieux officiers
fort estimés et de gens de qualité. Je crois qu'il n'y faut
pas oublier le corps des tambours, lesquels sont tous
grands et bien faits et battent aussi bien que l'on peut
battre (1) ».

En résumé, malgré les retards et les abus de toute
nature que nous avons signalés dans la levée, l'habillement et l'armement des miliciens, Louvois n'avait point
lieu d'être mécontent de l'organisation des nouveaux
régiments. Gourmandés et stimulés sans relâche, gouverneurs et intendants s'étaient acquittés de leur tâche
dans un délai relativement court. Au bout de quatre
mois, la plupart des nouveaux régiments étaient assemblés et prêts à se porter là où le Ministre voulait les
employer.

----

(1) Le maréchal de Lorges à Louvois, 10 juillet 1689 (A. H. G.,
vol. 905).

CHAPITRE II

Les paroisses n'avaient pas un moindre désir de voir ces régiments réunis. Presque dans toutes les généralités, les miliciens, une fois nommés, avaient cessé de travailler, et, comme ils ne pouvaient vivre uniquement avec les deux sols que leur allouaient les communautés, ils se firent souvent octroyer un traitement plus élevé, allant même jusqu'à adopter les mœurs des gens de guerre et se livrant comme eux à quelques pilleries et exactions. « ..... Plusieurs de ces hommes nommés ne travaillent plus, écrivait l'évêque de Mâcon à Louvois, en février 1689. Ils portent l'épée ; ils vont tous les jours de maison en maison se faire nourrir ; d'autres se font traiter dans un cabaret à huit sols par jour aux dépens de la paroisse. Quelques-uns font du désordre : ils prennent une poule, ils prennent un mouton, et le paysan n'oserait rien dire (1)..... ». Dans la généralité de Paris,

---

(1) L'évêque de Mâcon, Tilladet, à Louvois, lettre sans date, classée au 16 février 1689 (A. H. G., vol. 903).

l'intendant Ménars rendait compte à Louvois, le 11 mars, « que les soldats de milice s'écartent des villages, font du désordre et maltraitent ceux qu'ils croient leur avoir donné leur voix, ce qui marque encore la nécessité de les assembler (1) ».

Aux termes des instructions du Ministre, la mise en marche des régiments de milice devait suivre immédiatement leur assemblée. Pour les hommes qui n'auraient pas rejoint leurs compagnies ou dont les paroisses n'auraient point fourni les remplaçants, Louvois ordonna aux intendants de laisser un ou plusieurs officiers dans la province, avec mission de conduire les retardataires à leur régiment, sur des routes expédiées par les bureaux de la guerre.

Il semble que, pour cette première année, le Ministre ait voulu se borner sagement à changer de milieu les régiments de milice, à les éloigner de leurs provinces, à les dépayser en un mot. C'est là, à ses yeux, un objet capital. Il est tellement persuadé de la nécessité de ce déplacement que, le maréchal de Lorges lui ayant fait observer, le 18 avril 1689, que l'éloignement des milices hors de leurs provinces produirait dans leurs rangs l'ennui, la maladie et la désertion, il porte en minute, sur la lettre du maréchal, cette réponse caractéristique : « L'intention du Roi n'est pas de les laisser dans la province parce que l'on est persuadé qu'elles n'y vaudraient rien, étant certain que l'on entendrait dire, au bout de quinze jours, qu'ils seraient retournés chez eux (2) ». A l'intendant du Dauphiné, qui croit les régiments de milice destinés à agir dans leurs provinces, Louvois mande aussi : « Je ne puis vous céler que vous êtes dans une grande erreur de croire que le Roi fasse

---

(1) A. H. G., vol. 903.
(2) *Ibid.*, vol. 904.

assembler le régiment de milice de votre département pour s'en servir en Dauphiné. Vous verrez, par les ordres que Sa Majesté vous a fait envoyer, combien Elle en est éloignée (1) ».

Les régiments de milice furent, en 1689, employés à un triple objet. Louvois les dirigea sur les provinces où les nouveaux convertis étaient nombreux, comme le Dauphiné, la Guyenne, l'Aunis ; sur les provinces exposées à un débarquement des ennemis, telles que la Normandie ; enfin, sur certaines places de nos frontières, Luxembourg, Metz, Nancy, Belfort, pour y tenir garnison, pendant la campagne, en remplacement des troupes réglées.

Il leur assigna même des destinations très éloignées de leur lieu d'origine. Il n'y eut guère que les régiments de Bretagne qui, par suite des retards prolongés dans leur organisation, leur habillement et leur armement, par suite des craintes d'un débarquement des flottes anglaise et hollandaise, furent employés dans leur province même. Encore Louvois recommanda-t-il avec instance, au duc de Chaulnes, « d'éloigner ces régiments le plus que faire se pourra des lieux où ils sont levés (2) ».

C'est ainsi que les régiments d'Aligny (généralité de Dijon), de Coutenges (Riom), de Dulac (Moulins), furent destinés à passer l'été en Dauphiné. Le régiment d'O (Alençon) marcha en Guyenne, puis à La Rochelle ; les régiments de la Rochecourbon (Bordeaux), de Caixon et de Bournazel (Montauban), se rendirent dans la même ville. Ceux de Fontenay (Caen), de Saint-Jal (Limoges), de Boissière (Bordeaux), de Silly (Rouen), furent dirigés sur le fort Médoc près de Blaye.

---

(1) Louvois à M. Bouchu, 9 mars 1689 (A. H. G., vol. 843).
(2) Louvois au duc de Chaulnes, 9 avril 1689 (A. H. G., vol. 845).

Le régiment de La Carte (Poitiers) fut envoyé au Havre, le régiment de Grandpré (Châlons) à Vernon, puis à Abbeville.

Les régiments de Poudens (Bordeaux), La Garde (Montauban), Buous (Provence), se rendirent dans le Roussillon ; celui de Cavoye (Amiens), à Luxembourg ; celui de Du Gua (Grenoble), à Besançon, puis à Belfort ; ceux de Lignières (Paris) et d'Herbouville (Rouen), à Metz et à Nancy ; celui de Fontanés (Lyon), à Pignerol, etc.

Un grand nombre de régiments furent employés aux travaux de fortification des places où ils tenaient garnison. Tel fut le cas au fort Médoc alors en construction, à La Rochelle, à Besançon et à Abbeville.

Certains colonels, déçus d'être réduits à un simple service de place, auraient désiré un rôle plus actif. Catinat, qui commandait à Luxembourg, se faisait l'interprète de ce désir de M. de Cavoye et de ses officiers en écrivant à Louvois, le 1er mai 1689 : « MM. de Cavoye, de Montauban (lieutenant-colonel) et les officiers du régiment de milice de Picardie, sont touchés de l'ordre que vous m'avez donné de ne leur faire faire aucun service hors de la place. Il y a plus de volonté que je n'aurais cru dans cette sorte de troupe. Aussi est-elle bien commandée, et tous les capitaines ont servi. Ils m'ont dit qu'ils se donneraient l'honneur de vous écrire là-dessus (1) ». Prenant en considération cette démarche de Catinat, Louvois lui faisait répondre que le Roi s'en remettait à lui « de les employer quelquefois, selon qu'il le jugera à propos (2) ».

Il n'y eut que sur les frontières du Roussillon et du

____

(1) A. H. G., vol. 887.

(2) Apostille de Louvois sur la lettre de Catinat, du 1er mai 1689 (A. H. G., vol. 887).

Dauphiné où quelques régiments de milice prirent part à des opérations actives en 1689.

La petite armée du duc de Noailles (10,000 hommes) n'eut point de combat d'importance à livrer sur les confins du Roussillon et de la Catalogne, et il ne semble pas que les trois régiments de milice de Poudens (Bordeaux), de La Garde (Montauban) et de Buous (Provence), aient eu l'occasion de se mesurer avec l'ennemi. Ils n'en servirent pas moins de manière à mériter les éloges des officiers sous les ordres desquels ils furent employés. Au mois de juin 1689, lorsque le duc de Noailles se porta du Roussillon en Lampourdan, le chevalier d'Aubeterre eut pour mission de couvrir ce mouvement, du côté des montagnes, avec les deux régiments de Buous et de Poudens. Il lui fallut exécuter une marche de quarante-huit heures à la vue des quartiers des miquelets ennemis, dans des conditions qui firent le plus grand honneur aux troupes qui l'accompagnaient. « ..... Ces nouveaux régiments, écrivait-il à Louvois le 16 juin, ont marché dans ces pays quasi inaccessibles sans que j'y aie perdu un seul homme, ni qu'il en soit demeuré aucun de lassitude. Aux armes près, qui ne valent rien, je crois qu'on pourrait compter sur ces régiments comme sur de vieilles troupes, tant pour la bonté des officiers que des soldats (1) ».

Tandis que le régiment de La Garde fut surtout employé à tenir garnison à Perpignan et à Salces, ceux de Buous et de Poudens (2) servirent presque toujours

---

(1) A. H. G., vol. 899.

(2) Un état de revue de l'armée du duc de Noailles, à la date du 5 juillet 1689, donne, pour les 12 compagnies du régiment de Poudens, présentes à l'armée, les effectifs suivants : 25 officiers (23 de compagnie, le major et l'aide-major), 587 hommes (dont 32 à l'hôpital).

Il ne manque donc à l'effectif qu'un officier (le lieutenant-colonel),

sous les yeux du duc de Noailles, qui écrivait à Louvois, le 30 juillet : « Je suis obligé de vous dire que ces régiments commencent à se mettre sur un bon pied, et je crois que, si vous vouliez les mettre en quartiers d'hiver ou dans leur province ou ailleurs, ils serviraient, la campagne prochaine, aussi bien que d'autres régiments (1) ».

A la fin d'octobre, les trois régiments reçurent l'ordre de regagner leur province. Ils se mirent en marche le 25 octobre à cet effet, et l'intendant du Roussillon, M. Trobat, qui assistait au départ des milices de Provence, rendait compte en ces termes à Louvois de l'excellente impression qu'avaient produite ces miliciens : « Le régiment de Buous a passé aujourd'hui devant M. le duc de Noailles et moi. M. de Prechacq (inspecteur d'infanterie), qui y était présent, a trouvé ce régiment si beau en officiers et soldats, et les derniers avec un air si guerrier qu'il croit que, si ce régiment était bien armé, Sa Majesté en serait très bien servie (2) ».

Sur notre frontière des Alpes, et bien que nous ne fussions pas encore en guerre avec le duc de Savoie, un incident devait donner l'occasion au régiment d'Aligny, alors en Dauphiné, de prendre part à un combat important.

Maître d'Exilles et de Pignerol, le roi de France l'était aussi de la haute vallée de la Doire-Ripaire et de la haute vallée du Chisone, appelée le Pragelas. Cette dernière vallée confinait à celles de la Germanasca, ou de

---

et 13 hommes. Les compagnies n'ont pas, en moyenne, 3 malades. C'est là une situation remarquable si l'on tient compte de la saison et de la chaleur du climat (A. H. G., vol. 899).

(1) A. H. G., vol. 899.

(2) M. Trobat à Louvois, 25 octobre 1689 (A. H. G., vol. 901).

Saint-Martin, et du Pellice, ou de Luserna, possessions du duc de Savoie. Le Pragelas, les vallées de Saint-Martin et de Luserna, étaient peuplés par les Barbets ou Vaudois. Louis XIV et Victor-Amédée s'étaient mis d'accord pour chasser ces hérétiques de leurs États ou les contraindre d'abjurer. Devant la persécution, un grand nombre d'habitants de ces vallées avaient cherché un asile en Suisse. Là ils furent rejoints par des réfugiés du Dauphiné et du Languedoc. Soutenus par l'Angleterre et la Hollande, bien pourvus d'armes et munis de quelque argent, les Vaudois entreprirent, au mois d'août 1689, de regagner leurs vallées. Les réfugiés français qui les accompagnaient avaient aussi formé le dessein de rentrer par force dans leur patrie.

Le 26 août 1689, une première colonne, sur laquelle les témoignages diffèrent, les uns la faisant forte de 2,000 à 2,500 hommes, les autres l'évaluant à 1,000 hommes environ, passait en barques le lac de Genève et abordait en Savoie. Elle traversait ensuite cette province du Nord au Sud sans rencontrer d'obstacle et sans commettre de désordres, et descendait du mont Cenis dans la vallée de la Doire (1).

Prévenu tardivement de l'approche des réfugiés, M. de Larray, commandant en Dauphiné, réunit les forces qu'il avait sous la main à Briançon et à Abriès et se porta à Oulx avec quatorze compagnies du régiment d'Aligny (2) complètes, soit avec 700 hommes, pour interdire aux Vaudois l'accès du territoire français.

---

(1) Plusieurs lettres de Savoie, conservées au volume 906 des Archives historiques, et les dires des prisonniers recueillis par l'intendant Bouchu, font monter les forces des réfugiés à 2,000 et à 2,500 hommes. Dans ses *Mémoires*, M. d'Aligny ne parle que de 1,200 hommes. L'intendant Bouchu estime, dans une lettre adressée à Louvois le 9 septembre, que 800 hommes au plus passèrent le mont Cenis.

(2) Huit compagnies tirées de Briançon, six compagnies d'Abriès;

Repoussés près de Suze par les dragons du duc de Savoie, les réfugiés remontèrent la rive gauche de la Doire et vinrent, dans la soirée du 3 septembre, établir leur camp en territoire français, entre Oulx et Exilles, à peu de distance du village de Salbertrand.

M. de Larray, qui avait suivi tous leurs mouvements de la rive droite de la rivière, tint conseil avec ses lieutenants, M. de Bachivilliers, brigadier, le colonel et plusieurs capitaines du régiment d'Aligny. Après avoir examiné avec eux le meilleur emploi de ses forces, il se décida à les répartir le long de la Doire, guéable en plusieurs endroits, aux points où l'ennemi pouvait en tenter le passage, ne gardant à Salbertrand même qu'environ la moitié de sa troupe (1).

Dans la nuit du 3 au 4 septembre, vers 10 heures du soir, les Lusernois attaquèrent le poste de garde au pont de Salbertrand avec la vigueur de gens résolus à vaincre ou à périr. « Le feu fut fort grand, écrivait, le 4 septembre, M. de Bachivilliers à Louvois, et de fort près pendant une heure, après quoi nos soldats plièrent sans ressource de les ramener. Les officiers firent fort bien leur devoir. Ils nous forcèrent dans ce poste et passèrent. M. le marquis de Larray y a été fort blessé d'un coup de mousquet à bout touchant, qui lui perce le coude. Nous y avons aussi perdu 8 ou 10 officiers, beau-

---

les six autres compagnies du régiment d'Aligny, alors à Veynes, et le régiment de dragons de Sailly, ne purent joindre en temps M. de Larray.

(1) Pour le combat de Salbertrand, nous avons consulté, outre le *Mémoire des campagnes de M. le comte d'Aligny*, p. 137 et suiv., la lettre de M. de Bachivilliers à Louvois, du 4 septembre 1689; la Relation du receveur de Briançon adressée à Louvois, le 5 septembre 1689, par le premier président du parlement de Grenoble, M. de Saint-André; enfin la lettre de l'intendant Bouchu à Louvois, du 9 septembre 1689 (A. H. G., vol. 906). — Se reporter aussi au croquis.

coup de soldats tués ou blessés. L'on leur en a tué beaucoup aussi ». « Nous fîmes une résistance qui n'était pas d'un régiment nouvellement fait », écrit aussi dans ses *Mémoires* M. d'Aligny. A en croire au contraire l'intendant Bouchu, dans sa lettre à Louvois, du 9 septembre, « les soldats du régiment d'Aligny, quoique le plus beau d'infanterie qui soit en cette province, firent très mal, les officiers un peu mieux ». Il reconnaît néanmoins que les religionnaires « chargèrent les troupes en gens tout à fait audacieux et en désespérés ».

Entre les assertions contradictoires de M. d'Aligny et de l'intendant Bouchu, il semble qu'il y ait lieu d'ajouter plus de créance à la première. Nous savons, en effet, que le régiment d'Aligny était composé presque entièrement d'anciens soldats et commandé par des officiers d'une réelle valeur. Après le combat, M. de Bachivilliers dut faire distribuer aux soldats de la poudre et des balles, « dont ils n'ont plus du tout (1) ». Cet épuisement des munitions est l'indice d'un feu nourri. Suivant l'état détaillé que l'intendant Bouchu adressa à Louvois, le 9 septembre, les pertes des quatorze compagnies s'élevèrent à 1 capitaine, 2 lieutenants, 49 soldats tués, et à 2 capitaines, 1 lieutenant et 52 soldats blessés (2). De pareils chiffres parlent d'eux-mêmes en faveur des miliciens d'Aligny. Enfin, ni M. de Bachivilliers, ni M. de Larray, dans les lettres fréquentes qu'ils adressèrent à Louvois après le combat, ne formulèrent de plainte sur la conduite des compagnies qui avaient combattu sous leurs ordres le 3 septembre, chose qu'ils

---

(1) M. de Bachivilliers à Louvois, 4 septembre 1689 (A. H. G., vol. 906).

(2) État des quatorze compagnies du régiment d'Aligny qui se sont trouvées au passage des Lusernois sur le pont près Salbertrand, dans la vallée d'Oulx (A. H. G., vol. 906).

n'eussent point manqué de faire si l'échec avait été imputable à la lâcheté de leurs soldats (1).

Maîtres du passage, les courageux Vaudois traversèrent le Pragelas et passèrent ensuite dans les vallées de Saint-Martin et de Luserna, échappant à la poursuite des troupes françaises et savoyardes.

Ils laissaient entre nos mains 61 prisonniers, les uns blessés, les autres épuisés de fatigue. Sur ce nombre, 17 étaient originaires de la vallée de Luserna, 5 de la Suisse, 22 du Dauphiné et du Pragelas, 17 du Languedoc. Louvois leur fit faire leur procès, ordonna d'en pendre un certain nombre et envoya les autres aux galères. Mieux eût valu user de clémence, car cette répression sanglante ne servit qu'à allumer dans le cœur de ces montagnards intrépides un ardent désir de vengeance. La guerre, qui allait bientôt mettre aux prises la France et la Savoie, devait leur permettre d'exercer de terribles représailles et de faire cruellement expier à nos troupes cette faute politique de Louvois.

Tel fut le combat de Salbertrand où les miliciens reçurent le baptême du feu et tinrent, comme nous venons de le voir, une conduite des plus honorables.

Si dur envers les Vaudois, Louvois est mieux inspiré dans la manière dont il veut que les miliciens soient traités pendant leur réunion en régiments. Il comprend à merveille que, pour rendre moins pénible à ces soldats forcés l'accomplissement des devoirs militaires, il faut user à leur égard d'une discipline ferme mais paternelle. Aussi s'efforce-t-il d'obtenir qu'ils soient partout

---

(1) Au lendemain du combat, déduction faite des 49 tués et des 52 blessés, les quatorze compagnies du régiment d'Aligny comptaient encore 598 hommes à l'effectif, dont 582 en état de servir et 16 malades. Chose digne de remarque, elles étaient donc arrivées complètes, à un homme près, sur le théâtre du combat.

conduits avec ménagement et avec douceur. Apprenant que les miliciens sont l'objet des railleries et des injures des troupes réglées, il adresse, le 1er avril 1689, aux gouverneurs des places la circulaire suivante : « Le Roi a été informé que les cavaliers et soldats insultent les soldats de milice en les appelant « paysans » et proférant contre eux d'autres injures de cette nature. Comme il en est déjà arrivé du désordre en plusieurs endroits et que l'intention de Sa Majesté n'est point qu'on les invective, Elle désire que vous empêchiez que lesdits cavaliers et soldats, en garnison dans la place où vous commandez, ne maltraitent ainsi de paroles lesdites milices, et que vous fassiez punir ceux qui y contreviendront (1). »

Fidèle à cette ligne de conduite, Louvois rappelle sévèrement à l'ordre les officiers qui s'en écartent. Comme il est averti que le comte du Gua, le colonel du régiment de milice du Dauphiné, traite avec brusquerie ses subordonnés, il lui écrit, le 5 mai 1689 : « Le Roi apprend que vous avez beaucoup d'emportement contre les officiers, sergents et soldats du régiment de milice que vous commandez. Comme ce n'est pas le moyen de le rendre bon ni de concilier les esprits les uns avec les autres, il est de votre intérêt de vous modérer si vous voulez qu'un si méchant exemple ne porte pas Sa Majesté à prendre contre vous quelque autre résolution qui vous serait désagréable (2). »

Un lieutenant du régiment de Menou, de la généralité d'Orléans, a estropié un soldat de son régiment d'un coup d'épée dans le bras droit. Louvois ordonne aussitôt à l'intendant, M. du Creil, de faire arrêter cet officier et de le « mettre en prison jusqu'à ce qu'il ait payé ce qui sera estimé raisonnable pour les dommages et intérêts

(1) A. H. G., vol. 845.
(2) A. H. G., vol. 847.

dudit soldat (1) ». Dans un moment de colère, un milicien du régiment de Silly a mis en joue un lieutenant de ce régiment. Tout en approuvant sa comparution devant un conseil de guerre, Louvois profite de cet incident pour rappeler à M. de Montenay, le lieutenant-colonel qui commande le régiment, « qu'en même temps que Sa Majesté ne désire pas que l'on dissimule la moindre des désobéissances des soldats de milice, son intention est qu'on les traite au surplus le plus doucement qu'il sera possible (2) ».

Pour cette première année, le Ministre use de la même mansuétude vis-à-vis des déserteurs des régiments de milice. Il se borne à ordonner de les punir du fouet et de les ramener sous bonne escorte à leurs régiments. Il désapprouve les officiers qui leur ont fait subir ou qui veulent leur faire subir les peines portées par les ordonnances contre les déserteurs des troupes réglées, lesquelles comportent le nez et les oreilles coupés et l'envoi aux galères. C'est ainsi qu'il ordonne à M. de Larray, le 1ᵉʳ septembre 1689, de remettre en liberté un déserteur du régiment de Du Gua, condamné à tort aux galères (3), et qu'il prescrit, le 20 novembre 1689, à M. de la Carte, colonel du régiment de milice du Poitou, de ne pas faire exécuter le jugement rendu contre un déserteur de son régiment « puisqu'il ne peut être condamné qu'au fouet (4) ».

Louvois ne veut point seulement que les miliciens soient traités « le plus doucement qu'il sera possible », il veille encore à ce qu'aucune retenue injuste ne soit exer-

<hr>

(1) Louvois à M. du Creil, 13 août 1689 (A. H. G., vol. 854).
(2) Louvois à M. de Montenay, 12 mai 1689 (A. H. G., vol. 847).
(3) Louvois à M. de Larray, 1ᵉʳ septembre 1689 (A. H. G., vol. 856).
(4) Louvois à M. de la Carte, 28 novembre 1689 (A. H. G., vol. 860).

cée sur leur solde. Informé que le colonel et les capitaines du régiment de Moulins, de la généralité de Châlons, ont retenu 1 sol par jour à leurs soldats depuis plus de trois mois, Louvois met fin à cet abus et écrit au colonel, le 23 octobre 1689 : « Comme rien n'est plus contraire à l'intention de Sa Majesté, Elle a fort désapprouvé cette conduite et ne manquerait pas de disposer de votre emploi si vous retombiez encore dans un pareil inconvénient (1). »

Comme, en règle générale, les régiments de milice ne furent employés qu'à un service de place, Louvois se borna à les payer, durant le temps de leur assemblée, de la solde de garnison avec les dispositions suivantes, contenues dans l'ordonnance du 16 mars 1689.

Du jour de la réunion des compagnies, au 1er mai, les appointements des capitaines étaient réglés à autant de sols par jour qu'il se trouverait de sergents et de soldats dans leur compagnie. Le lieutenant touchait 18 sols, le sergent 8, le caporal 7, l'anspessade 6, chaque soldat 5 sols, sans le pain, ou 3 sols avec le pain.

Le capitaine était autorisé à retenir 2 liards, ou 6 deniers, par jour sur la solde du caporal, de l'anspessade et de chaque soldat, moyennant quoi il devait subvenir à l'entretien de la chaussure.

Pour la même période, les appointements de l'état-major étaient ainsi fixés :

Colonel, 33 sols 4 deniers, lieutenant-colonel, 20 sols, outre la paye de capitaine. Major, 50 sols ; aide-major, 33 sols 4 deniers.

A partir du 1er mai, les officiers étaient payés sur le pied des troupes en garnison dans les places, c'est-à-dire que leurs appointements subissaient une réduction

---

(1) Louvois au baron de Moulins, 23 octobre 1689 (A. H. G., vol. 889).

d'un sixième, soit 15 sols, au lieu de 18, pour un lieutenant. Les sergents, caporaux et soldats, continuaient à toucher la même solde que ci-dessus. Avec la retenue des 2 sols pour le pain, des 6 deniers pour la chaussure, chaque soldat ne touchait que 2 sols 6 deniers.

L'emploi des soldats de milice aux travaux de fortification des places leur attirait un payement supplémentaire de la part des entrepreneurs. Comme ces travaux amenaient en même temps une usure rapide de la chaussure et des vêtements, Louvois autorisa, par une ordonnance du 8 août 1689, les capitaines à retenir 1 sol, par journée de travail, à chaque homme. Sur ce sol, 2 deniers devaient rester entre les mains du capitaine pour les menues réparations de l'habillement et de la chaussure; les 10 autres deniers, remis entre les mains du trésorier de l'extraordinaire des guerres, devaient constituer une masse, laquelle serait employée, au printemps prochain, à remettre en état les habits et les armes des miliciens et à soulager d'autant les paroisses (1).

Cette préoccupation de ménager les finances des paroisses se retrouve dans une autre mesure prise par Louvois le 15 juillet 1689. Informé que les régiments de milice de Dupas et de Lignières, de la généralité de Paris, avaient perdu quelques hommes, en cours de route, dans les hôpitaux de Meaux, Joinville, Nancy, il fit rendre une ordonnance aux termes de laquelle les administrateurs de ces établissements étaient tenus de remettre aux capitaines les effets et les armes des miliciens décédés, moyennant le payement d'un écu pour frais de funérailles (2).

La première assemblée des régiments de milice dura

---

(1) Collection des Ordonnances (Bibl. du Ministère de la guerre).
(2) *Ibid.*

environ six mois. Le 10 octobre 1689, Louvois faisait savoir aux intendants que les ordres du Roi seraient « incessamment expédiés pour faire retourner les régiments de milice dans les provinces dont ils sont (1) ». A la fin d'octobre ou au commencement de novembre, la plupart des miliciens étaient de retour dans leur généralité et renvoyés dans leurs paroisses, exception faite pour les régiments employés en Roussillon et en Dauphiné. Le régiment congédié en dernier lieu fut celui d'Aligny, qui se trouvait encore en Dauphiné au milieu de novembre, gardant l'entrée de cette province contre les religionnaires français réfugiés dans les vallées de Saint-Martin et de Luserna. Le 20 octobre, le lieutenant-colonel, M. de Rogle, qui commandait dans la haute vallée du Guil, atteignait, à Abriés, une troupe de 27 réfugiés, dont 8 étaient tués et 19 faits prisonniers (2).

Avant de suivre les miliciens dans leurs paroisses, nous passerons rapidement en revue les résultats de cette première assemblée. Ils étaient tels que Louvois avait lieu d'en être satisfait et que le bruit courut même de son dessein d'augmenter le nombre des régiments de milice (3). Partis presque complets de leurs provinces, ces régiments avaient rapidement pris corps et s'étaient pliés sans effort à la discipline militaire. Là où ils avaient été employés à des travaux de fortification, ils avaient

---

(1) A. H. G., vol. 858.

(2) L'intendant Bouchu à Louvois, 30 octobre 1689 (A. H. G., vol. 906).

(3) Louvois s'empressa de démentir ce bruit, qui avait produit quelque alarme, en écrivant aux intendants, le 1er août 1689 : « Je reçois des lettres de toutes parts qui me font connaître que l'on croit que le Roi veut mettre sur pied plus de corps de milice qu'il n'y en a, ce qui m'oblige à vous dire qu'encore que Sa Majesté en soit très satisfaite, néanmoins Elle a jugé à propos de vous faire savoir qu'Elle n'en veut pas augmenter le nombre, afin que vous soyez en état d'expliquer ses intentions à ceux qui vous en parleront » (A. H. G., vol. 854).

donné entière satisfaction aux gouverneurs et aux intendants. Dans la généralité de Bordeaux, l'intendant, M. de Bezons, n'avait que des éloges à faire de la manière dont les miliciens des régiments de Silly, de Boissière, de Fontenay et de Saint-Jal, avaient exécuté les travaux du fort Médoc, et de la manière dont leurs officiers avaient conduit ces travaux. « Je crois être obligé de vous rendre compte, écrivait-il à Louvois le 8 octobre, que je suis extrêmement content de la manière dont travaille le régiment de Saint-Jal. La plus grande partie des soldats sont du Limousin, et il faut convenir qu'ils sont plus propres au travail qu'aucuns autres. M. de Fontenay, qui commande le régiment de la généralité de Caen et qui est avec neuf compagnies, se trouve être l'ancien colonel et apporte beaucoup de soin et d'application pour que les soldats travaillent... (1) »

M. de Saint-Ruth, l'un de nos meilleurs lieutenants généraux, n'était pas moins satisfait des régiments d'O, de Bournazel, de la Rochecourbon et de Caixon, employés aux fortifications de La Rochelle, « qui sont bons, mandait-il à Louvois le 4 octobre, et dont vous pouvez vous servir quand il vous plaira » (2). Appelé de La Rochelle en Guyenne, M. de Saint-Ruth ne cachait point son admiration pour le régiment du marquis de Boissière, « qui est d'une beauté qui m'a surpris. Ce serait grand dommage de renvoyer ces gens-là dans les paroisses, car le Roi s'en peut servir partout où il lui plaira (3) ».

Enfin Louvois avait vu avec contentement que les trois régiments employés à l'armée du duc de Noailles, et le régiment d'Aligny, mis aux prises par le hasard avec un adversaire redoutable, avaient fait excellente

---

(1) A. H. G., vol. 906.
(2) *Ibid.*
(3) *Ibid.*

figure et servi avec l'assiduité et la solidité de vieux régiments d'infanterie.

Si, durant ces mois d'assemblée, les miliciens s'étaient formés au service militaire, le Ministre avait aussi mis à profit la réunion des régiments pour épurer le cadre des officiers. Il ne lui suffisait pas de faire emprisonner un lieutenant du régiment de la Roche-courbon qui avait parlé insolemment à son lieutenant-colonel (1) et d'infliger la même peine au major et à un capitaine du régiment de Poudens, que leur colonel avait dû congédier pour leur mauvaise conduite (2). Ému à juste titre de la participation d'un grand nombre d'officiers dans les abus qui avaient acompagné la levée des miliciens, Louvois entreprit de reviser les premières nominations, parfois faites à la hâte et sans un examen suffisant.

Les régiments étaient à peine assemblés qu'il adressait aux colonels, le 13 mai 1689, une circulaire ainsi conçue :

« Comme il est du service du Roi de s'appliquer à connaître quels officiers du régiment de milice que vous commandez seront propres à y rester, je vous prie de m'en envoyer un état, et de ceux qu'il faudra changer, afin qu'après en avoir rendu compte à Sa Majesté, je puisse vous faire savoir ses intentions (3). »

Et, pour contrôler cette première source d'informations, le Ministre confiait, par une circulaire analogue, la même mission aux commissaires des guerres chargés de la police des régiments de milice (4).

---

(1) A. H. G., vol. 906.
(2) Louvois à M. de Bezons, 23 juillet 1689 (A. H. G , vol. 833).
(3) A. H. G., vol. 848 (en minute) et vol. 907 (en transcrit).
(4) *Ibid.*

6

On doit rendre hommage à ces efforts de Louvois pour écarter les sujets indignes et réprimer les abus que nous avons mentionnés plus haut, alors même que ces efforts ne porteront point tous leurs fruits tant, aux yeux des gens de guerre de l'époque, habitués à une assez grande licence, certains de ces abus ne cesseront de paraître chose légitime.

En prévenant, le 10 octobre, les intendants de la rentrée prochaine des régiments de milice dans leurs provinces d'origine, Louvois les avait chargés de retirer aux miliciens leurs habits et d'en assurer la conservation jusqu'à l'assemblée de l'année suivante. Les intendants ne tardèrent point à faire savoir à Louvois l'impossibilité d'exécuter cette prescription, beaucoup de miliciens « ayant vendu les misérables habits qu'ils avaient en propre lorsqu'on leur a donné ceux de soldat (1) ». Comme l'écrivait à Louvois, le 25 octobre 1689, l'intendant de Montauban, M. de la Berchère, « la plupart des communautés, n'ayant nommé que les plus pauvres, qui vivaient du jour à la journée, lesquels n'avaient que l'habit qu'ils portaient, qu'ils vendirent lorsqu'on leur donna ceux de soldat qu'ils portent présentement, il arrivera que, si on les leur ôte, ils se trouveront tout nus, ce qui les dégoûterait extrêmement du service, étant à craindre qu'aussitôt qu'ils sauront qu'on veut leur ôter leurs habits, ils ne s'écartent et n'aillent prendre parti dans les troupes avec des capitaines éloignés de leur pays, ce qui mettrait les communautés dans la nécessité d'en fournir d'autres, et cela ne pourrait être fait sans beaucoup de frais et de fatigues pour elles (2) ». « Il n'y

---

(1) L'intendant de Bretagne, M. de Pomereu, à Louvois, 30 octobre 1689 (A. H. G., vol. 906).

(2) A. H. G., vol. 906.

a point de soldat de milice qui n'ait vendu ses haillons quand il a été nommé », mandait aussi l'intendant du Dauphiné, M. Bouchu, le 13 novembre, en prévoyant une nouvelle source d'abus et de dépenses s'il chargeait les communautés de fournir aux miliciens un habit pour l'hiver, « quelque misérable qu'il fût (1) ». Sentant la sagesse de ces arguments, Louvois s'en remit aux intendants de l'opportunité de laisser, ou non, leurs habits aux miliciens, en exigeant toutefois des paroisses qu'elles remissent ces vêtements en état au printemps suivant (2).

Cette question facilement réglée, il en était une autre analogue, mais d'une solution plus difficile. Les intendants devaient, aux termes de la circulaire du 10 octobre, retirer aux miliciens, de retour dans leurs provinces, leurs armes et leurs épées et en assurer la conservation jusqu'à la prochaine assemblée, « observant de faire vendre, au profit des paroisses, les armes qui ne sont pas bonnes et de pourvoir à ce qu'elles en achètent d'autres, de bonne qualité, entre ci et la fin du mois de janvier prochain.... ».

Nous avons vu que l'armement défectueux des régiments de milice appelait de grandes réformes. Avant tout, Louvois enjoignit aux intendants d'obtenir l'unification des calibres des fusils, sur le modèle de celui des troupes réglées (3). Bientôt même il prenait le parti de fixer d'une manière invariable l'armement des régiments de milice, et, le 19 décembre 1689, il faisait

---

(1) A. H. G., vol. 906.

(2) Apostilles de Louvois sur les lettres de M. de la Berchère, du 25 octobre, et de M. de Pomereu, du 30 octobre (A. H. G., vol. 906).

(3) Le 10 novembre 1689, Louvois faisait savoir à l'intendant du Dauphiné que la longueur des fusils lui importait peu, mais qu'ils devaient être du calibre de ceux du Roi (A. H. G., vol. 860).

rendre une ordonnance portant qu'à l'avenir il y aurait, dans chaque compagnie de milice, 30 soldats armés de mousquets, et que le surplus demeurerait armé de fusils comme auparavant (1).

Déduction faite du tambour, des deux sergents armés de la hallebarde, il restait 17 hommes, soit un peu plus du tiers de la compagnie, armés du fusil.

Cette mesure n'était pas heureuse, bien qu'elle semblât inspirée par le désir de rapprocher l'armement des miliciens de celui des troupes réglées qui comprenait encore une prédominance des mousquets, le bataillon de campagne de 720 hommes disposant alors (48 sergents et tambours déduits) de 132 fusils pour 150 piques et 390 mousquets (2). Pour des raisons d'économie, les arsenaux du Roi ne comprenant qu'un petit nombre de fusils, Louvois s'obstinait à faire du mousquet l'arme principale de l'infanterie, alors que des esprits éclairés, Vauban entre autres, ne cessaient, depuis plusieurs années, de lui montrer les inconvénients d'une arme que nos adversaires délaissaient chaque jour davantage et avec laquelle tout le détail de la guerre de siège et de campagne, détachements, surprises, coups de main, attaques de nuit, opérations en pays de montagne, etc., ne pouvait s'exécuter. Le mousquet, que Vauban appelait « l'arme la plus fautive de toutes, le meilleur mousquet du monde étant plus sujet à manquer que le plus mauvais fusil (3) », était d'un maniement incommode et compliqué. Il avait en outre l'immense inconvénient

---

(1) Collection des Ordonnances (Bibl. du Ministère de la guerre).

(2) *Histoire de l'infanterie en France*, par le lieutenant-colonel Belhomme, t. II, p. 258.

(3) Lettre de Vauban à Louvois, du 21 décembre 1687, publiée par M. le lieutenant-colonel de Rochas dans le tome XVII de la *Revue du Génie* (1899).

d'être inconnu des paysans qui composaient les régiments de milice et auxquels l'usage du fusil était familier. Pour beaucoup de miliciens, le mousquet fut une gêne, ce que ne craignait point de dire le maréchal de camp de Vins, commandant sur les frontières du Bugey et de la Savoie, après avoir été rejoint, au mois d'août 1690, par les régiments de milice de Grandpré (Châlons) et de Dupas (Paris) : « Ils sont tous bien embarrassés de leurs mousquets. Ils se seraient bien mieux servis de leurs fusils (1). »

Comme les mousquets, du calibre en usage dans les troupes réglées, ne se trouvaient guère que dans les magasins du Roi, l'armement des miliciens éprouva des retards et de nouvelles difficultés. On peut admettre, en effet, que les régiments durent se procurer en entier les mousquets qui devaient armer les trois cinquièmes de leur effectif. Or, déjà les manufactures royales suffisaient à peine aux besoins des troupes réglées.

Le 29 novembre 1689, Louvois avait ordonné aux inspecteurs généraux de veiller à ce que les bataillons de campagne eussent désormais leurs fusils munis de baïonnettes à douille et à virole (2), et la fabrication des baïonnettes, commencée dans les arsenaux au début de l'année suivante, absorba une partie des ouvriers qui voyaient dans ce travail une source de profits immédiats (3). Malgré les réclamations des intendants, les livraisons d'armes se firent tardivement. Au début de février 1690, il manquait aux régiments de la généralité de Montauban les armes suivantes :

---

(1) M. de Vins à Louvois, 3 août 1690, à Seyssel (A. H. G., vol. 1003).
(2) A. H. G., vol. 861.
(3) Dans une lettre du 1er février 1690, Louvois se plaint que les ouvriers de la manufacture de Saint-Étienne s'emploient à faire des baïonnettes à douille (A. H. G., vol. 912).

	Mousquets.	Fusils.
Régiment de La Garde	450	220
— de Bournazel..............	450	111
— de Caixon	450	255 (1)

Le régiment de Menou (Orléans) avait besoin de 600 mousquets au 10 février 1690 (2). Le régiment de la Carte (Poitou) réclamait 400 mousquets au début de mars (3). Toutes ces demandes, affluant coup sur coup aux arsenaux du Roi, trouvèrent l'entrepreneur des manufactures d'armes, le sieur Titon, impuissant à y faire face sur-le-champ. Il fallut, bon gré mal gré, que les régiments de milice se missent en marche, au printemps de 1690, sans avoir reçu leur armement. Le 25 mai, le régiment de Saint-Jal (Limoges) était déjà arrivé à Nancy sans armes (4). A la fin de mai, les régiments de Caixon (Montauban) et de la Rochecourbon (Bordeaux) se trouvaient à Perpignan dans le même état (5). M. de la Berchère avait dû aussi diriger sur le Dauphiné, à peu près désarmés, les deux régiments de La Garde et de Bournazel (6), et force fut aux gouverneurs de nos places frontières de s'ingénier à armer les régiments de

---

(1) M. de la Berchère à Louvois, 1er février 1690 (A. H. G., vol. 1013).

(2) Louvois à l'intendant du Creil, 10 février 1690 (A. H. G., vol. 912).

(3) Louvois à l'intendant de La Bourdonnaye, 2 mars 1690 (A. H. G., vol. 914).

(4) Louvois à l'entrepreneur des manufactures d'armes, Titon, 25 mars 1690 (A. H. G., vol. 919).

(5) Louvois au commissaire des guerres Dubois, 30 mai 1690 (A. H. G., vol. 919).

(6) Le 10 mai 1690, Louvois manifeste sa surprise au commissaire Dubois de voir que les armes des régiments de milice de Guyenne ne leur soient point parvenues. Il l'invite à les faire diriger sans retard sur Briançon (A. H. G., vol. 918).

milice en attendant les envois des manufactures. C'est ainsi que la place de Pignerol fournit, à elle seule, 800 mousquets (1) aux premiers régiments arrivés sur les frontières du Piémont où, comme nous le verrons, les opérations s'ouvrirent sans que plusieurs de ces régiments eussent reçu leurs armes. A la fin de juillet 1690, il manquait encore 600 mousquets aux trois régiments de milice de Bretagne (2).

Irrité de ces contre-temps, imputables surtout à la pénurie des arsenaux royaux et à l'apparition tardive de l'ordonnance du 19 décembre 1689, Louvois s'en prend à tout son entourage. Parfois il incrimine les intendants. Informé par une lettre de la Rochelle que le régiment de Menou est fort mal armé, n'ayant que 296 mousquets, le Ministre écrit à l'intendant du Creil, le 16 septembre 1690 : « Je ne puis vous céler que vous devez avoir la satisfaction que, de tous les régiments de milice qui sont sur pied, il n'y a que celui de votre département auquel il manque quelque chose (3) ». Plus souvent il gourmande l'entrepreneur des manufactures royales, le sieur Titon, et, emporté par la brusquerie de son caractère, il lui écrit, le 15 mai 1690 : « Vous mériteriez que je vous fasse mettre en prison pour avoir la hardiesse de surseoir à l'exécution des ordres qui vous ont été donnés pour l'armement des régiments de milice de la généralité de Montauban, auquel il faut que vous satisfassiez au plus tôt si vous ne voulez pas être arrêté (4). » Envers le commissaire des guerres Dubois, l'administrateur, plein de zèle, qui surveille la manufacture de

---

(1) A. H. G., vol. 1009.

(2) Louvois à l'intendant de Pomereu, 23 juillet 1690 (A. H. G., vol. 923).

(3) A. H. G , vol. 927.

(4) *Ibid.*, vol. 918.

Saint-Étienne, il s'échappe même jusqu'à le menacer d'une destitution s'il ne remédie aux retards dans la livraison des armes des régiments de milice (1).

Si l'on fait abstraction de ces retards, en faisant appel aux ressources des manufactures royales, les intendants obtinrent ce double résultat de procurer aux régiments un armement meilleur et de soulager les paroisses (auxquelles le renouvellement presque total de l'armement avait imposé de nouvelles charges), en leur faisant payer les armes à un prix raisonnable, qui fut généralement fixé à 8 livres 10 sols pour les mousquets et à 9 livres 10 sols pour les fusils (2).

Il était à prévoir que les miliciens, de retour dans leurs paroisses, ne voudraient point se mettre au travail. Comme ils ne pouvaient vivre uniquement avec les deux sols que leur allouaient les communautés, plusieurs intendants et gouverneurs, appréhendant quelque désordre de leur part, proposèrent au Ministre de les tenir assemblés pendant l'hiver dans deux ou trois quartiers, « où, écrivait l'archevêque de Lyon, le 18 octobre 1689, les paysans leur payeraient ce que vous ordonneriez. Ils se maintiendraient mieux dans la fonction de soldat, ne se dissiperaient pas, comme ils feront infailliblement dans lesdites paroisses ; les officiers leur feraient mieux observer leur devoir, et l'on les pourrait faire marcher quand il vous plairait (3) ».

Louvois ne crut point devoir agréer cette proposition, que nous verrons reprise par son successeur, Barbezieux. Les désordres, que prévoyaient les intendants, se pro-

---

(1) Louvois au commissaire Dubois, 30 mai 1690 (A. H. G., vol. 919).

(2) Louvois à l'intendant de la Berchère, 28 mars 1690 (A. H. G., vol. 915).

(3) A. H. G., vol. 906.

duisirent dans quelques provinces, et, à ceux qui lui firent part de leurs doléances à cet égard, Louvois se borna à répondre qu'ils devaient user de sévérité envers les coupables et que rien n'était plus facile que de contenir les miliciens dans leur devoir « puisqu'il n'y aura qu'à faire pendre les deux premiers qui s'en écarteront (1) ».

Il n'y eut que dans le Languedoc où les huit régiments de milice de cette province furent maintenus sur pied pendant tout l'hiver pour contenir les nouveaux convertis. D'accord avec les États du Languedoc, l'intendant de Basville exposait à Louvois, le 8 octobre 1690, les raisons qui avaient fait juger ce maintien nécessaire : « Il faut, s'il vous plaît, se souvenir qu'il y a dans les Cévennes plus de 150,000 nouveaux convertis qui ne sont et ne seront jusqu'à la paix retenus que par la crainte, en sorte que, si l'on éloigne les troupes, il faudra ensuite abîmer ces lieux-là pour les punir des folies qu'ils ne manqueront pas de faire, et, en cela, la province souffrira une perte considérable parce que, ce pays étant ruiné, il ne pourra plus porter sa part des charges communes, qui est forte (2) ». Puisqu'il fallait « nécessairement garder les nouveaux convertis » pendant l'hiver, mieux valait confier ce soin aux milices, qui conservent l'argent dans la province, que d'en charger des troupes réglées de passage auxquelles il faudrait payer un quartier d'hiver et l'étape et qui en emporteraient l'argent au printemps suivant. Néanmoins, comme la solde annuelle de ces régiments de milice imposait à la province une charge écrasante de 380,000 livres, M. de Basville sollicitait, le 29 octobre 1690, la réduc-

---

(1) Louvois à l'intendant du Creil, 14 octobre 1690 (A. H. G., vol. 928).

(2) A. H. G., vol. 1017.

tion des compagnies de milice de son département à trente hommes, et cette réduction lui était accordée (1).

Si, dans quelques provinces où les communications étaient rendues difficiles par les neiges, Louvois consentait à ce que les miliciens, de retour dans leurs provinces, ne fussent plus réunis que tous les quinze jours ou toutes les trois semaines (1), il n'entendait point qu'ils perdissent de vue l'exercice et les manœuvres. Le 12 novembre 1689, il faisait remettre aux commissaires des guerres, chargés de la police des régiments de milice, une instruction aux termes de laquelle ils devaient rappeler, aux gouverneurs des provinces, l'obligation d'assembler les compagnies de milice tous les dimanches ou fêtes, l'informer exactement « de la manière que se feront les exercices desdites milices », et veiller à ce que les capitaines « prennent pour sergents des soldats de meilleure volonté, qui sauront écrire et qui auront servi ». Ils devaient encore examiner les compagnies les unes après les autres, et s'assurer du remplacement des soldats décédés ou hors d'état de servir sans s'attacher à la taille des nouveaux miliciens, « l'intention de Sa Majesté étant de tirer service de tous ses sujets, de quelque taille qu'ils soient, pourvu qu'ils soient de force à bien servir (2) ».

Afin de faciliter le recrutement de la milice, Louvois, tout en renouvelant la défense d'enrôler des étrangers, faisait rendre, le 26 février 1690, une ordonnance qui autorisait les paroisses à choisir les nouveaux miliciens non seulement parmi les garçons, mais encore parmi les « jeunes hommes mariés ». Elle stipulait en outre que,

---

(1) Louvois à l'intendant du Dauphiné, M. Bouchu, 1er février 1690 (A. H. G., vol. 912).

(2) Recueil d'ordonnances, lois, etc. (Arch. admin. de la guerre).

lorsqu'un paysan désigné pour la milice viendrait à abandonner sa paroisse, ses parents seraient rendus responsables de sa fuite et condamnés « solidairement à payer l'argent nécessaire pour qu'un autre homme de la paroisse marche volontairement à sa place (1) ».

Dans le même ordre d'idées, Louvois prescrivait aux intendants de se montrer sévères à l'égard des officiers des troupes réglées qui chercheraient à enrôler des miliciens, et de les punir d'une peine d'emprisonnement de quinze jours (2).

Si ces mesures rendirent plus facile la tâche des paroisses dans le recrutement des miliciens, elles ne remédièrent point aux abus qui avaient accompagné la première levée de 1688 et qui, sur une échelle un peu moindre peut-être, se renouvelèrent presque dans toutes les généralités, de la part des officiers principalement. Au mois de mars 1690, Louvois apprenait que l'attention des capitaines du régiment de Bournazel (Montauban) se bornait à « refuser les soldats qu'on leur amène, afin de s'attirer des présents de la part de ceux qui appréhendent d'être nommés (3) ». Dans le Lyonnais, la Bretagne, l'Ile-de-France, etc., les officiers se livrèrent à des concussions sans nombre, comme ce capitaine de l'élection de Senlis qui vendait aux paroisses des soldats mercenaires « jusqu'à trente écus (4) ». Louvois dut se faire adresser les noms des capitaines des deux régiments de milice de la généralité de Paris qui se refusaient à vivre « dans l'ordre », afin d'en ordonner une si prompte punition que cet exemple rendit « les autres

---

(1) Collection d'ordonnances (Bibl. du Ministère de la guerre).

(2) Louvois à Chamillart, 23 janvier 1690 (A. H. G., vol. 911).

(3) Louvois à l'intendant de la Berchère, 4 mars 1690 (A. H. G., vol. 914).

(4) Louvois à l'intendant Ménars, 3 avril 1690 (A. H. G., vol. 916).

sages (1) ». Il dut aussi faire arrêter plusieurs officiers des régiments de Bretagne coupables de malversations, les forcer à rendre gorge et casser deux capitaines du régiment de Carman et un capitaine du régiment de Guébriant, après avoir enjoint à l'intendant, M. de Pomereu, de ne rien négliger pour « désaccoutumer les officiers de milice des pilleries qu'ils font (2) ». Le Ministre ne manquait pas de sévir contre les coupables qui lui étaient signalés, mais une partie seulement de leurs méfaits parvenaient jusqu'à lui et pouvaient être réprimés.

D'autres mesures furent aussi prises par Louvois pour rapprocher la constitution des régiments de milice de celle des autres régiments d'infanterie.

Une des plus heureuses fut sans contredit celle qui constitua définitivement la masse de ces régiments. Après avoir essayé de confier aux paroisses l'armement et l'habillement des miliciens, Louvois était contraint de reconnaître que ce procédé avait coûté beaucoup d'argent, donné de médiocres résultats et favorisé plus d'une manœuvre indélicate, soit de la part des syndics, soit de la part des officiers. L'expérience lui avait encore montré que les officiers se souciaient fort peu de la conservation d'un armement et d'un habillement dont ils n'étaient aucunement responsables et qu'ils savaient devoir être renouvelés par les paroisses, le cas échéant. Intendants et commissaires des guerres s'étaient plaints de cette négligence des officiers si préjudiciable aux intérêts des paroisses ; ils avaient aussi proposé les moyens d'y remédier, comme le faisait le commissaire des guerres Branslart de Celigny, écrivant à Louvois, le 8 février 1690 : « A l'égard des milices de Rouergue (régi-

---

(1) Louvois à l'intendant Ménars, 20 mars 1690 (A. H. G., vol. 915).
(2) Louvois à M. de Pomereu, 31 mai 1690 (A. H. G., vol. 919).

ment de Bournazel), ayant trouvé les soldats fort mal chaussés, plusieurs même n'ayant point de souliers, j'ai appris que les capitaines, loin d'avoir fait l'usage qu'ils devaient des 2 liards qu'ils ont retenus pendant toute la campagne pour la chaussure de leurs soldats, avaient mieux aimé les laisser marcher nu-pieds que de dépenser ce qu'ils avaient retenu. J'ai fait arrêter leurs appointements jusqu'à ce qu'ils aient fait, devant moi, à leurs soldats le décompte de ces 2 liards. Comme la plupart de ces capitaines se mettent peu en peine de ménager l'intérêt des paroisses, ils ont laissé perdre plusieurs habits et plusieurs armes de ceux des soldats qui sont morts ou qui ont déserté, et ont pris si peu de soin de conserver les habits des autres soldats qu'il en faut donner de neufs à plusieurs..... Si j'osais, Monseigneur, je dirais que je crois qu'on épargnerait beaucoup pour les paroisses si on levait, l'année prochaine, sur chacune une somme indiquée qu'on donnerait aux capitaines, moyennant laquelle ils seraient obligés d'habiller et d'armer leurs soldats. Pour lors, leur propre intérêt leur ferait prendre beaucoup de petits soins qu'ils ne veulent point prendre pour les paroisses (1). »

En l'absence de tout règlement, de nouvelles difficultés surgirent lorsqu'il fut question de remettre en état l'habillement des miliciens rentrés dans leurs paroisses. Les officiers auraient voulu que les réparations et remplacements d'effets fussent confiés aux jurats, syndics, consuls, « afin, disait l'intendant de Bezons, d'en tirer beaucoup d'argent par les incidents qu'ils leur feraient (2) ». Pour couper court à ces abus, les intendants intervinrent entre les régiments et les paroisses : ils prirent le parti soit de débattre avec les capitaines la

---

(1) A. H. G., vol. 1013.
(2) M. de Bezons à Louvois, 21 février 1690 (A. H. G., vol. 1013).

somme nécessaire aux réparations de l'habillement et de leur remettre cette somme, soit de prendre eux-mêmes en main le soin de réparer l'habillement des miliciens de leur généralité. Dans la généralité de Montauban, après accord avec les capitaines des régiments de La Garde, Bournazel et Caixon, M. de la Berchère leur allouait la somme de 9 livres 5 sols pour les réparations de l'habillement de chaque milicien (1). Dans celle de Bordeaux, M. de Bezons essayait vainement de faire convenir, d'une somme raisonnable, le colonel et les capitaines du régiment de Poudens, sans « en venir à bout, quoique je leur aie offert de leur faire donner 8 francs par paroisse, ce qui ferait 2,000 écus pour le régiment.... (2) ». De guerre lasse, l'intendant se chargeait lui-même des réparations de ce régiment, après avoir proposé à Louvois d'en fixer chaque année le montant.

En marge de cette dernière demande de M. de Bezons, Louvois faisait écrire, par son secrétaire, « cela sera fait », et bientôt, le 28 mars 1690, une ordonnance royale arrêtait les dispositions qui seraient suivies, à partir de 1691, pour la solde, l'habillement et l'armement des miliciens.

L'ordonnance instituait à cet effet une masse dont le fonds principal devait être alimenté, au mois de janvier de chaque année, par la somme de 18 livres 10 sols que fournirait chaque paroisse pour être déchargée de l'habillement, chaussure et armement, de son milicien.

Sur ces 18 livres 10 sols, tant que le milicien resterait dans sa paroisse, il serait prélevé 4 deniers par jour, soit 10 sols par mois, pour être remis au capitaine et lui servir à entretenir l'homme de chaussures et de linge.

---

(1) M. de la Berchère à Louvois, 15 mars 1690 (A. H. G., vol. 1013).
(2) M. de Bezons à Louvois, 21 février 1690 (A. H. G., vol. 1013).

Le surplus devait être versé entre les mains du trésorier de l'Extraordinaire des guerres, pour constituer la masse destinée à l'habillement du soldat.

A ce fonds principal s'ajouterait, pendant l'assemblée des régiments, le prélèvement opéré sur la solde de chaque milicien, laquelle était fixée à 5 sols sans le pain et à 3 sols avec le pain de munition. Ce prélèvement s'élevait à 1 sol par jour, dont 4 deniers restaient entre les mains du capitaine à l'effet d'entretenir l'homme de linge et de chaussures, et les 8 autres deniers s'ajoutaient à la masse versée entre les mains du commis de l'Extraordinaire des guerres.

Sur l'argent de cette masse, il ne pouvait être fait aucune dépense que par les ordres du colonel, du lieutenant-colonel, du major et du commissaire des guerres chargé de la police du régiment. Le décompte de la masse devait être arrêté chaque année, au mois de mars, avant la sortie des régiments de leur province. A l'égard des marchés nécessaires pour l'habillement des régiments, ils ne pouvaient être conclus que « par le major et celui des capitaines qui aura été commis à cet effet à la pluralité des voix des autres capitaines du régiment, sans que les colonels puissent faire aucun desdits marchés (1) ».

Ainsi une compagnie de milice de 50 hommes, dont le séjour dans la province durerait 6 mois, l'assemblée hors de la province six autres mois, disposerait à sa masse : 1° de 775 livres, soit de 15 livres 10 sols sur les 18 livres 10 sols versés par la paroisse pour chaque homme (les 3 livres qui manquent représentant les

---

(1) Collection des Ordonnances (Bibl. du Ministère de la guerre). On retrouve la même ordonnance, en placard, à la date du 5 avril 1690, dans le Recueil d'ordonnances, lois et décrets, conservé aux Arch. adm. de la guerre.

4 deniers laissés journellement entre les mains du capitaine) ; 2° de 300 livres, soit de 6 livres sur les 9 livres
déduites de la solde de chaque milicien pendant les
6 mois d'assemblée (les 3 livres qui manquent représentant les 4 deniers dont dispose le capitaine).

On voit de suite les avantages qui résultaient de la
fixation de cette masse et pour les paroisses, déchargées
de l'entretien de leur milicien, et pour les capitaines
mis en mesure d'assurer cet entretien. Au témoignage
du colonel des milices du Dauphiné, du comte du Gua,
la somme de 1,075 livres, montant de la masse d'une
compagnie, dans le cas envisagé plus haut, pouvait suffire, pourvu qu'elle fût « bien ménagée (1) ». Il aurait
seulement souhaité que l'on fît « rouler uniquement
l'entretien et le détail, aussi bien que le commandement
du régiment, sur le colonel ». A l'appui de sa thèse, il
invoquait les arguments suivants : « Il est absurde,
disait-il, qu'un colonel soit à la tête d'une troupe dont
il ne sait pas le détail, et, outre cela, l'intendant aura
beau lui donner tous les ans un régiment bien armé,
bien vêtu, bien équipé : s'il n'en a pas soin et s'il faut
recommencer chaque année, il n'est pas possible de faire
jamais une bonne troupe.... Un colonel chargé de l'entretien de son régiment, sous l'autorité des inspecteurs
et directeurs généraux, deviendra soigneux et bon officier, et entretiendra son régiment moyennant ce qui lui
est ordonné par le Roi. L'intendant n'aura que faire
d'imposer aucune somme extraordinaire sur la province,
et l'officier, n'ayant nul pouvoir d'imposer sur les communautés ni d'y exiger aucun argent, on ne lui en donnera assurément point. Il sera obligé de ménager ses

---

(1) Mémoire touchant le détail des régiments de milice (fait par
M. le comte du Gua). Ce mémoire, qui porte la mention « R. (reçu) en
mars 1695 », se trouve dans le volume 1303 des Arch. hist.

affaires, de faire durer les habits et d'être soigneux. En deux mots, il sera sur le même pied que les officiers des autres régiments à qui on ne donne pas de paroisses au pillage et qui sont obligés de se contenter de ce que le Roi leur donne pour l'entretien de leurs troupes (1).

Moins confiant dans la probité humaine, Louvois ne voulait point laisser la gestion de la masse aux colonels des régiments de milice. Il ne voulait point qu'ils fussent mêlés, de près ou de loin, à ces questions d'argent où tant d'officiers de milice s'étaient montrés si peu scrupuleux. Lorsque, par l'ordonnance du 28 mars 1690, il leur interdisait de participer aux marchés à conclure pour l'habillement, il ne faisait que généraliser une précaution dont il avait déjà recommandé l'usage aux intendants. « Il faut bien se garder, écrivait-il à l'intendant Ménars le 11 janvier 1690, de faire remettre, entre les mains des colonels des régiments de milice, l'argent destiné pour raccommoder les habits et les armes de leurs soldats, mais plutôt charger de ce soin des gens qui ne veulent pas gagner sur les marchés et qui achètent de bonnes étoffes (2) ».

Il est inutile de faire observer que l'ordonnance du 28 mars 1690 fut accueillie avec joie par les paroisses et les intendants. « .... Je suis très aise, mandait M. de Bezons à Louvois, que vous approuviez ce que j'ai eu l'honneur de vous proposer que chaque officier, à commencer l'année prochaine, fût chargé de l'entretien de sa compagnie parce que, lorsque cela n'est pas, ils ne prennent point soin que leurs soldats conservent leurs habits et ne se soucient point qu'ils les rompent et les déchirent. Les choses en iront mieux lorsqu'ils seront chargés du détail (3) ».

---

(1) A. H. G., vol. 910.
(2) *Ibid.*
(3) M. de Bezons à Louvois, 21 mars 1690 (A. H. G., vol. 1013).

7

Mis en possession d'une masse comme les autres régiments d'infanterie, les régiments de milice se rapprochaient encore des troupes réglées par les dispositions suivantes :

Les peines légères portées contre les déserteurs des régiments de milice et l'extrême mansuétude dont Louvois faisait preuve à leur égard, avaient rendu la désertion assez fréquente dans ces régiments. Louvois avait constaté que les miliciens « méprisaient la peine du fouet (1) », et il lui avait été rendu compte que quelques déserteurs n'avaient pas craint de retourner dans leur paroisse, d'y demeurer avec l'habit de soldat et de continuer à porter l'épée (2). Soit qu'il n'eût pas lieu de s'applaudir des effets de sa clémence, soit qu'il voulût assimiler de plus en plus le milicien au soldat d'infanterie, Louvois faisait rendre, le 25 février 1690, une ordonnance qui, durant l'assemblée des régiments, condamnait les déserteurs de la milice aux mêmes peines que les déserteurs des troupes réglées (3). Tout déserteur devant l'ennemi devait être ainsi puni de mort, tout déserteur à l'intérieur condamné aux galères en ayant le nez et les oreilles coupés et les joues marquées d'une fleur de lys.

Après avoir apporté une première infraction à l'ordonnance de création du 29 novembre 1688, en assujettissant les hommes mariés à la milice, Louvois ne tardait pas à en commettre une deuxième. La guerre menaçant de se prolonger, le ministre portait, de deux à trois ans, la durée du service des miliciens en décidant, par l'ordon-

---

(1) Termes de l'ordonnance du 25 février 1690 contre les déserteurs des régiments de milice.

(2) Louvois à l'intendant de la généralité de Tours, M. de Miromesnil, 18 décembre 1689 (A. H. G., vol. 863).

(3) Collection des Ordonnances (Bibl. du Ministère de la guerre).

nance du 10 mai 1690, que le tiers seulement des miliciens obtiendraient, par la voie du sort, leur congé en décembre 1690, « à peine, à ceux qui, au préjudice de ce, déserteraient, des galères ».

Pour justifier cette prolongation de service, l'ordonnance invoquait le motif suivant : « Si un trop grand nombre de soldats, qui sont présentement formés et en état de rendre un meilleur service que de nouveaux qui n'auraient aucune expérience, venaient à quitter tous à la fois, Sa Majesté ne pourrait tirer desdites milices toute l'utilité et l'avantage qu'Elle a eu lieu de s'en promettre, ce qui, dans la conjoncture de la présente guerre, porterait un préjudice considérable à son service (1) ».

Il est à remarquer que cette ordonnance ne fut publiée que lorsque les régiments de milice avaient déjà quitté leurs provinces, sans doute pour éviter les marques de mécontentement et les désertions qu'elle n'eût pas manqué de susciter. Nous verrons plus tard les murmures et la résistance que son application devait provoquer parmi les miliciens, à leur retour dans les provinces, après la campagne de 1690.

Comme les circonstances amenèrent Louvois à faire, en 1690, un large emploi des milices aux armées, il fut nécessaire de déterminer le rang et les prérogatives des officiers et des régiments de milice appelés à servir conjointement avec les troupes réglées. Ce fut l'objet des ordonnances du 1er juillet et du 20 août 1690.

La première définit le droit au commandement. Les colonels des régiments de milice obéiront aux colonels et commanderont aux lieutenants-colonels de tous les autres régiments.

Les lieutenants-colonels de milice obéiront aux lieu-

---

(1) Collection des Ordonnances (Bibl. du Ministère de la guerre).

tenants-colonels et commanderont aux capitaines des autres régiments.

Les capitaines de milice auront le pas sur tous les lieutenants, et les lieutenants de milice sur tous les sous-lieutenants et enseignes.

L'ordonnance du 20 août 1690 fixe le rang des régiments de milice qui « précéderont, en toute marche et occasion de guerre, les régiments d'infanterie qui auront été mis sur pied depuis qu'ils ont été levés. A l'égard du commandement, les officiers desdits régiments de milice commanderont à ceux de même poste des régiments levés depuis eux (1) ».

---

(1) Collection des Ordonnances (Bibl. du Ministère de la guerre).

CHAPITRE III

Obligé, par l'entrée de la Savoie dans la coalition au printemps de 1690, d'improviser une armée à notre frontière d'Italie en faisant surtout appel aux régiments de milice, Louvois dut dégarnir l'intérieur des provinces telles que la Guyenne et le Dauphiné où les nouveaux convertis étaient nombreux. Toujours hanté par la pensée que les protestants du royaume ne songeaient qu'à s'unir à nos ennemis, croyant savoir qu'il se tramait en Suisse une vaste conspiration qui avait pour but le soulèvement des nouveaux convertis au mois d'août 1690, Louvois prit le parti d'instituer, dans les généralités de

Bordeaux et de Montauban et dans le Dauphiné, de nouveaux régiments de milice, dits de petite milice ou d'anciens catholiques, qui ne devaient être assemblés que durant les trois mois de l'été. A cet effet, il adressait, le 16 mai 1690, à M. de Sourdis, le lieutenant général qui commandait en Guyenne, et à M. de Larray, le maréchal de camp qui commandait en Dauphiné, les instructions du Roi relatives à la levée de ces nouveaux régiments. « Sa Majesté trouve bon que, des communautés catholiques..., vous régliez une espèce de milice de gens bien faits, avec des officiers que vous choisirez dans le pays qui aient servi, lesquels vous logerez au milieu des lieux où il y a le plus de nouveaux convertis..., qui seront armés des armes qui se trouveront chez les communautés dans lesquelles vous les lèverez, habillés des mêmes habits qu'ils auront, et que vous les teniez ensemble dans les lieux dont il est parlé ci-dessus, depuis le 20 du mois prochain jusqu'au 12 ou 15 septembre. Cette milice devra subsister au moyen de 5 sols par jour à chaque soldat, 10 sols à chaque sergent, et de la solde que le Roi a réglée aux officiers de son infanterie qui est en garnison.... (1) ». Cette solde devait être payée par le trésorier de l'Extraordinaire des guerres, lequel serait remboursé au moyen d'une imposition faite sur les nouveaux convertis, « étant bien juste qu'ils payent les précautions que leur mauvaise volonté oblige Sa Majesté de prendre pour les contenir dans leur devoir ».

De retour dans leurs communautés, les nouveaux miliciens étaient libérés de toute obligation. Pendant les trois mois d'assemblée, ils devaient s'entretenir à leurs frais, au moyen de leur solde, sur laquelle aucune retenue ne pouvait être prélevée.

---

(1) A. H. G., vol. 1018.

4,000 hommes de petite milice, soit quatre régiments
de 1,000 hommes (vingt compagnies de 50 hommes par
régiment), furent mis sur pied dans chacune des généralités de Bordeaux et de Montauban; 3,000 hommes
furent levés en Dauphiné et répartis en quatre régiments
(un de 1,200 hommes, trois de 600 hommes) (1).

Malgré le soin que MM. de Sourdis et de Larray apportèrent au choix des officiers, ils ne purent empêcher
qu'à côté d'un petit nombre d'honnêtes gens, il ne s'en
trouvât d'autres, « ou qu'on n'a pu souffrir dans le service, ou qui n'ont jamais eu le courage d'y entrer. Aussi
ne voit-on en eux qu'une avidité horrible de gagner. Ils
vivent sans discipline, ils n'en donnent aucune à leurs
soldats : leur plus grand soin est de les renvoyer, autant
qu'ils peuvent, dans leurs communautés, afin de profiter
de leur paye..... (2) ».

Quels services appréciables pouvait-on espérer de
régiments rassemblés pour un laps de temps aussi court,
composés d'hommes en grande partie désarmés, presque
tous en guenilles, sans bas, sans souliers, les uns nu-
pieds, les autres en sabots ou en souliers de cordes (3),
bandes de gueux dont le burin de Callot eût fait ses dé-
lices ? Les nouveaux miliciens désertèrent en grand

---

(1) Grenoble fournit un bataillon de 600 hommes (12 compagnies de
50 hommes), la vallée du Grésivaudan un bataillon de même force. Ces
deux bataillons réunis formèrent le régiment de Chalandières. Les
trois autres régiments de petite milice du Dauphiné, forts de 600
hommes chacun (12 compagnies de 50 hommes), furent commandés
par MM. de Ville, de Montferrat et d'Argenson.

(2) M. d'Herbigny, intendant à Montauban (le successeur de M. de la
Berchère) au Contrôleur général, 7 janvier 1693 (*Correspondance des
Contrôleurs généraux avec les Intendants*, t. I, p. 309).

(3) L'intendant de la Berchère, de la généralité de Montauban, à
Louvois, 2 juillet 1690 (A. H. G., vol. 1016), et M. d'Herbigny au
Contrôleur général, 7 janvier 1693 (*Correspondance des Contrôleurs
généraux avec les Intendants*, t. I, p. 309).

nombre ; ceux du Dauphiné, bien que plus aguerris que les miliciens de Guyenne, firent souvent le désespoir de M. de Larray. A l'époque de la moisson, les officiers n'étaient occupés qu'à courir à la recherche de leurs hommes qui abandonnaient les postes confiés à leur garde et regagnaient par bandes leurs villages. « La milice du Dauphiné, écrivait M. de Larray à Louvois le 24 juin 1690, me désespère par la désertion, quoiqu'on la paye très exactement. Je trouvai hier un poste, où j'avais mis 300 hommes, entièrement dégarni, et ils font de tous côtés la même chose... (1) ». En Guyenne, l'ordonnance de convocation du gouverneur, M. de Sourdis, portait que les régiments de petite milice seraient dissous le 15 septembre. Comme l'ordre de licenciement, envoyé par Louvois, ne parvint au gouverneur et aux intendants que quelques jours plus tard, beaucoup de miliciens s'étaient d'eux-mêmes, mis en route, le 15 septembre pour rentrer dans leurs foyers, « quoiqu'on leur eût fait un ban pour les en empêcher (2) ». L'intendant de la Berchère en fit arrêter un assez grand nombre, et, sur les instructions de Louvois, il en garda prisonniers deux par quartier pendant trois semaines ou un mois.

Nous verrons plus tard l'éloquente protestation qu'un homme de cœur, M. d'Herbigny, le successeur de M. de la Berchère à l'intendance de Montauban, fera entendre contre ces nouvelles milices qu'il ne craindra pas de déclarer : préjudiciables à la religion, qu'elles desservaient en ravivant les haines entre catholiques et nouveaux convertis ; au pays, qu'elles ruinaient en doublant et triplant les impositions de certaines communautés ; au

---

(1) A. H. G., vol. 1009.

(2) M. de la Berchère à Louvois, 20 septembre 1690 (A. H. G., vol. 1016).

service du Roi enfin, en ce que les nouveaux convertis, loin de méditer un soulèvement, étaient au désespoir de l'injuste traitement qui leur était infligé. Pour chacune des généralités de Bordeaux et de Montauban, les taxes, imposées sur les nouveaux convertis à l'occasion de ces petites milices, s'élevèrent à plus de 100,000 livres (1). Outre ses 46,000 livres de taille, Montauban dut payer une taxe de 38,000 livres ; celle de la petite ville de Saint-Jean-du-Breuil, imposée déjà pour 4,120 livres de taille, s'éleva à 3,126 livres (2). Au risque d'encourir le courroux de Louvois, M. de la Berchère se permit de lui faire observer que la répartition de cette taxe sur les nouveaux convertis ne se ferait pas « sans beaucoup de difficulté (3) ».

L'institution des régiments de petite milice était chose d'autant plus inutile, en Guyenne du moins, qu'à la même heure se formaient partout, dans les villes, des compagnies bourgeoises composées d'anciens catholiques, qu'on en comptait plus de 600 dans la seule généralité de Montauban en novembre 1690 (4), et que ces forces, bien supérieures par le nombre et la qualité aux régiments de petite milice, étaient plus que suffisantes pour parer à un mouvement des nouveaux convertis, le cas échéant.

Il nous reste, pour donner un aperçu de l'histoire des

---

(1) Cette taxe s'éleva à 110,306 livres 8 sols 1 denier pour la seule généralité de Montauban, d'après une lettre de l'intendant de la Berchère à Louvois, du 3 décembre 1690 (A. H. G., vol. 1017).

(2) Lettre de M. d'Herbigny au Contrôleur général, du 7 janvier 1693 (*Correspondance des Contrôleurs généraux avec les Intendants*, t. I, p. 309).

(3) M. de la Berchère à Louvois, 23 mai 1690 (A. H. G., vol. 1015).

(4) M. de Crillon, inspecteur, à Louvois, 29 novembre 1690 (A. H. G., vol. 1017).

milices en 1690, à retracer leur emploi sur les frontières, particulièrement sur les frontières d'Espagne et d'Italie où elles allaient être appelées à un rôle important.

Louvois, qui voulait avoir les régiments sur pied à la fin de mars 1690, n'avait cessé de stimuler le zèle des intendants. Au moindre retard, à la moindre lenteur dans la levée ou l'habillement des miliciens, que lui signalaient les commissaires des guerres chargés de la police des régiments, les intendants se voyaient rappelés à l'ordre en des termes qui n'admettaient point de réplique. Au début de mars 1690, le Ministre apprend « qu'il manque beaucoup de soldats dans la compagnie de la Tranchée, au régiment de milice de Lignières, parce que les paroisses n'ont pas encore nommé ceux qui doivent remplacer les déserteurs et les morts ». Il mande aussitôt à l'intendant Ménars, le 8 mars 1690 : « Je vous avoue qu'il est fâcheux que je sois obligé de vous écrire si souvent pour faire que les ordres, que le Roi a donnés pour rendre lesdites milices complètes, soient exécutés dans votre département, et je vous supplie d'y pourvoir de manière que cette compagnie soit au plus tôt en état de marcher (1) ».

Bien secondé par les commissaires des guerres et la plupart des intendants, Louvois put faire sortir presque tous les régiments de leurs provinces, au début d'avril 1690. Comme la chose avait été pratiquée l'année précédente, ils ne furent assemblés que très peu de jours avant leur mise en marche, bien que la plupart des intendants eussent observé, avec raison, sur une première expérience, que ce délai était insuffisant pour faire partir les régiments complets et en bon état : « ... Je suis persuadé, écrivait M. de la Berchère, de Montauban, le 12 février 1690, par l'expérience que je

---

(1) A. H. G., vol. 914.

fis l'année dernière, qu'on ne pourra mettre ces régiments en bon état pour servir qu'en les faisant assembler trois semaines ou un mois avant leur départ, soit pour faire fournir les soldats par les communautés qui auront manqué d'en nommer, ou pour entrer dans le détail de leur habillement où il y aura beaucoup de choses à observer et à faire faire, tant à cause des habits des soldats qui sont morts que pour faire rétablir et raccommoder ceux des soldats qui ont servi, dont quelques-unes des communautés ont négligé de retirer l'habillement, et, pour bien examiner tout ce détail, je vous prie de trouver bon que je vous répète encore qu'il est très nécessaire d'assembler ces régiments trois semaines ou un mois avant leur départ de cette province (1) ».

Louvois ne crut point devoir donner satisfaction à cette requête (2). Tout au plus voulut-il consentir à maintenir, dans leur province, les régiments assemblés pendant trois, quatre ou cinq jours (3). Comme, dès leur réunion en régiment, les milices passaient à la charge du Roi, Louvois entendait ne les payer que pour un service effectif et immédiat. Il avait hâte de les savoir parvenues à leur destination, et sacrifiait à ce désir

---

(1) A. H. G., vol. 1013.

(2) Le 24 février 1690, Louvois faisait savoir à M. de la Berchère que le Roi ne voulait point faire la dépense de l'assemblée des milices trois semaines ou un mois avant le départ des provinces (A. H. G., vol. 913).

(3) Louvois à l'intendant du Creil, 21 février 1690 : « Il ne convient point que les milices demeurent assemblées plus de deux ou trois jours ni qu'il en coûte de l'argent au Roi pour cet effet » (A. H. G., vol. 913).—Le 13 mars 1690, Louvois écrivait à l'intendant de la généralité de Dijon, M. d'Argouges, que, si le régiment d'Aligny avait besoin de rester assemblé trois, quatre ou cinq jours avant son départ, le Roi y consentait (A. H. G., vol. 914).

d'économie l'avantage réel de cette réunion préparatoire des régiments qui eût permis aux intendants de ne les mettre en marche qu'après avoir pourvu à tous leurs besoins.

Fidèle à sa promesse de ne pas accroître le nombre des régiments de milice dans les provinces qui avaient fourni les ving-neuf premiers régiments, Louvois devait y adjoindre, en 1690, trois nouveaux régiments prélevés sur les provinces, jusqu'alors exemptes de la milice, du Roussillon, de la Franche-Comté et des Trois-Évêchés. Comme le Roussillon seul mit sur pied son régiment au début de 1690 et que les autres provinces en commencèrent seulement l'organisation en 1690, nous nous bornerons à passer en revue la levée du premier régiment, le seul en état de prendre part à la campagne de 1690, nous réservant de parler plus tard de la levée des deux autres.

Au début de mars 1689 (1), l'intendant du Roussillon, M. Trobat, administrateur habile et courtisan éveillé, faisait à Louvois l'offre de lever un régiment de milice dans cette province, comme la chose s'était déjà pratiquée en 1677, en 1678 et en 1684. En avril 1689 (2), le gouverneur de la province, le duc de Noailles, et l'intendant revenaient sur cette proposition, s'offrant encore à ce que le régiment ne coûtât autre chose au Roi que le pain de munition. Le ministre n'avait garde de rejeter des offres si avantageuses qui laissaient le régiment entièrement à la charge de la province, même pendant le temps de son assemblée, et, muni de son consentement, l'intendant procédait, au printemps de 1690, à la levée d'un régiment de milice qui, suivant

---

(1) M. Trobat à Louvois, 12 mars 1689 (A. H. G., vol. 899).
(2) A. H. G., vol. 899.

la coutume de la province, prenait le nom du gouverneur et s'appelait Noailles-Roussillon.

Les recrues se présentèrent en grand nombre dans un pays où, suivant l'intendant « tout le peuple a une grande envie de servir (1) ». Onze compagnies furent mises sur pied, dont deux formées de tous les corps de métier de Perpignan, deux du Vallespir, quatre du Roussillon, deux du Conflent et une de Cerdagne. La province alloua 30 sols par jour aux capitaines, 18 sols aux lieutenants et 5 sols aux soldats. Ces derniers durent abandonner un sol de leur paye pour l'entretien de leur habillement. Les miliciens furent habillés à la mode du pays, gardant le bonnet au lieu du chapeau, les espadrilles au lieu de souliers et les jambes nues. Ils furent armés de bons fusils ou escopettes (2). Dans une lettre à Louvois, du 18 août 1690, l'intendant se félicitait de l'heureux choix des miliciens de Noailles-Roussillon, « composé de 550 hommes parmi lesquels il y en a 450 d'aussi bons qu'on en puisse retirer d'aucun autre régiment (3) »; et le duc de Noailles confirmait ce jugement de l'intendant en mandant au Ministre que « le régiment est fort beau et en état de servir (4) ». Colonel honoraire du régiment, le duc en fit exercer le commandement par le lieutenant-colonel Soler, ancien garde du Roi et major, pendant dix ou douze ans, du régiment Royal-Roussillon. En portant ce choix à la connaissance de Louvois, le duc de Noailles l'assurait qu'il « n'y a eu aucun monopole pour la levée de cette milice et que

---

(1) L'intendant Trobat à Louvois, 10 mai 1690 (A. H. G., vol. 1015).

(2) Le duc de Noailles à Louvois, 23 avril 1690 (A. H. G., vol. 1014).

(3) A. H. G., vol. 1016.

(4) Le duc de Noailles à Louvois, 21 mai 1690 (A. H. G., vol. 1014).

tout s'est fait, par M. l'Intendant, avec la dernière exactitude (1) ».

Louvois disposait ainsi, pour la campagne de 1690, de trente régiments de milice dont l'emploi fut, au mois d'avril, réglé à peu près sur les mêmes bases qu'en 1689. Un assez grand nombre de régiments furent primitivement affectés à la garde de la Rochelle, de la Guyenne, du Dauphiné, aux travaux du fort Médoc; mais l'entrée du duc de Savoie dans la coalition obligea bientôt Louvois à reporter sur notre frontière d'Italie un fort contingent des régiments de milice.

Jusqu'au mois de mai 1690, Victor-Amédée avait traîné les négociations en longueur, tantôt laissant entrevoir des dispositions favorables à la France, tantôt paraissant prêt à se rallier à nos ennemis. Catinat, alors à Pignerol, avait été chargé de négocier avec ce prince, tout en donnant son attention à la destruction des Barbets des vallées de Luserna et de Saint-Martin.

Louvois avait fort à cœur la destruction de ces « canailles », nom sous lequel il se plaisait à désigner les Vaudois, sans se rendre compte des adversaires redoutables qu'il allait rencontrer dans ces paysans qu'il avait juré d'exterminer et pour lesquels il professait le plus profond mépris. Les Barbets avaient fait choix dans la vallée de Saint-Martin, à l'Ouest du village de Balsiglia, d'une position formidable, le rocher des Quatre-Dents. Une première attaque, entreprise par Catinat, le 2 mai, avec 500 hommes des régiments de la Sarre et d'Artois, échoua complètement et nous fit éprouver des pertes sérieuses, celle, entre autres, du lieutenant-colonel du régiment d'Artois, M. de Parat, qui tomba blessé aux mains des Vaudois (2).

---

(1) Le duc de Noailles à Louvois, 10 mai 1690 (A. H. G., vol. 1014).
(2) Catinat à Louvois, 2 mai 1690 (A. H. G., vol. 1009).

Résolu à venger cet échec et jugeant l'affaire plus sérieuse que Louvois ne l'avait d'abord envisagée, Catinat en chargeait son meilleur lieutenant, M. de Feuquières, avec du canon, 100 carabines rayées envoyées de Saint-Étienne, les régiments d'Artois, de la Sarre, de Bourbon, de Clérambault, 400 hommes détachés de la garnison de Pignerol, et les régiments de milice de Bournazel (Montauban), Coutenges (Auvergne), Poudens et Boissière (Bordeaux).

A la fin d'avril, ces quatre régiments de milice étaient entrés en Dauphiné avec le régiment de La Garde et la compagnie des grenadiers de Bordeaux.

Tandis que le régiment de La Garde restait à Die et que la compagnie des grenadiers de Bordeaux assurait, dans le Pragelas, le passage de nos convois de Briançon à Pignerol, les régiments de Coutenges, de Bournazel, de Poudens et de Boissière, étaient mis sous les ordres de M. de Larray sur la frontière du Dauphiné. Comme nous l'avons vu plus haut, ces régiments, sauf celui de Coutenges, étaient partis de leurs provinces à peu près désarmés. « Nous nous trouvons ici dans un contre-temps bien désagréable dans les affaires présentes, écrivait Catinat à Louvois le 7 mai 1690. Il y a plusieurs de nos régiments de milice qui ne sont point armés. Je sais déjà que ceux de La Garde et de Bournazel, de la généralité de Montauban, ne le sont point. L'on m'a dit que celui de Boissière, généralité de Bordeaux, ne l'était point aussi. Le régiment de Coutenges, généralité de Riom (1), est le seul que je sois assuré qui soit armé (2) ». M. de Larray s'employa de son mieux à armer ces régi-ments avant de les envoyer à M. de Feuquières sans cependant y parvenir entièrement, comme en témoigne

---

(1) Le texte de la lettre porte par erreur « Lyon » au lieu de Riom.
(2) A. H. G., vol. 1009.

sa lettre à Louvois, du 22 mai 1690 : « J'ai fait passer
à M. de Feuquières les trois régiments de milice de
Boissière, Poudens et Bournazel. Celui de Boissière,
Monseigneur, est parfaitement beau, celui de Poudens
médiocre, et celui de Bournazel assez bon. J'ai fait
donner à ce dernier toutes les armes que j'ai pu, en
attendant qu'il puisse avoir celles que vous avez
commandé qu'on envoyât de Lyon (1) ». Pour compléter
l'armement des régiments de milice et surtout celui du
régiment de Bournazel, qui n'avait encore que cinq
compagnies armées le 21 mai (2), Feuquières se vit
obligé de faire appel aux ressources de l'arsenal de
Pignerol, d'où il tira 800 mousquets.

Disposant le 22 mai de toutes ses forces, tenant les
Barbets investis de très près, Feuquières régla avec soin
les dispositions de son attaque qu'il commença le
24 mai, à midi. Le régiment de la Sarre soutenu par
celui de Coutenges, Clérambault ayant derrière lui le
régiment de Boissière, Bourbon suivi par Poudens et
Artois soutenu par Bournazel, se portèrent à l'assaut
avec vigueur, chassèrent les Barbets de poste en poste,
de rocher en rocher, si bien qu'à la nuit les Vaudois
étaient acculés au sommet des Quatre-Dents et que
Feuquières écrivait triomphalement à Louvois, « du pied
du dernier rocher des Barbets », que le Roi était
« maître de tous les retranchements de cette canaille...
hors ce dernier qui, apparemment, ne durera guère (3) ».

Dans la nuit du 24 au 25 mai, un épais brouillard
enveloppa la montagne. Quant il se dissipa et que nos
troupes reprirent leur marche en avant, il n'y avait plus

---

(1) A. H. G., vol. 1009.
(2) Feuquières à Louvois, 21 mai 1690 (A. H. G., vol. 1009).
(3) Feuquières à Louvois, du pied du dernier rocher des Barbets, le
24 mai à 6 heures du soir (A. H. G., vol. 1009).

trace des Barbets qui, grâce à leur profonde connaissance du terrain, avaient, en quelque sorte, glissé entre
les mains de leurs agresseurs. Par représailles, voyant
qu'on ne leur faisait aucun quartier, ils avaient assassiné,
en fuyant, le lieutenant-colonel du régiment d'Artois,
M. de Parat (1). En vain, Feuquières lança à la poursuite des Vaudois ses colonnes : elles ne purent joindre
que quelques fuyards épuisés de fatigue et de faim. Nos
troupes, dont il ne savait trop louer le courage et l'en-
durance (2), avaient aussi grandement souffert du froid,
de la fatigue et de la faim, dans les rudes combats
qu'elles venaient de livrer.

Loin d'être détruits, les Barbets devaient se renforcer
de nouveaux réfugiés, accourus de la Suisse, et de leurs
prisonniers que le duc de Savoie ne tardait pas à élargir
car, au début de juin, ce prince était en guerre ouverte
avec la France. L'un des premiers actes d'hostilité fut
la capture de M. de Clérambault, de la compagnie de
grenadiers de son régiment, du marquis de Boissière et
de quelques officiers des régiments de Clérambault et de
Boissière, qui vinrent imprudemment, en regagnant
Pignerol le 5 juin, se jeter sans défiance, à Luserna, au
milieu d'un fort détachement de milices piémontaises
qui les obligea à se constituer prisonniers (3).

---

(1) Dans le *Mémoire* de ses campagnes, M. d'Aligny dit que les
Barbets, voulant venger l'exécution de leurs prisonniers faits l'an dernier au combat de Salbertrand, infligèrent à M. de Parat un supplice
plein de cruauté. Ils lui mirent « de la poudre dans les oreilles, dans
la bouche et dans le nez, pour lui faire sauter la cervelle ».

(2) Dans sa lettre à Louvois, du 28 mai 1690, Feuquières disait :
« Il n'y a, Monseigneur, d'ailleurs qu'à se louer de tous les officiers
en général, tout le monde ayant servi dans cette expédition, assurément fort difficile et peineuse, avec une patience et un zèle qui méri-
tent d'être connus du Roi » (A. H. G., vol. 1009).

(3) Feuquières à Louvois, 7 juin 1690 (A. H. G., vol. 1009).

Voulant s'opposer à la communication des Barbets avec le Piémont, Catinat prenait la résolution de faire occuper la petite ville de Luserna et le village voisin de Torre Pellice ou de la Tour. Une redoute défendait les abords de Luserna ; un fort s'élevait auprès du village de la Tour. L'ennemi abandonna ces deux postes sans avoir eu le temps d'en détruire entièrement les fortifications, et Catinat confia la garde du village de la Tour et de son fort au régiment de Tessé, et celle de Luserna et de sa redoute au régiment de Boissière sous les ordres de son lieutenant-colonel, M. de la Barthe, « bon et vieil officier, capable d'être chargé de pareille affaire (1) ».

Au début de juin, les régiments de milice ayant reçu leurs armes, Catinat fit réintégrer à l'arsenal de Pignerol les mousquets qui leur avaient été prêtés (2).

Les Barbets et les milices du duc de Savoie ne laissèrent pas longtemps en repos la garnison de Luserna. Le 26 juin 1690, ils tentaient l'attaque de la redoute qui en protégeait les abords. Le lieutenant du régiment de Boissière, qui y commandait, les recevait en ferme contenance. « Il y a bien fait son devoir, écrivait Catinat à Louvois le 27 juin 1690. Il a eu la main percée, et, blessé à la tête, faute d'eau et de médicaments, il a pansé et nettoyé ses plaies avec de l'urine (3) ». Comme il n'y avait pas « une seule goutte d'eau » dans la redoute, le lieutenant était sur le point de l'évacuer et de se frayer un chemin jusqu'à Luserna, quand M. de Saint-Sylvestre, maréchal de camp, vint à son secours avec un

______

(1) Catinat à Louvois, 10 juin 1690 (A. H. G., vol. 1009). — Le gouverneur de Pignerol, M. Brouilly d'Herleville, écrivait à Louvois, le 19 juin : « M. de la Barthe, qui commande à Luserna, l'a mis hors d'insulte. C'est un assez bon officier pour qu'on ait l'esprit en repos quand il commande dans un poste » (A. H. G., vol. 1009).

(2) Catinat à Louvois, 10 juin 1690 (A. H. G., vol. 1009).

(3) Catinat à Louvois, 27 juin 1690 (A. H. G., vol. 1009).

détachement de l'armée campée dans le voisinage. Catinat s'empressa de demander une récompense pour l'intrépide officier, et Louvois accorda au lieutenant, dont le nom ne nous est point parvenu, une gratification de 300 livres (1).

Des renforts ne cessèrent de parvenir à Catinat durant les mois de juin et de juillet 1690. C'est ainsi que les régiments de milice de La Carte (Poitou), Dulac (Bourbonnais), Buous (Provence) (2), Caixon (Montauban) (3), Fontanès (Lyonnais) (4), arrivèrent successivement sur la frontière d'Italie.

On peut, d'après quelques indications (5) des Archives de la guerre, déterminer ainsi l'emplacement des régiments de milice au 13 juillet 1690 :

A Pignerol, neuf compagnies du régiment de Poudens ;

A Luserna, mis hors d'insulte par les soins de M. de la Barthe, quatorze compagnies du régiment de Boissière, quatre compagnies de Poudens, et 100 hommes détachés de l'armée « pour faire corps avec les milices lorsque l'on jugera à propos de faire sortir quelque détachement hors la ville (6) » ;

Dans le fort de la Tour, cinq compagnies de Tessé, deux compagnies de Poudens et une compagnie de Boissière ;

---

(1) « Monseigneur me permettra de lui proposer de lui (au lieutenant) faire quelque gratification », disait Catinat dans sa lettre à Louvois, du 27 juin 1690. Le Ministre a fait inscrire, dans la marge, ces mots, au crayon : « 300 livres » (A. H. G., vol. 1009).

(2) Rappelé de l'armée de Roussillon.

(3) *Idem.*

(4) Rappelé du fort Médoc.

(5) Catinat et Saint-Ruth à Louvois, 13 et 16 juillet 1690 (A. H. G., vol 1009). — Voir le croquis : Frontière du Dauphiné et du Piémont.

(6) Catinat à Louvois, 13 juillet 1690 (A. H. G., vol. 1009).

Dans les vallées de Pragelas et d'Oulx, les régiments de Dulac (Bourbonnais), Coutenges (Auvergne), La Carte (Poitou), Fontanès (Lyonnais), et la compagnie des grenadiers de Bordeaux;

A Briançon, le régiment de La Garde (Montauban);

Dans la vallée de Saint-Martin, celui de Bournazel (Montauban);

En route ou à peine arrivés du Roussillon où ils avaient été primitivement envoyés, les régiments de Caixon (Montauban) et de Buous (Provence).

L'armée de Catinat séjourna pendant presque tout le mois de juin et une partie de juillet au camp de None, au Nord-Est de Pignerol, à mi-distance entre cette ville et Turin. Pignerol devint l'entrepôt de l'armée, et, pour assurer nos convois de Briançon à cette ville, M. de Larray, qui commandait dans le Dauphiné et le Pragelas, eut soin de faire élever, aux points les plus importants de la vallée du Chisone, des redoutes qu'il fit garder par les régiments de milice placés sous ses ordres, ceux de La Carte et de Fontanès, entre autres. Jusqu'à la fin de juillet, les convois parvinrent sans encombre à Pignerol, où le régiment de Dulac, chargé d'escorter un trésor s'élevant à un million, arrivait heureusement le 25 juillet. Mais, au début du mois d'août, l'ennemi s'établissait en forces au col de la Fenêtre entre Suze et Fenestrelle, et l'occupation de ce col, d'où il pouvait descendre en quelques heures dans le Pragelas, rendait plus difficile la marche de nos convois.

Le 4 août, M. de Larray mettait à profit le passage du régiment de dragons de Fimarcon, qui se rendait à l'armée, pour faire parvenir à Pignerol, sous son escorte et celle de cinq compagnies des régiments de La Carte et de Fontanès, un important convoi de farine. Arrivé auprès de Fenestrelle, il voyait l'ennemi, au nombre de 2,000 hommes, essayer de lui barrer le passage, mais, grâce à la ferme contenance de ses dragons qui ne se démentit pas un instant, il l'empêchait de descendre dans la plaine et d'inquiéter son convoi. Dans cette circonstance, M. de Larray avait été loin d'être aussi bien secondé par ses 250 miliciens « J'ai avec moi, écrivait il le même jour, quelques compagnies de milice que je voudrais qui fussent morts, car ces coquins-là, à la première décharge qu'ont faite les ennemis, ont tous mis ventre à terre, et à la seconde s'en sont enfuis. Dieu vous garde, Monsieur, de vous trouver jamais chargé d'une action avec ces canailles. J'écris à M. de Catinat que. si l'on ne nous donne pas de bonnes troupes et en nombre, qu'on ne peut plus lui répondre d'aucun convoi.... Les ennemis sont, au col de la Fenêtre, au nombre de 2,000. Il ne leur en faut pas tant que cela pour se rendre maîtres de tous nos postes du Pragelas qui ne sont gardés que par de la milice, peuple que je déteste (1) ».

En même temps qu'il adressait ces lignes à M. de Saint-Ruth, le lieutenant général qui commandait en Savoie, M. de Larray rendait compte de son aventure à Louvois. Il insistait sur la nécessité de disposer de bonnes troupes pour répondre des convois : « Il ne faut point de milices, car ces troupes-là commencent, dès qu'elles entendent tirer, de s'enfuir, et voilà ce qui me vient d'arriver..... Je prends la liberté, Monseigneur, de vous répéter qu'on ne peut attaquer ni se défendre avec de la milice (2) ». M. de Larray ajoutait qu'il appréhendait à toute heure d'apprendre l'enlèvement de nos redoutes de la vallée du Pragelas, « ces gens-là (les miliciens) n'étant pas capables assurément de se

---

(1) M. de Larray à M. de Saint-Ruth, 4 août 1690 (A. H. G., vol. 1010).

(2) M. de Larray à Louvois, au pied de la montagne du col de la Fenestre proche Fenestrelle, ce 4 août 1690, à 8 heures du matin (A. H. G., vol. 1010).

défendre, du moment que des gens résolus viendront à eux et auront un peu d'opiniâtreté » (1).

Ce serait, croyons-nous, chose injuste de généraliser ce jugement sévère de M. Larray à l'adresse des milices car, presque à la même heure, s'accomplissait un fait d'armes tout à l'honneur des régiments de Boissière et de Poudens.

Avant de passer le Pô avec son armée et de se rendre à Saluces, Catinat, alors campé près de Cavour, à 4 lieues environ au Sud de Pignerol, avait résolu de ne pas laisser sur ses derrières un poste de l'importance de Luserna qui exigeait, pour sa défense, une nombreuse garnison. M. de Feuquières fut chargé de procéder à la destruction de Luserna, de sa redoute et du fort de la Tour (ou de Torre Pellice), et de faire évacuer sur Pignerol leurs approvisionnements en vins, matériel et artillerie (deux pièces de canon).

Il disposait à cet effet du régiment de dragons de Sailly et des régiments de milice de Boissière, de Caixon, de Coutenges, de Dulac et de Poudens. Le 6 août, il avait détruit la redoute qui couvrait Luserna, les fortifications de cette ville, miné le fort de la Tour, et il mettait en marche sur Pignerol un dernier convoi de fer et de fonte auquel s'étaient joints les gros bagages du régiment de Sailly.

Parvenu à Bricherasio, à moins de 2 lieues de Luserna, ce convoi était attaqué et enlevé par le marquis de Parelle qui avait sous ses ordres les Barbets, un fort contingent des meilleures milices du Piémont et un régiment de religionnaires nouvellement formé, celui de Loche. Quand M. de Sailly, qui avait fait monter à che-

---

(1) M. de Larray à Louvois, au pied de la montagne du col de la Fenestre proche Fenestrelle, ce 4 août 1690, à 8 heures du matin (A. H. G., vol. 1010).

val son régiment et s'était porté en hâte au secours du
convoi, arriva en vue de Bricherasio, le village était déjà
occupé par l'ennemi. Il fallut reprendre, l'épée au poing,
les maisons de Bricherasio. Animés par la vue de leurs
bagages pillés, de leurs chevaux éventrés, les officiers
et les dragons ne firent aucun quartier. La plus grande
partie des maisons fut ainsi reconquise, mais, après des
prodiges de valeur, les dragons se virent cernés à leur
tour dans le village où ils se maintinrent toute la journée
du 7. Ils auraient néanmoins fini par succomber si
Catinat n'avait envoyé à leur secours un de ses lieutenants, M. de Saint-Sylvestre, à la tête de six compagnies
de grenadiers, 300 fusiliers, 400 chevaux et 400 dragons.
Ce détachement arriva à temps, dans la journée du 8,
pour mettre en fuite les Piémontais et dégager les dragons de M. de Sailly.

La mission de M. de Saint-Sylvestre ne devait pas se
borner à ces résultats heureux. A peine maître de Bricherasio, la nouvelle lui parvenait, de Luserna, que
M. de Feuquières était aussi aux prises avec un ennemi
supérieur en nombre, ce qui lui fit prendre aussitôt le
parti de marcher sur cette ville.

Inquiet de ne pas voir revenir M. de Sailly à Luserna,
Feuquières s'était avancé, le 8 août, avec 300 hommes,
dans la direction de Bricherasio. Cette reconnaissance lui
permit de découvrir, « tant autour de ce lieu qu'auprès
de Bubiane (Bibiana), plus de 6,000 à 7,000 hommes.
Les prisonniers disent 11,000, mais je n'en ai pas vu
davantage. A cela je n'eus rien à faire qu'à m'en retourner à Luserna où, dans le moment que j'y entrai, je vis
attaquer la hauteur où était la redoute et où, pour notre
sûreté, depuis la destruction, j'avais posté le régiment
de Caixon qui, malgré le colonel et la plupart des officiers, abandonna tous ses postes et se précipita dans
Luserna qui était tout ouvert, et où cette fuite mit un tel
désordre qu'il me fut absolument impossible d'obliger

deux autres bataillons de rattaquer ces postes abandonnés, et j'aurais eu le chagrin d'être forcé dans Luserna avec cinq bataillons si je n'avais pas trouvé M. de Poudens qui, avec son bataillon, qui était le troisième que j'avais commandé pour cette attaque, n'avait (*sic*), avec beaucoup de valeur, attaqué les ennemis et repris, l'épée à la main, toute la hauteur » (1).

Grâce à la belle conduite de M. de Poudens et de son régiment, Feuquières put opérer sa retraite sur le fort de la Tour qu'il fit sauter. Toutefois, comme il n'espérait plus s'ouvrir un passage pour rejoindre l'armée, il se préparait à battre en retraite vers le Nord et à prendre le chemin de la vallée d'Angrogne, quand il eut la joie d'apercevoir les troupes de M. de Saint-Sylvestre qui accouraient à son aide.

Leur jonction opérée, MM. de Feuquières et de Saint-Sylvestre se mirent d'accord pour reprendre, le 9 août, le chemin de Bricherasio et, de là, rejoindre l'armée. Il fallait passer de nouveau au travers des ennemis qui bordaient, par pelotons, le chemin de Luserna à Bricherasio, et ne manquèrent pas de nous attaquer en tête, en queue et sur les flancs. La retraite, couverte à l'arrière-garde par le régiment de Boissière, s'opéra néanmoins en bon ordre, au milieu d'un feu continuel. Une des deux pièces de canon que ramenait Feuquières tomba un instant au pouvoir de l'ennemi et resta près d'un quart d'heure en son pouvoir, non sans avoir « beaucoup coûté à reprendre ». Aux abords de Bricherasio, les Piémontais abandonnèrent leur poursuite. Malgré leurs attaques répétées, ils n'avaient pu entamer nos troupes. Au cours de ce rude combat, « il y eut un grand nombre d'ennemis tués, y ayant eu plusieurs charges les armes croisées et qui ont duré longtemps, et je crois

----

(1) Feuquières à Louvois, 10 août 1690 (A. H. G., vol. 1010).

que, de notre côté, il y a eu plus de 300 hommes tués
ou blessés. M. Dulac, colonel de là milice du Bourbonnais et fort brave homme, y a été dangereusement
blessé, et je dois vous dire que, sans M. de la Barthe,
lieutenant-colonel de Boissière, notre arrière-garde, où
j'étais, aurait encore eu plus à souffrir parce qu'il maintint fort bien son régiment dans ce grand feu » (1).

Nos pertes étaient encore plus importantes que ne le
mentionnait Feuquières. Pour les seuls régiments de
milice, les plus éprouvés, elles atteignaient les chiffres
suivants, d'après l'état adressé par Catinat à Louvois,
le 10 août 1690 (2) :

RÉGIMENTS.	COLONELS		LIEUTE-NANTS COLONELS		MAJORS		CAPI-TAINES		LIEUTE-NANTS		SERGENTS		HOMMES	
	tués.	blessés.	tués.	blessés.	tués.	blessés.	tués.	blessés.	tués.	blessés.	tués.	blessés.	tués.	blessés.
Dulac........	»	1	»	1	»	»	»	»	»	4	»	»	46	50
Poudens	»	»	»	»	»	»	»	5	»	5	2	4	56	47
Coutenges.. .	»	»	»	»	»	»	»	»	»	1	»	1	20	14
Caixon	»	»	»	1	»	1	»	»	»	2	»	4	86	64
Boissière....	»	»	»	»	»	»	»	»	»	5	»	3	20	12
Total...	»	1	»	2	»	1	»	5	»	17	2	12	228	187

Dans son résumé de l'action du 8 août, Catinat n'oublia
pas de mettre en relief la belle conduite de M. de Poudens qui, « avec son régiment, s'offrit à regagner la

<hr>

(1) Feuquières à Louvois, 10 août 1690 (A. H. G., vol. 1010).

(2) État des officiers, sergents et soldats tués et blessés à la retraite
de Luserna, le 9 août 1690 (A. H. G., vol. 1010). — Cet état mentionne en outre, comme blessés, 3 soldats du régiment de milice de

hauteur » d'où le régiment de Caixon avait été chassé, et accomplit cette action « avec une approbation générale. Elle a été de vigueur, de conduite et d'une si grande utilité que M. le marquis de Feuquières m'a dit que, si elle eût manqué, il était exposé que l'on ne peut pas plus... » (1).

De son côté, M. de Poudens reçut de Louvois ces mots flatteurs : « Lorsque la lettre (2) que vous avez pris la peine de m'écrire le dixième de ce mois m'a été rendue, le Roi avait déjà appris avec beaucoup de plaisir la valeur avec laquelle vous aviez emporté le poste que d'autres régiments n'avaient pu prendre. Sa Majesté m'a commandé de vous faire savoir qu'Elle vous donnera des marques, dans les prochaines occasions, du gré qu'Elle vous en sait (3) ».

Huit jours après l'affaire de Luserna, sept régiments de milice prenaient part à une action plus glorieuse encore, à la victoire de Staffarde.

La Garde. Dans sa relation du combat, Feuquières dit que ses forces se réduisaient à cinq bataillons.

Rendant compte à Louvois de nos pertes en officiers à la bataille de Staffarde le 18 août 1690, l'intendant Bouchu joignait à sa lettre une « liste des officiers blessés en différentes occasions depuis l'ouverture de la campagne ».

Cette liste donne, pour les pertes des régiments de milice à Luserna et à Bricherasio, les chiffres suivants :

A Luserna : régiment de Dulac, 3 officiers blessés (colonel, lieutenant-colonel, un lieutenant), dont le colonel blessé dangereusement; régiment de Caixon, 6 officiers (lieutenant-colonel, 3 capitaines, 2 lieutenants), dont 4 dangereusement blessés; régiment de Poudens, 11 officiers (5 capitaines, 6 lieutenants), dont 6 dangereusement blessés.

A Bricherasio, régiment de Boissière, 3 officiers (1 aide-major, 2 lieutenants) (A. H. G., vol. 1010).

(1) Catinat à Louvois, 10 août 1690 (A. H. G., vol. 1010).

(2) Cette lettre n'existe plus aux Archives historiques.

(3) Louvois à M. de Poudens, 28 août 1690 (A. H. G., vol. 925).

Le 17 août 1690, Catinat, marchant de Cavour sur Saluces, se disposait à passer le Pô avec son armée qui comprenait vingt-trois escadrons de cavalerie, vingt-quatre escadrons de dragons, et dix-neuf bataillons en trois brigades. De ces dix-neuf bataillons, douze appartenaient aux troupes réglées ; les sept autres se composaient des régiments de milice de Boissière, La Garde, Caixon, Poudens, Dulac, Coutenges et d'Aligny. Ce dernier régiment venait d'arriver de la Rochelle en Italie. Suivant les *Mémoires* de son colonel, il aurait rejoint l'armée le 16 août, après avoir escorté, de Pignerol au camp de Cavour, les 12 petites pièces de canon qui devaient constituer l'artillerie de l'armée, et la joie de Catinat aurait été grande de voir ces « deux beaux et bons bataillons où il ne manquait aucun officier, mais seulement 15 soldats » (1). Grâce à la vigilance du colonel pendant la route (2), le régiment d'Aligny amenait à l'armée un précieux renfort de près de 1,000 hommes, effectif représentant deux bataillons, dont une partie fut affectée à la garde de nos pièces d'artillerie et l'autre rattachée à l'une des brigades d'infanterie.

Le 17 août, Catinat avait déjà jeté sur la rive droite du Pô une brigade d'infanterie quand il fut prévenu par un de ses meilleurs officiers de cavalerie, M. de Montgomery, que les ennemis, commandés par le duc de Savoie en personne, se portaient à Staffarde de manière à s'établir entre les montagnes et l'armée française. Sur ce rensei-

---

(1) *Mémoire des campagnes de M. le comte Quarré d'Aligny*, p. 147.

(2) « J'avais pris tant de soin de mon régiment, écrit d'Aligny dans ses *Mémoires*, que, pendant une si grande route et par une canicule la plus brûlante qu'il y ait eu depuis bien du temps, (que) je le rendis en bon état après un voyage de 188 lieues. Je me levais avec quelques officiers à la pointe du jour; j'allais remarquer quelques endroits à moitié chemin le plus à couvert et proche quelques ruisseaux, et là je leur faisais passer six ou sept heures les plus chaudes du jour ».

gnement, Catinat faisait repasser le Pô à celles de ses troupes qui étaient parvenues en vue de Saluces, et, le 18 août, laissant ses bagages sous la protection d'un petit corps de réserve où figuraient les régiments de Caixon, de Dulac et de Boissière, il se portait à la rencontre des ennemis après en avoir soigneusement reconnu la position.

Bien qu'ils eussent leur droite et leur gauche appuyées à des marais et à des bois, leur front couvert de retranchements et de chevaux de frise, Catinat s'était résolu à les attaquer. Il rangea son armée en bataille sur deux lignes : la première composée en infanterie des deux brigades de Grancey et d'Artois (où se trouvait le régiment de La Garde), et la seconde n'ayant comme infanterie qu'une seule brigade, celle de la Sarre, où figuraient les régiments d'Aligny, de Coutenges et de Poudens.

La bataille de Staffarde fut surtout un combat d'infanterie, chaudement disputé. La première ligne fut renforcée à temps par la seconde, dont l'entrée en action détermina la retraite de l'ennemi qui nous abandonna toute son artillerie, plusieurs drapeaux et un assez grand nombre de prisonniers. Les deux armées éprouvèrent des pertes considérables.

Le seul plan manuscrit de la bataille de Staffarde que possèdent les Archives de la guerre fait figurer le régiment de Boissière en première ligne, avec la brigade de Grancey. Toutefois, dans son récit de la bataille, Catinat place ce régiment à la garde des bagages avec ceux de Caixon et de Dulac. Cette assertion semble nettement confirmée par ce fait que ces deux régiments et celui de Boissière ne figurent pas sur les états de pertes qui nous sont parvenus de cette journée. Suivant la liste arrêtée par l'intendant de l'armée (1), M. Bouchu, les pertes

____

(1) Liste des officiers de l'armée d'Italie, blessés à la bataille de Staffarde (A. H. G., vol. 1010, p. 38).

en officiers des régiments de Coutenges, d'Aligny, de La Garde et Poudens, furent les suivantes :

Régiments.	Capitaines.	Lieutenants.
Coutenges..........................	3	2
La Garde...........................	2	1
D'Aligny...........................	»	2
Poudens...........................	»	2

D'après un état, inséré par le lieutenant général de Vault dans son Mémoire sur la campagne de 1690 en Italie (1), les pertes des régiments de milice, en officiers et en hommes, auraient été ainsi réparties :

Régiments.	Officiers		Soldats	
	tués.	blessés.	tués.	blessés.
La Garde..............	»	3	9	64
Coutenges	1	2	2	12
Aligny	»	1	18	31
Poudens..............	»	2	18	39

Dans sa relation de la bataille (2), Catinat ne mentionne point de régiment de milice en particulier. Il est permis néanmoins de croire que ces régiments firent vaillamment leur devoir à l'exemple des troupes réglées, et il semble que l'on peut ajouter foi au témoignage du comte d'Aligny disant dans ses Mémoires que, des deux bataillons de son régiment, « ni celui qui était à l'artillerie ni celui où j'étais ne firent qu'excellemment bien, et que manœuvres de bonnes et vieilles troupes (3) ».

Pendant le reste de la campagne de 1690 qui se prolongea jusqu'à l'entrée de l'hiver, la dysenterie exerça

---

(1) A. H. G., vol. 1011.
(2) A. H. G., vol. 1010, p. 44.
(3) *Mémoire des campagnes de M. le comte Quarré d'Aligny*, p. 152.

de grands ravages dans les rangs de notre armée. Les onze régiments de milice qui servaient sur cette frontière (Coutenges, Dulac, d'Aligny, Poudens, Boissière, Bournazel, La Garde, Caixon, Fontanès, La Carte, Buous, auxquels il faut joindre la compagnie des grenadiers de Bordeaux) souffrirent beaucoup. Sur l'ordre de Louvois, Catinat renvoya dans leurs provinces, à la fin d'octobre, les sept régiments qui servaient à son armée, à l'exception du régiment d'Aligny. « Ils étaient perdus, ruinés, écrivait le général au Ministre, le 7 novembre 1690, et l'on ne savait où les mettre.... (1) ». Au témoignage de M. d'Aligny, certains régiments « avaient péri par le flux de sang. M. de Catinat n'eut pas de peine à donner des ordres pour celui de Dulac car, en venant à Pignerol pour faire le siège de Suze, ce qui restait de ce régiment s'évanouit. Comme il était campé près de moi, je rapportais les drapeaux à Pignerol. L'on a bien raison de dire que l'Italie est le tombeau des Français. Il n'est pas concevable combien de soldats moururent du flux de sang..... (2) ». Seul, le régiment d'Aligny fut préservé de ce fléau, car les Bourguignons, experts dans la fabrication du vin, avaient découvert que la brique rougie en ôtait « la malignité » (3). Comme les autres colonels avaient défendu à leurs soldats de faire du vin, le régiment d'Aligny « devint le cabaret de l'armée », et « jamais, écrivait plus tard leur colonel, soldats ne sont devenus si riches en campagne que les miens (4) ».

Pendant que Catinat tenait en échec Victor-Amédée, M. de Saint-Ruth avait fait la conquête de la Savoie,

---

(1) A. H. G., vol. 1010.
(2) *Mémoire des campagnes de M. le comte Quarré d'Aligny*, p. 155.
(3) *Ibid.*
(4) *Ibid.*

aidé d'un petit corps de troupes où figuraient les régiments de milice de Dupas (généralité de Paris) et de Grandpré (généralité de Châlons). Le premier de ces régiments servit surtout à occuper Chambéry, et le second Annecy. Cette conquête se fit d'ailleurs presque sans coup férir. Le 26 août 1690, M. de Larray eut un engagement heureux contre 500 à 600 Savoyards retranchés près de Saint-Jean-de-Maurienne. Il disposait de quelque cavalerie et de plusieurs compagnies des petites milices du Dauphiné dont il n'eut qu'à se louer. « M. d'Argenson, qui est un homme de qualité de cette province (Dauphiné), qui est colonel de cette milice, y a fait tout ce qu'on peut bien faire. Les officiers y ont tous fait aussi leur devoir, et les ennemis ont été si bien pincés que je ne crois pas, Monseigneur, qu'il leur prenne envie de revenir occuper les mêmes postes (1) ».

Au cours de ses opérations en Savoie, M. de Saint-Ruth reçut quelques renforts, notamment les régiments d'O (généralité d'Alençon) et de Fontenay (généralité de Caen), mais ces deux régiments ne restèrent pas longtemps sous ses ordres. Joints à un petit corps de troupes que commandait M. de Larray, ils servirent, au début de novembre 1690, à rendre libre la vallée de la Doire (2), pendant que Catinat, descendant du Pragelas dans cette même vallée, par le col de la Fenêtre, venait mettre le siège devant Suze. Les régiments d'O, de Fontenay et d'Aligny, servirent au siège de la citadelle de Suze qui ne fit qu'une courte résistance et ouvrit ses portes le 14 novembre 1690 ; après quoi, les derniers régiments de milice, qui étaient demeurés sur la frontière d'Italie, furent renvoyés dans leurs provinces d'origine, à l'exception des régiments de Fontenay et

---

(1) M. de Larray à Louvois, 26 août 1690 (A. H. G., vol. 1003).
(2) M. de Larray à Louvois, 11 novembre 1690 (A. H. G., vol. 1010).

d'O qui ne quittèrent Suze que le 30 décembre 1690 et le 1ᵉʳ janvier 1691 (1).

Louvois avait d'abord destiné les quatre régiments de La Rochecourbon (Bordeaux), Caixon (Montauban), Buous (Provence) et Noailles-Roussillon à servir, en 1690, sur la frontière de la Catalogne. A la fin d'avril, ces régiments étaient parvenus à leur destination, mais celui de Caixon était arrivé « sans aucune arme » (2), et celui de La Rochecourbon n'ayant que « 260 hommes armés de fusils » (3). Sur les réclamations répétées de Louvois, ces deux régiments reçurent leurs armes de la manufacture de Saint-Étienne, au début de juin.

Les régiments de Buous et de Caixon ne restèrent pas longtemps sous les ordres du duc de Noailles. Ils furent rappelés, à la fin de juin, pour renforcer Catinat en Italie, et le comte de Broglie, qui les vit à leur passage à Montpellier, lorsqu'ils faisaient route pour Briançon, écrivait à Louvois, le 7 juillet 1690, que ces deux régiments étaient « assez complets, mais fort mal tenus. Les officiers du régiment de Provence sont mieux tournés que ceux de Guyenne (4) ».

Les régiments de La Rochecourbon et de Noailles-Roussillon firent la campagne de 1690 comme troupes réglées, « campant en front de bandière (5) » et rattachés à l'une des brigades de l'armée. Le premier fut renvoyé en Guyenne à la fin d'octobre. Le second fut licencié à la même époque. Son entretien pendant les

---

(1) Catinat à Louvois, 1ᵉʳ janvier 1691 (A. H. G., vol. 1079).

(2) Le duc de Noailles à Louvois, 23 avril 1690 (A. H. G., vol. 1014).

(3) Le duc de Noailles à Louvois, 28 avril 1690 (A. H. G., vol. 1014).

(4) A. H. G., vol. 1016.

(5) Le duc de Noailles à Louvois, 18 août 1690 (A. H. G., vol. 1014).

six mois de campagne avait coûté à la province du
Roussillon 49,267 livres (1).

Les régiments de milice ne figurent point, en 1690,
sur les ordres de bataille de nos armées du Rhin et de
Flandre. Toutefois un certain nombre de régiments servirent, sur nos frontières du Nord-Est, à la garde des
places. Nous retrouvons à Béthune et à Cambrai le
régiment d'Herbouville (Rouen) ; à Thionville, le régiment de Lignières (Paris) signalé par l'inspecteur la
Gérinière comme un bon régiment ; à Nancy, celui de
Saint-Jal (Limoges), dont le commissaire des guerres,
Descartes, disait: « que les hommes en général sont
beaux et bons (2) ». Enfin les régiments de la Ilhière
(Soissons) et Cavoye (Amiens) sont même employés acti-

---

(1) L'intendant Trobat à Louvois, 9 décembre 1690 (A. H. G.,
vol. 1016).

(2) Au début de juillet 1690, le commissaire Descartes passait en
revue, à Nancy, le régiment de Saint-Jal. Il envoyait à Louvois, le
17 juillet, un compte rendu de cette revue que nous résumons dans le
tableau suivant :

Compagnies.	Officiers présents.		Hommes présents.	Appréciation.
	Capitaines.	Lieutenants.		
Colonelle.............	1	1	50	Très bon état.
Lieutenant-colonelle...	1	1	46	Assez bon.
3e compagnie.........	1	1	48	Assez bon.
4e —	1	1	46	Un peu négligée.
5e —	1	1	50	Assez bon état.
6e —	»	1	29	Très mauvais
7e —	1	1	48	Bon.
8e —	1	1	43	Bon.
9e —	1	1	47	Bon.
10e —	1	1	49	Assez bon.
11e —	1	1	45	Mal tenue.
12e —	1	1	42	Assez bon état.
13e —	1	1	48	Assez bon.
14e —	1	»	50	Très bon.
15e —	1	1	50	Bon.
	14	14	691	

(A. H. G., vol 992.)

9

vement, le premier par le maréchal d'Humières entre la Lys et l'Escaut, et le second par M. d'Harcourt entre la Meuse et la Moselle. L'inspecteur la Gérinière faisait l'éloge de M. de Montauban, le lieutenant-colonel du régiment de Cavoye, qu'il jugeait « très propre à la tête d'un corps. Il est vieil officier. Il a servi avec beaucoup de distinction. Il a du bien pour soutenir l'emploi qu'on pourrait lui donner. Ses soins paraissent au bon entretien dudit régiment de Cavoye qui est parfaitement en état de servir partout (1) ». Après avoir passé en revue la garnison de Luxembourg dont faisait partie le régiment de Cavoye, M. de la Gérinière confirmait cette appréciation en écrivant à Louvois : « Le bataillon de Cavoye, milice d'Amiens, est toujours bon et fort bien tenu (2) ».

En résumé, pendant la campagne de 1690, la moitié des régiments de milice avaient servi très utilement sur la frontière du Piémont soit pour assurer nos convois de Briançon à Pignerol soit même pour faire partie intégrante de l'armée d'opérations. Sur les seize bataillons qui combattirent à Staffarde, abstraction faite des régiments de Dulac, Boissière et Caixon, laissés à la garde de nos bagages, le quart appartenait aux régiments de milice de Coutenges, Poudens, d'Aligny et La Garde. Cette victoire signalée et la difficile retraite de Luserna avaient montré que, bien commandés, les miliciens étaient capables de rendre d'excellents services; malheureusement, l'emploi des régiments de milice en campagne avait découvert un grave abus dans l'intérieur de ces régiments qui, à lui seul, suffisait pour en compromettre le bon fonctionnement.

---

(1) M. de la Gérinière à Louvois, 31 août 1690 (A. H. G., vol. 990).

(2) M. de la Gérinière à Louvois, 24 octobre 1690 (A. H. G., vol. 990).

D'une manière générale, cette première expérience avait mis en relief le manque de sollicitude des officiers de milice à l'égard de leurs soldats. Alors que, dans les troupes réglées, le capitaine d'infanterie était grandement intéressé (en dehors de la question d'humanité) à la conservation du soldat qu'il avait lui-même recruté et payé de sa bourse à un prix bien supérieur à la somme dont le roi l'indemnisait, le capitaine de milice était assuré, en rentrant dans sa province, de remettre au complet sa compagnie sans débourser un sol, puisque le recrutement en incombait aux paroisses. Bien mieux, plus sa compagnie devait revenir affaiblie et plus il avait en perspective une occasion de s'enrichir en renouvelant ces manœuvres déloyales, ces demandes d'argent aux paroisses, ces compromissions avec les parents et amis des nouveaux miliciens qui avaient si tristement marqué, dans la plupart des provinces, les opérations de la première levée. Feuquières avait été tellement frappé du peu de soin que les officiers de milice prenaient de leurs soldats en campagne qu'il croyait devoir en signaler la cause à Louvois. En Guyenne, où il se trouvait lors de la levée des miliciens, il avait vu les effets de la corruption de l'argent s'étaler sur de si vastes proportions « que je n'oserai, écrivait-il au Ministre, de Pignerol, le 5 mars 1691, vous rien marquer de positif sur cela, tant je crois que cet abus a été loin dans de certains régiments plus que dans d'autres, et ce profit considérable avait tellement charmé les officiers de ces régiments que je les ai vus, toute cette campagne, voir avec joie la perte de leurs soldats parce qu'ils comptaient sur l'argent qu'ils tireraient des exclusions qu'ils donneraient aux particuliers que les communautés leur présenteraient pour remplacer les morts..... » (1).

____

(1) A. H. G., vol. 1079.

Au témoignage de Feuquières nous pouvons joindre ceux des intendants et des commissaires des guerres qui s'accordent à reconnaître le manque de sollicitude des officiers de milice envers leurs soldats, ce qui eut pour effet de rendre plus difficiles encore les levées de miliciens en 1691. « Je suis persuadé, mandait le commissaire Wincierl à Louvois, le 18 février 1691, que Votre Grandeur est informée de la réputation de MM. les officiers de milice sur le peu de soin qu'ils ont pris de leurs soldats, et c'est ce qui contribue beaucoup à la répugnance qu'on trouve pour le service dans ceux qu'on demande présentement, qui croient marcher à une mort certaine (1) » ; et l'intendant de Bordeaux, M. de Bezons, écrivait aussi, le 3 mars 1691, que « le peu de soin qu'ont la plupart des officiers des milices de leurs soldats est cause des difficultés que l'on trouve pour mettre ces régiments en état. J'ai déjà eu l'honneur de vous mander que tous les anciens soldats s'étaient expliqués sur cela, à leur retour, et qu'ils aimaient mieux servir dans d'autres corps que dans les régiments de milice (2) » .

Ce désintéressement coupable des officiers pour leurs soldats s'était non seulement manifesté pendant les opérations ; il avait encore paru dans les longues routes de ces régiments pour l'aller et surtout pour le retour. Les officiers avaient semé les hommes dans les gîtes d'étape et dans les hôpitaux, sans se soucier d'apporter quelque soulagement à leurs besoins et sans prendre aucune mesure pour leur faire rejoindre leurs compagnies. « La plupart des capitaines (du régiment de La Carte) ont eu fort peu de soin de leurs compagnies pendant la campagne et durant la route, écrivait l'intendant de Poitiers, M. de la Bourdonnaye, le 16 avril 1691. Le colonel en

---

(1) A. H. G., vol. 1108.
(2) *Ibid.*

a eu fort peu de son régiment. Il ne le faisait presque point assembler avant de sortir des lieux d'étape : chaque soldat se rendait, comme il pouvait, au logement. Il en a laissé près de quatre cents dans la route, dont il n'en est pas beaucoup revenu et qui font une grande charge à remplacer (1) ».

Plusieurs régiments de milice, de ceux qui avaient servi sur les frontières d'Italie, revinrent ainsi, presque détruits, dans leurs provinces. Le régiment de Dulac (Moulins) dut être renouvelé presque en entier. Arrivé à Bazas le 14 décembre 1690 « en très mauvais état », le régiment de Poudens (Bordeaux) n'avait point ramené « 160 hommes en bonne santé. Par le détail où j'entrai hier avec M. de Poudens, il me parait qu'il y a 314 soldats morts. Il y en a près de 280 restés dans des hôpitaux ou en chemin, malades (2) ». L'intendant de Bordeaux, M. de Bezons, estimait aussi que le régiment de Boissière était « de même (3) », et qu'il n'y aurait « pas plus de 200 vieux soldats (4) » dans ce régiment, une fois les remplacements des morts et absents effectués. Les régiments de la généralité de Montauban revenaient aussi maltraités. A son arrivée à Cahors, le 8 décembre 1690, le régiment de La Garde n'était plus composé que « d'environ 330 hommes, sans y comprendre près de 100 soldats qui sont demeurés malades en chemin (5) », et l'intendant de Montauban, M. de la Berchère, estimait aux deux tiers de l'effectif les remplacements à effectuer dans le régiment de Caixon qui avait souffert « une grande perte (6) » en Piémont.

---

(1) A. H. G., vol. 1108.
(2) M. de Bezons à Louvois, 19 décembre 1690 (A. H. G., vol. 1017).
(3) *Ibid.*
(4) M. de Bezons à Louvois, 1er avril 1691 (A. H. G., vol. 1108).
(5) M. de la Berchère à Louvois, 10 décembre 1690 (A. H. G., vol. 1017).
(6) M. de la Berchère à Louvois, 14 avril 1691 (A. H. G., vol. 1108).

Pour diminuer ces pertes auxquelles les maladies et les combats n'étaient sans doute pas étrangers mais qui eussent été bien moindres si les capitaines de milice s'étaient montrés plus attachés à la conservation de leurs soldats, Feuquières proposait à Louvois les deux expédients suivants : 1° faire en sorte que, « par chaque communauté qui fournit un homme, il soit remis au trésorier de l'Extraordinaire des guerres, ou à qui vous le jugerez le plus à propos, par exemple deux écus par soldat pour être distribués dans ses besoins pendant la campagne, dans lequel détail entreraient les officiers-majors des régiments. Cet argent ne serait point considérable à la communauté et le serait beaucoup aux particuliers, et ferait que le soldat de milice, qui n'a rien entre les mains de son capitaine pour l'aider dans ses pressants besoins, aurait une paire de souliers à propos ou quelque chose pour l'aider dans sa maladie » ; 2° faire donner au capitaine « une pistole, à son retour dans la province, par chaque communauté à qui il ramènerait son soldat, ce qui serait un revenant-bon qui ne laisserait pas d'être de quelque considération à celui qui reviendrait fort, et une dépense que la communauté aimerait beaucoup mieux faire que de donner un homme..... (1) ».

Il n'est point douteux que l'adoption de ces mesures ingénieuses eût produit d'heureux résultats, peut-être en moins grand nombre qu'une autre solution préconisée par l'intendant de Franche-Comté, M. de la Fond, à la fin de l'année 1690, et qui consistait à attacher, à chaque régiment de milice, un commissaire originaire de la même province, avec l'unique mission de veiller à l'entretien et à la conservation de ce régiment. « Comme les capitaines sont sûrs de leurs recrues, disait M. de la

---

(1) Feuquières à Louvois, de Pignerol, le 5 mars 1691 (A. H. G., vol. 1079).

Fond, ils se mettent peu en peine des soldats (1) », défaut qui serait grandement atténué, suivant lui, si leur conduite était l'objet de la surveillance de ce commissaire et si les soldats étaient assurés de trouver, auprès de ce dernier, les secours dont leurs officiers les laissaient manquer.

Nous verrons Louvois permettre à M. de la Fond l'adjonction de ce commissaire au régiment de milice de Franche-Comté, pourvu qu'il fût entretenu aux frais de la province, mais sans étendre cette création aux autres régiments. Ni lui, ni son successeur, Barbezieux, ne prirent aucune mesure pour mettre les capitaines de milice à même de s'intéresser à la conservation de leurs hommes. L'insouciance d'un grand nombre de capitaines à l'égard de leurs soldats continuera à exercer ses ravages et sera, pour les régiments de milice, une cause de profonde faiblesse. Les paysans ne se sentiront pas attirés vers cet officier qui se désintéresse de leur sort. Ils éprouveront, pour le service de la milice, une répulsion d'autant plus vive qu'ils ne rencontreront point dans leurs chefs ces marques de sympathie et d'attention d'où naissent l'affection et le dévouement. On vit, les années suivantes, plusieurs miliciens préférer le service des troupes réglées à celui de la milice, et un grand nombre d'entre eux chercher à esquiver le retour à ces régiments où des exemples récents leur avaient appris qu'ils seraient souvent abandonnés et délaissés dans leurs besoins et leurs maladies. Le gouverneur de Guyenne, M. de Sourdis, renonçait à décrire à Louvois les « moyens extraordinaires » mis en œuvre par les miliciens, au printemps de 1691, dans le but de se soustraire au service. Dans le seul régiment de Poudens, « plus de 50 vieux soldats, pour s'empêcher de marcher,

---

(1) M. de la Fond à Louvois, 19 décembre 1690 (A. H. G., vol. 981).

se sont attiré des maux aux jambes par des herbes et des emplâtres..... Il y en a même qui se sont si fort négligés qu'il faudra leur couper la jambe (1) ». Il serait difficile de trouver une peinture plus triste et plus frappante de la répulsion des paysans pour le service de la milice, répulsion qui se trouvait encore accrue par le découragement où les jetait l'inobservation des engagements pris à leur égard. Non seulement Louvois veillait à la stricte exécution de son ordonnance du 10 mai 1690 qui prescrivait de ne libérer en décembre que le tiers des miliciens, mais il allait encore jusqu'à supprimer tout congé dans les régiments qui avaient été très affaiblis pendant la campagne.

On ne saurait exprimer le mécontentement avec lequel fut reçue, parmi les miliciens, la promulgation de l'ordonnance du 10 mai 1690. Un tiers seulement d'entre eux devait être libéré en décembre, par la voie du sort, alors que l'ordonnance du 29 novembre 1688 leur avait promis leur entière libération à la même époque. Presque partout, ce mécontentement se traduisit par des murmures, des actes graves d'indiscipline, notamment le refus formel des miliciens de tirer au sort pour désigner ceux d'entre eux qui seraient libres. A la fin de novembre 1690, un premier détachement de neuf compagnies du régiment de Moulins était de retour à Châlons, et l'intendant de Champagne, M. de Nointel, faisait assembler, le 23 novembre, les cinq premières compagnies afin de procéder à la libération du tiers des hommes. Le commissaire des guerres, chargé de cette opération, demanda « aux deux compagnies de Briel et d'Olivier, qui se sont trouvées les premières en haie, s'il y avait quelques sergents ou soldats qui voulussent de

---

(1) M. de Sourdis à Louvois, 3 avril 1691. (A. H. G., vol. 1108).

leur plein gré rester au service afin de les retrancher du nombre de ceux qui devaient tirer au sort; à quoi les deux sergents de la compagnie de Briel ont répondu qu'ils ne voulaient point tirer au billet, qu'on n'y obligeait que ceux qui avaient mérité le dernier supplice, et qu'ils ne voulaient plus servir attendu qu'on leur avait donné parole de les renvoyer après deux ans. Les mêmes discours ont été tenus par les deux sergents de la compagnie d'Olivier, et, sur leur exemple, pas un soldat des autres compagnies n'a voulu parler ni tirer au sort. Aussitôt que j'en ai été averti, j'ai fait arrêter les quatre sergents, et je les ai fait mettre dans les cachots..... S'il m'avait été permis, Monsieur, par quelque ordonnance d'être plus sévère, je l'aurais été sur-le-champ pour faire une punition d'éclat dans une occasion comme celle-ci qui paraît de conséquence. Les quatres autres compagnies, qui ont été assemblées ensuite, ont pris le même parti..... (1) ».

M. de Nointel ajoutait que cet état d'esprit n'était point particulier au régiment de Moulins et que ce régiment avait fait route, au retour, avec celui de Cavoye dont les hommes n'avaient cessé de crier par le chemin : « Camarades, on nous veut faire tirer au sort pour nos congés, mais il ne faut pas le faire, et on ne traite ainsi que ceux qui ont mérité d'être pendus ».

Louvois fit répondre à M. de Nointel que « le premier (milicien) qui voudra s'absenter, il faut le faire punir comme déserteur, moyennant quoi les autres apprendront à devenir sages (2) ». A la même heure, il était informé, par une lettre du colonel, que les soldats du régiment d'Herbouville (Rouen) avaient aussi refusé de

---

(1) M. de Nointel à Louvois, 23 novembre 1690 (A. H. G., vol. 951).
(2) Apostille de Louvois sur la lettre de M. de Nointel, du 23 novembre 1690 (A. H. G., vol. 951).

tirer au sort leurs congés, et, ne contenant point son irritation, il écrivait à M. d'Herbouville : « J'ai été surpris de voir, par la lettre que vous avez pris la peine de m'écrire le 23ᵉ de ce mois, que les soldats du régiment de milice que vous commandez, n'ayant pas voulu, conformément à l'ordonnance du Roi, tirer au sort pour leurs congés, vous n'ayez pas fait assembler le conseil de guerre pour en faire pendre un des plus mutins, afin de contenir par cet exemple les autres dans leur devoir (1) ».

Sur des plaintes analogues qui lui parvinrent de plusieurs provinces, du Dauphiné, de la Guyenne (2) et de la Normandie, entre autres, Louvois comprit qu'il était temps de prendre une mesure générale pour enrayer ces désobéissances, et, le 7 décembre 1690, il faisait rendre une ordonnance, aux termes de laquelle, « ayant été informé qu'il est arrivé dans plusieurs régiments de milice que les soldats n'ont pas voulu tirer au billet pour voir ceux qui doivent avoir leur congé....., Sa Majesté ordonnait de retenir au service ceux qui persévéreraient dans cette conduite et de les condamner aux galères s'ils venaient à déserter (3) ».

Cette ordonnance fut expédiée aux intendants le 12 décembre 1690. Dans son application, Louvois leur ordonna de se montrer inexorables, et comme M. Bou-

---

(1) Louvois à M. d'Herbouville, 30 novembre 1690 (A. H. G., vol. 931).

(2) Le 9 janvier 1691, M. de Bezons écrivait à Louvois : « Pour le régiment de la Rochecourbon, la plupart des soldats ne se trouvent pas aux revues..... Ils s'étaient tellement entêtés de ne devoir servir que deux ans que l'on a toutes les peines du monde à leur faire comprendre qu'il faut qu'ils servent. Je suis même persuadé que beaucoup d'officiers n'ont pas pris soin de leurs soldats et que cela est cause de l'éloignement que l'on voit pour y retourner » (A. H. G., vol. 1108).

(3) Collection des ordonnances (Bibl. du Ministère de la guerre).

chu l'informait de la répugnance des miliciens du Dauphiné à se soumettre aux ordres du Roi, Louvois lui répondit, le 31 décembre 1690 : « Rien n'est si aisé que d'obliger les soldats des anciennes milices à tirer au sort pour leurs congés puisque, faisant un ban, lorsqu'ils seront assemblés, que le premier qui en fera difficulté sera pendu, et en en faisant pendre effectivement un pour l'exemple, les autres se soumettront bientôt (1) ».

Ces répressions sévères finirent par avoir raison de la résistance des miliciens. Néanmoins, plutôt que de se soumettre à ce qu'ils considéraient comme un manque de parole et comme un déni de justice, un certain nombre d'entre eux préférèrent quitter à jamais leurs provinces. Le régiment de Moulins perdit ainsi « près de 80 soldats (2) » qui refusèrent de se rendre aux revues où devait avoir lieu le tirage au sort des congés. Le régiment de Buous (Provence) éprouva aussi, pour le même motif, une désertion assez forte que Louvois recommanda à l'intendant Le Bret de punir rigoureusement en faisant saisir les coupables « en quelque endroit qu'ils se trouvent (3) ».

Dans plusieurs provinces, la tâche des intendants pour ramener les miliciens à l'obéissance fut des plus ardues, car Louvois aggrava les dispositions de l'ordonnance du 10 mai 1690 à l'égard de tous les régiments qui avaient perdu, au cours de la campagne, le tiers de leur effectif. D'un trait de plume, il décida que, dans ces régiments, aucun congé ne serait accordé et que tout soldat qui refuserait de servir serait puni des galères. Le 8 décembre 1690, il faisait paraître une première ordonnance, spéciale au régiment de Bournazel (Mon-

---

(1) A. H. G., vol. 933.
(2) M. de Nointel à Louvois, 1er février 1691 (A. H. G., vol. 1064).
(3) Louvois à M. Le Bret, 17 janvier 1691 (A. H. G., vol. 1022).

tauban), qui reportait les congés des miliciens de ce
régiment au mois de décembre 1691, « considérant que,
s'il était donné congé au tiers des soldats dudit régiment....., il s'y trouverait bien moins de soldats qui
eussent servi que de nouveaux, de manière que ledit
régiment ne serait pas en état de servir la campagne
prochaine (1) ». Des ordonnances analogues ou des mesures identiques furent décrétées à l'égard des régiments de Boissière (2) (Bordeaux), Poudens (3) (Bordeaux), La Rochecourbon (4) (Bordeaux), Dulac (5)
(Moulins), d'O (6) (Alençon), devenu d'Illiers par la
démission du marquis d'O, et sans doute aussi des régiments de Caixon (Montauban) et La Garde (Montauban),
réduits à moins de la moitié de leur effectif à leur retour
d'Italie. Elles eurent pour effet de redoubler les murmures et le mécontentement dans ces régiments et de
rendre singulièrement difficile leur mise sur pied au
printemps de 1691, comme le témoignent les lettres de
l'intendant de Bordeaux adressées à Louvois. Elles sont
remplies de ses doléances sur la mauvaise volonté des
anciens soldats de son département qui ne se présentent
plus aux revues. « Il est inconcevable, écrivait-il le
30 janvier 1691, la peine que donnent les anciens sol-

---

(1) Recueil de lois, ordonnances (Arch. admin. de la guerre).
(2) Ordonnance du 19 décembre 1690 (Recueil de lois, ordonnances,
Arch. admin. de la guerre).
(3) *Ibid.*
. (4) Louvois à M. de Bezons, 28 décembre 1690 : « Vu la quantité
d'hommes qui sont morts dans ce régiment (Poudens), Sa Majesté ne
veut point que l'on donne, cette année, des congés à aucun des soldats
qui y restent et désire qu'il en soit usé de même à l'égard de celui de
la Rochecourbon..... (A. H. G., vol. 933).
(5) Ordonnance du 20 décembre 1690 (Recueil de lois, ordonnances,
Arch. admin. de la guerre).
(6) Ordonnance du 11 février 1691 (Recueil de lois, ordonnances,
Arch. admin. de la guerre).

dats pour se rendre à leurs compagnies. J'ai donné des ordres partout pour les mettre en prison. On n'en peut pas venir à bout autrement (1) ». Dans le régiment de Poudens, nombre de soldats prenaient, « pour prétexte de ne plus servir, de vraies ou fausses incommodités », et « d'autres disaient insolemment que, le Roi ne leur ayant demandé d'abord que deux ans de service, la nouvelle ordonnance de Sa Majesté était supposée et qu'ils ne viendraient ni de gré ni de force (2) ».

Cette conduite des anciens miliciens, qui se montraient entièrement « rebutés », exerçait l'influence la plus désastreuse sur « les jeunes gens qui sont dans les paroisses où l'on en doit nommer », lesquels, au témoignage de M. de Bezons, s'enfuyaient « afin que l'on ne les puisse pas prendre (3) ».

Malgré ces nouvelles difficultés, les intendants, stimulés sans trêve par Louvois, ne perdirent pas un instant de vue le rétablissement des régiments de milice. Les colonels des régiments furent aussi l'objet de sollicitations pressantes du Ministre qui se fit souvent rendre compte des mesures prises par eux à cet effet et ne leur ménagea point les marques de sa gratitude lorsqu'il put constater leur zèle : « Sa Majesté, écrivait-il au marquis de Durfort-Boissière, le 15 janvier 1691, vous sait plus de gré d'avoir donné vos soins au rétablissement dudit régiment que si vous étiez venu lui faire votre cour..... (4) ». Les régiments les plus éprouvés, tels que ceux des généralités de Bordeaux et de Montauban, furent ainsi reconstitués en hommes, en habille-

---

(1) A. H. G., vol. 1108.
(2) Le commissaire des guerres Wincierl à Louvois, 18 février 1691 (A. H. G., vol. 1108).
(3) M. de Bezons à Louvois, 18 février 1691 (A. H. G., vol. 1108).
(4) A. H. G., vol. 1021.

ment et en armement au printemps de 1691, non toutefois sans qu'il en coûtât de grands frais aux provinces.

Le rétablissement de l'habillement et de l'armement des trois régiments de la généralité de Montauban entraîna, à lui seul, une dépense de 74,050 livres 6 sols 7 deniers, et il ne put s'effectuer qu'en prélevant à l'avance, sur 1692, les deux tiers de l'imposition des 18 livres 10 sols que devait payer chaque paroisse pour l'habillement et l'armement de son milicien ; car l'imposition de 1691 et la masse des régiments, totalement employées, laissaient un déficit de 24,207 livres 3 sols (1).

(1) Le 18 avril 1691, M. de la Berchère adressait à Louvois l'« État de la dépense qui a été faite pour habiller et armer les *régiments d'infanterie de La Garde, de Caixon et de Bournazel*, des milices de la généralité de Montauban, et des avances que M. de la Berchère a fait faire, sur l'imposition de l'année prochaine, pour les mettre en état ».

RÉGIMENT DE LA GARDE.

Dépenses.

Habillement, épées, fourniments, caisses, halle-
bardes.................................... 20,983 l. 3 s. 7 d.
118 fusils, à 9 livres .... 1,062 » »
246 mousquets, à 8 livres.................... 1,968 » »

TOTAL......... 24,013 l. 3 s. 7 d.

Recettes.

L'imposition de 1691 pour l'habillement et l'armement, à raison de 18 livres 10 sols, montait à 13,875 livres, mais il a fallu donner 40 sols aux capitaines pour entretenir leurs soldats de linge et de chaussures pendant les quatre mois de leur séjour dans les paroisses, ce qui réduit la recette à................... 12,375 l.
La masse du régiment, pour la campagne de 1690, s'élève à........................... 4,124   14 s.

TOTAL......... 16,499 l. 14 s.

Avance.

Si l'on déduit ces 16,499 livres 14 sols des 24,013 livres 3 sols

L'intendant de Montauban, M. de la Berchère, avait
encore à faire face à l'entretien des quatre régiments de

---

7 deniers, on voit que M. de la Berchère a dû avancer, pour ce
régiment, sur l'imposition de 1692, la somme de..   7,513 l. 9 s. 7 d.

RÉGIMENT DE CAIXON.

Dépenses.

Habillement, épées, etc....................	23,117 l.	18 s.
193 fusils.............................	1,737	»
421 mousquets..........................	3,368	»
Total.........	28,222 l.	18 s.

Recettes.

Imposition de 1691........................	12,375 .
Masse pour la campagne de 1690.............	3,096
Total.........	15,471 l.

Avance.

28,222 livres 18 sols — 15,471 livres = 12,751 livres 18 sols,

RÉGIMENT DE BOURNAZEL.

Dépenses.

Habillement...............................	17,384 l.	5 s.
Lettre de change pour épées et fourniments......	3,354	»
60 fusils.................................	540	»
67 mousquets.............................	536	»
Total.........	21,814 l.	5 s.

Recettes.

Imposition de 1691........................	12,375 l.	
Masse pour la campagne de 1690.............	5,497	8
Total.........	17,872 l.	8 s.

Avance.

21,814 livres 5 sols — 17,872 livres 8 sols = 3,941 livres 17 sols.

Soit une avance de 24,207 livres 3 sols pour les trois régiments, sans
compter une dépense de 500 livres représentant les frais de voiture des
fusils et mousquets venant de la manufacture de Saint-Étienne (A. H. G.,
vol. 1108).

petites milices que Louvois ordonna de remettre sur pied durant l'été de 1691. Sachant combien ces régiments étaient à charge aux paroisses, M. de la Berchère n'avait pas craint d'écrire à Louvois, le 5 avril 1691, qu'il considérait ces régiments « absolument inutiles, ruineux et entièrement préjudiciables à cette généralité (1) ». Il demandait que ces régiments fussent supprimés « pour le bien du service du Roi et la conservation des communautés de cette généralité, qui souffriraient beaucoup par ce nouveau mouvement et par les inquiétudes que ces officiers de milice leur donnent et les grivèleries qu'ils font (2) ». Le 18 avril 1691, l'intendant renouvelait courageusement la même prière, espérant que Louvois prendrait en considération les charges écrasantes de sa généralité où le commerce languissait et où 50,000 nouveaux convertis supportaient, à eux seuls, l'entretien de 4,000 hommes de petites milices, « ce qui les mettait presque hors d'état de payer d'autres subsides (3) ». Et, pour ne point s'attirer la colère de l'ombrageux Ministre, M. de la Berchère mettait habilement à profit la nouvelle de la prise de Mons, œuvre de Louvois, qu'il complimentait sur cette conquête « si glorieuse et si considérable qu'elle contribuera entièrement à maintenir la tranquillité dans ce département, de sorte qu'il me paraît qu'on en pourrait tirer ces avantages pour ce pays de le décharger de la levée de ces quatre régiments de milice qui causeront beaucoup de troubles, de désertions et de frais dans les communautés, qui pourraient empêcher à la fin le travail à la campagne et retarder considérablement le recouvrement des deniers de la taille (4) ».

---

(1) A. B. G., vol. 1108.
(2) *Ibid.*
(3) *Ibid.*
(4) *Ibid.*

Cette proposition de M. de la Berchère ne fut pas
agréée, et Louvois fit remettre sur pied, en 1691, 4,000
hommes de petites milices dans la généralité de Montauban, 4,000 dans celle de Bordeaux et 3,000 dans le
Dauphiné. Gardée déjà par un nombre formidable de
compagnies bourgeoises, la Guyenne n'avait que faire de
ces régiments de petites milices. Un de ces régiments,
celui de Bedver, de la généralité de Montauban, fut un
instant appelé à Montlouis par le duc de Noailles, au
cours des opérations de la campagne de 1691, mais renvoyé presque aussitôt dans sa province. A l'occasion de ce
mouvement, M. de la Berchère ne cachait pas à Louvois
les défauts que présentaient les officiers des petites milices : « Ils pourraient extrêmement contribuer à rendre
ces régiments-là bons s'ils voulaient faire leur devoir
lorsqu'on fait fournir les hommes par les communautés,
mais la plus grande partie commettent de si grands abus
et sont si attachés à leurs intérêts particuliers qu'il est à
propos de ne les plus laisser agir avec autorité dans cette
occasion. M. de Bedver, colonel de ce régiment, étant à
Millau, l'année dernière, et se trouvant à portée de chez
lui, fit un détachement de plus de 20 soldats pour les
envoyer travailler à sa maison de campagne. Il ne faut
pas s'étonner, après cela, si les autres officiers cherchent
à tirer leurs avantages de ces emplois (1) ».

Ce n'était point seulement la conduite des officiers des
régiments de petites milices qui avait besoin d'être surveillée. Celle d'un assez grand nombre d'officiers des
anciennes milices continuait encore à donner lieu à des
reproches, bien que Louvois ne se lassât point de sévir
contre ceux d'entre eux qui se rendaient coupables d'in-
justes retenues sur la solde de leurs hommes ou de com-

---

(1) M. de la Berchère à Louvois, 6 juin 1691 (A. H. G., vol. 1108).

promissions et d'exactions à l'égard des paroisses. Le 10 juillet 1690, il écrivait au colonel de l'ancien régiment de Silly, de la généralité de Rouen, à M. de Montenay : « Si vous croyez que, pour faire que les soldats de votre régiment soient soumis à leurs officiers, il faille permettre à ceux-ci de les piller comme ils font, vous vous trompez beaucoup, et encore plus si vous ne vous appliquez pas à empêcher que leurs capitaines ne continuent à leur retenir leur solde (1) ». Après plus ample informé, au retour de la campagne, il cassait trois capitaines de ce régiment (2) et ordonnait de retenir, sur les appointements de l'officier qui le commandait, lors de son passage à Meaux, la somme de 137 livres 10 sols, se décomposant en 90 livres 10 sols pour billets que les officiers avaient exigés indûment de l'étapier, 7 livres 10 sols que des soldats s'étaient fait donner par leurs hôtes, enfin 40 livres pour dédommager un bourgeois blessé par quelques soldats (3).

Au début de juin 1690, le régiment de Grandpré (Châlons) tient garnison à Besançon avant de se rendre en Savoie. Louvois apprend que les miliciens se plaignent de leurs capitaines qui leur retiennent un sol sur leur paye, que les miliciens travaillent, ou non, aux fortifications de la place. Il ordonne une enquête qui établit le bien-fondé de ces réclamations, et le commissaire des guerres, Moncrif, contraint les capitaines à restituer l'argent qu'ils ont injustement retenu (4). De même, au mois d'avril 1691, Louvois enjoint au lieutenant-colonel

---

(1) A. H. G., vol. 922.

(2) Louvois à l'intendant Larcher, 18 décembre 1690 (A. H. G., vol. 933).

(3) Louvois à l'intendant Larcher, 22 janvier 1691 (A. H. G., vol. 1022).

(4) Le commissaire des guerres Moncrif à Louvois, 7 juin 1690 (A. H. G., vol. 986).

du régiment de milice de Launay (ancien Desclos, milices de Touraine) de ne plus tolérer que les capitaines retiennent 2 sols par jour à leurs hommes. « Si pareille chose arrive encore, j'en rendrai compte au Roi qui, assurément, vous privera de votre emploi (1) ».

Louvois réprimait avec la même rigueur les exactions des officiers de milice. Comme les officiers du régiment de Fontanès (Lyon) avaient continué à se signaler par « des désordres et des concussions » sans nombre, il recommanda à l'archevêque de Lyon, le 31 décembre 1690, de faire arrêter tout officier qui exigerait la moindre chose « au delà de ce qui est prescrit par les ordonnances de Sa Majesté (2) ». Il écrivit dans les mêmes termes à l'intendant, M. de Bérulle, en le rendant responsable de la conduite des officiers de ce régiment (3). En Bretagne, Louvois prescrivit à l'intendant, M. de Pomereu, le 20 mai 1690, de faire arrêter « non seulement les capitaines des régiments de milice de Bretagne qui n'ont pas le moyen de rendre ce qu'ils ont pris, mais encore ceux qui en ont le moyen et qui ne sont pas propres pour le service (4) ». Louvois fit remplacer ces officiers de même qu'il fit casser, le 1er juin 1691, un capitaine du régiment de Caixon qui avait donné congé, contre argent, à deux soldats de sa compagnie (5).

Ces mesures de rigueur étaient d'autant plus justifiées que les exactions des officiers de milice montaient parfois à des sommes considérables. Un capitaine du

---

(1) Louvois au lieutenant-colonel du régiment de milice de Launay, le 12 avril 1691 (A. H. G., vol. 1027).

(2) A. H. G., vol. 933.

(3) *Ibid*.

(4) A. H. G., vol. 919.

(5) Louvois à l'intendant de la Berchère, 1er juin 1691 (A. H. G., vol. 1030).

régiment de Bournazel fut convaincu d'avoir touché, en 1691, des paroisses de son ressort, 1,000 livres en recourant à des voies déloyales (1). Un capitaine du régiment de Grandpré était dénoncé, au mois d'août 1691, par les syndics de treize paroisses comme « les ayant obligés de faire beaucoup de dépenses extraordinaires pour les soldats de leurs paroisses et même de lui donner de l'argent sous prétexte d'un présent qu'il prétendait lui être dû (2) ». En sabres, ceinturons, bissacs, chemises, bas, souliers, armes à feu, présents (non compris quatre jambons) que ce capitaine s'était fait octroyer, ces dépenses s'élevaient à 734 livres 5 sols (3).

Un certain nombre d'officiers s'étaient dispensés de rejoindre leurs régiments au printemps de 1690. Louvois fit emprisonner et casser ceux d'entre eux qui n'avaient point d'excuse légitime à invoquer. Il les obligea, en outre, ainsi que les officiers qui avaient donné leur démission à la même époque, de rembourser le payement des appointements du quartier d'hiver.

Sévère envers les coupables, Louvois stimulait le zèle des bons officiers de milice en faisant élever au grade de brigadier, le 22 janvier 1691, M. de la Ilhière-Lesdin, colonel du régiment de la généralité de Soissons, et M. de Cavoye, colonel du régiment de la généralité d'Amiens (4).

Après la campagne de 1690, plusieurs régiments, très éprouvés en Italie, eurent un grand nombre d'officiers à

---

(1) Lettre de Barbezieux, du 20 juillet 1691 (A. H. G., vol. 1033).
(2) M. de Nointel à Louvois, Châlons, le 16 août 1691 (A. H. G., vol. 1004).
(3) *Ibid.*
(4) Pinard, *Chronologie historique militaire.*

remplacer. Dans le seul régiment de Poudens, il manquait sept capitaines (un tué, deux cassés, deux morts en chemin, deux qui déclarèrent, en arrivant à Bazas le 14 décembre 1690, n'être plus en état de servir) et quatre ou cinq lieutenants (1). Louvois recommanda aux gouverneurs et aux intendants d'apporter la plus grande attention au choix des nouveaux officiers. Lui-même ne manqua point de recourir à cette double source d'information pour se renseigner sur « la naissance et les facultés (2) » des officiers appelés à remplacer : dans le régiment de Tours, M. Desclos décédé ; dans le régiment d'Alençon, le marquis d'O, démissionnaire ; dans le régiment de Moulins, M. Dulac, grièvement blessé à la retraite de Luserna. Le premier de ces régiments fut donné au lieutenant-colonel, M. de Launay ; le second, au marquis d'Illiers, et le troisième à M. de Vilars (3).

Louvois tint sévèrement la main à ce que les compagnies des régiments de milice fussent assemblées pendant l'hiver. Ayant appris qu'à la revue du 1er janvier 1691, une compagnie du régiment de Saint-Jal n'avait mis en ligne que 12 soldats, il écrivit à l'intendant de Limoges, M. de Bouville, le 17 janvier 1691, de ne pas hésiter à faire « assembler le conseil de guerre

---

(1) M. de Bezons à Louvois, 19 décembre 1690 (A. H. G., vol. 1017).

(2) Louvois à M. de Miromesnil, 25 février 1691. — Lettres analogues de Louvois à M. de Matignon et à l'intendant de Pomereu de la Bretèche, du 24 septembre 1690 (A. H. G., vol. 1024 et 927).

(3) Dans sa *Chronologie historique militaire*, Pinard ne mentionne que M. de Vilars. Il le porte comme entré au service en 1672, sans pouvoir donner d'autre indication jusqu'à sa nomination au grade de colonel du régiment de milice de Moulins, le 21 décembre 1690. Colonel réformé à la suite du régiment du Perche en 1698, M. de Vilars passa en Italie en 1701, s'y trouva à nombre d'actions, fut nommé brigadier le 2 avril 1703 et mourut, en 1706, d'une blessure reçue au siège de Turin.

pour punir quelques-uns de ceux qui y auront manqué afin, par cet exemple, d'apprendre aux autres à s'y rendre (1).

Grâce à cette surveillance incessante de Louvois et aux efforts des intendants, les effectifs et l'habillement des régiments de milice, presque détruits en Italie, purent être reconstitués au printemps de 1691. Il n'y eut que la question de l'armement qui embarrassa encore les intendants. Louvois leur avait recommandé de ne plus admettre que des fusils et des mousquets de même calibre. En outre beaucoup d'armes avaient été perdues par les soldats laissés aux hôpitaux. Les intendants ne reçurent que très tardivement les armes que devaient leur livrer les manufactures royales, et les trois régiments de la généralité de Montauban durent se mettre en marche, au mois d'avril, à peu près désarmés.

Les archives de la guerre possèdent des renseignements assez complets sur l'état des six régiments de Guyenne, à leur départ de cette province.

MM. de Bezons et de la Berchère avaient passé eux-mêmes une revue détaillée de ces régiments au début d'avril 1691, et Louvois, déférant à leurs prières, leur avait permis de tenir les régiments assemblés douze ou quinze jours avant le départ, ce qui leur avait donné plus de latitude pour en achever l'organisation et faire rejoindre les retardataires. A la suite de son inspection, M. de la Berchère mandait à Louvois que le régiment de La Garde était « habillé et équipé de telle sorte qu'il n'y manquera rien avant son départ que les armes... (2) ». Le régiment de Caixon devait sortir « en bon état de cette généralité et complet à 30 hommes près, qui le joindront

____

(1) A. H. G., vol. 1022.
(2) M. de la Berchère à Louvois, 11 avril 1691 (A. H. G., vol. 1108).

bientôt. Les hommes en sont bons et sont bien équipés de tout ce qu'il leur faut. Les habits sont de drap de Lodève, gris blanc, et ce régiment sera aussi bon qu'il était l'année dernière. Mais je ne l'ai pas trouvé si bien composé en officiers qu'il était (1) ». Enfin le régiment de Bournazel était parti de Rodez, le 15 avril, « complet à 8 ou 10 hommes près. Les hommes en sont bons. Ils sont bien habillés, bien chaussés et bien en linge. Il ne leur manque que des bandoulières et des fourniments, quelques épées et ceinturons (2) ». M. de la Berchère se plaignait toutefois du peu de soin que les officiers supérieurs de ce régiment avaient pris de le rétablir depuis son retour dans la province.

Quant aux régiments de Boissière, de Poudens et de La Rochecourbon, M. de Bezons mandait à Louvois qu'ils s'étaient mis en marche, le 10 avril, pour quitter leurs quartiers. Suivant ses calculs, le régiment de Boissière n'aurait pas plus de 200 vieux soldats dans ses rangs. Les hommes étaient bien habillés, et l'intendant se louait de la bonne volonté des officiers, en particulier du lieutenant-colonel, M. de la Barthe. « Il n'y a aucun régiment si bien composé en officiers que celui-ci. Il y a plusieurs capitaines qui seraient propres à commander des régiments (3) ». Joints aux armes que le régiment avait laissées à Pignerol, les 180 fusils et les 250 mousquets que M. de Bezons lui avait fait distribuer devaient

---

(1) M. de la Berchère à Louvois, 14 avril 1691. — Au cours de son inspection du régiment de Caixon, M. de la Berchère avait constaté qu'un homme, dont le frère avait été tué comme milicien l'an dernier et qu'il avait déchargé du service par une de ses ordonnances, n'en était pas moins emprisonné comme déserteur. Il le fit mettre en liberté devant tous les officiers, et demanda à Louvois de casser le capitaine coupable de cette injustice (A. II. G., vol. 1108).

(2) M. de la Berchère à Louvois, 18 avril 1691 (A. II. G., vol. 1108).

(3) M. de Bezons à Louvois, 1er avril 1691 (A. II. G., vol. 1108).

suffire à armer tout l'effectif. Il manquait 40 hommes, au départ, dans le régiment de Poudens dont le colonel avait pris grand soin pendant l'hiver. 255 fusils et 250 mousquets, distribués à ce régiment, devaient, avec les armes déposées au retour à Carcassonne, permettre d'en armer tous les hommes. Le régiment de La Rochecourbon avait un déficit de près de 100 miliciens, presque tous anciens soldats, et M. de Bezons se proposait de laisser un officier pour lui remettre ceux des retardataires dont il pourrait se saisir (1).

En plus des trente régiments de milice qui avaient été remis sur pied en 1690, Louvois disposait, au printemps

---

(1) M. de Bezons à Louvois, 10 avril 1691 (A. H. G., vol. 1108). — Le comte de Broglie qui vit, lors de leur passage en Languedoc, les régiments de La Garde, Caixon, Boissière, Poudens et La Rochecourbon, adressa à Louvois un état sommaire de ces régiments, que nous reproduisons ci-après :

Régiments.	Officiers.	Hommes.	Appréciation.
CAIXON....	Colonel, lieutenant-colonel, major, aide-major, aumônier, maréchal des logis, chirurgien-major, 13 capitaines, 15 lieutenants, 2 enseignes.	30 sergents, 602 soldats, Au total : 632 h. (déficit de 148 h.).	Passable.
. LA GARDE .	Colonel, lieutenant-colonel, major, aide-major, aumônier, chirurgien-major, maréchal des logis, 13 capitaines, 15 lieutenants.	30 sergents, 704 soldats. Au total : 734 h. (déficit de 16 h.).	Assez vilains hommes, mal tournés et méchant air.
BOISSIÈRE..	Lieutenant-colonel, 8 capitaines, 13 lieutenants.	28 sergents, 616 soldats. Au total : 644 h. (déficit de 106 h.)	Assez bon.
POUDENS...	Colonel, lieutenant-colonel, major, 13 capitaines, aide-major, 15 lieutenants, 2 enseignes.	30 sergents, 720 soldats. Au total : 750 h. (complet).	Assez passable.

de 1691, de deux nouveaux régiments levés, le premier dans la Franche-Comté, le second dans les Trois-Évêchés et la Lorraine (1).

Au cours de la campagne de 1690, M. de la Fond, intendant de la Franche-Comté et intendant de notre armée d'Allemagne, transmettait à Louvois, le 9 juillet, l'offre du marquis de Laubespin, capitaine au régiment de Gesvres, de lever un régiment d'infanterie dans le comté de Bourgogne. Il saisissait cette occasion pour lui « marquer en même temps que l'on pourrait faire un fort bon régiment de cavalerie de milice dans ladite province du Comté pour les hommes seulement, car, pour les chevaux, je doute que les communautés en puissent fournir... (2) ». Louvois lui répondit, le 20 juillet 1690, que le Roi agréerait sans doute un régiment de milice d'infanterie et réservait sa décision pour le mois d'octobre suivant. Cette décision était portée à la connaissance de M. de la Fond par une lettre du Ministre, du 9 novembre 1690. Le Roi avait résolu d'établir en Comté un régiment de milice de seize compa-

Régiments.	Officiers.	Hommes.	Appréciation.
La Roche-courbon.	Colonel, lieutenant-colonel, état-major, 13 capitaines, 15 lieutenants, 2 enseignes.	30 sergents, 660 soldats. Au total : 690 h. (déficit de 60 h.).	Bon et en état de servir.

[A. H. G., vol. 1108 (Lettres de M. de Broglie à Louvois, des 20 avril et 1er mai 1691)].

(1) Les trente anciens régiments ne subirent point de modification dans leurs effectifs, à part celui de Noailles-Roussillon. Les consuls de la ville de Perpignan ayant offert de lever, en 1691, quatre compagnies de 40 hommes au lieu de deux compagnies de 50 hommes, le régiment fut composé de quinze compagnies de 40 hommes, soit de 600 hommes au total, tandis qu'en 1690 il avait compté onze compagnies et 550 hommes (A. H. G., vol. 1106, lettre de l'intendant Trobat à Louvois, du 30 janvier 1691).

(2) A. H. G., vol. 981.

gnies de 50 hommes, et l'intendant était invité à envoyer au plus tôt ses propositions pour les officiers du régiment, et de mander en particulier si le chevalier de Vaulgrenant, gentilhomme de la province, alors lieutenant-colonel du régiment de Poitiers, « serait propre pour remplir l'emploi de colonel et si cela lui ferait plaisir (1) ».

Dans des instructions ultérieures (2), Louvois recommanda à M. de la Fond de constituer le régiment pour le 1er janvier 1691 ; de le faire payer par la province à partir de ce jour et d'en terminer au plus tard l'habillement le 20 février. Il lui enjoignit aussi de n'admettre parmi les miliciens que des Francs-Comtois établis de longue date dans la province, car le Roi destinait ce régiment à « contenir les huguenots dans les provinces où il y en a le plus ».

M. de la Fond se mit à l'œuvre sans retard. Il eut bientôt la satisfaction de faire part à Louvois de l'acquiescement du chevalier de Vaulgrenant qui « a reçu de très bonne grâce l'honneur que vous lui faites de penser à lui pour l'emploi de colonel », et de lui adresser un état de proposition ne comportant, comme officiers, que des gentilshommes « riches et dont le plus pauvre a au moins 3,000 livres de rente ». Afin de rendre les habits et les armes uniformes, et de « lever aux officiers toutes les occasions de chagriner les paroisses comme il s'est fait en France », M. de la Fond demanda à Louvois, qui y consentit, de faire fournir par des marchands de Besançon « des justaucorps, des chapeaux, des baudriers et des fusils... à très justes prix (3) ».

---

(1) A. H. G., vol. 981.

(2) Louvois à M. de la Fond, les 22 novembre et 8 décembre 1690 (A. H. G., vol. 981).

(3) M. de la Fond à Louvois, 14 novembre 1690 (A. H. G., vol. 981).

Le 10 décembre 1690, il envoyait à Versailles un état de
la dépense de l'armement et de l'habillement des miliciens qui montait à 32,800 livres, soit à 41 livres par
soldat. L'habillement seul revenait à 25 livres 4 sols
6 deniers par homme. Le mémoire portait, pour le justaucorps, 2 aunes un quart de drap de Lodève, ce qui
motivait cette annotation de Louvois à l'adresse de l'intendant : « Il ne faut qu'une aune trois quarts, et il
peut juger de la fidélité de ceux qui lui ont donné ce
mémoire (1) ». Afin de prouver à M. de la Fond que
les estimations des marchands de Besançon étaient trop
élevées, le Ministre lui adressait, le 19 décembre, un
état « fait par celui qui a soin d'habiller les troupes, par
lequel vous verrez combien le vôtre est au delà de la
juste valeur (2) ».

Dans la levée des hommes, M. de la Fond se heurta à
deux graves difficultés, l'une venant des jeunes gens
des paroisses et l'autre du gouverneur de la province,
du marquis de Renty. Ce fut d'abord une fuite presque
générale des jeunes gens désignés pour la milice.

J'apprends de tous côtés, écrivait M. de la Fond à
Louvois, le 19 décembre 1690, que la plus grande partie
des jeunes gens nommés se sont absentés de leurs communautés, que même plusieurs ont dit qu'ils allaient
prendre le chemin d'Italie et du Piémont. J'ai ordonné
aux communautés de faire leurs diligences pour arrêter
ceux qui se sont absentés depuis leurs nominations. Je
fais marcher la maréchaussée de tous côtés, et je suis
dans le dessein de faire punir du fouet, par la main de
l'exécuteur, ceux qui seront arrêtés afin de donner un
exemple qui contienne et fasse peur aux autres (3) ».

---

(1) État joint à la lettre de M. de la Fond à Louvois, du 10 décembre 1690 (A. H. G., vol. 981).
(2) A. H. G., vol. 933.
(3) A. H. G., vol. 981.

Comme la peine du fouet et la garde des passages sur la frontière suisse étaient loin d'intimider les réfractaires, M. de la Fond dut rendre une ordonnance, au mois de janvier 1691, qui les sommait de rejoindre leurs communautés dans un délai de huit jours, sous peine de la saisie des biens du père et de la mère de tout déserteur (1).

Pour surveiller la désignation des miliciens et faire rectifier nombre de choix défectueux, M. de la Fond avait eu l'heureuse idée d'envoyer « un homme sage et de confiance dans chaque bailliage (2) ». Il avait pu ainsi éviter bien des abus quand le gouverneur de la province, M. de Renty, prit à tâche de bouleverser toutes les opérations de ses subordonnés, d'annuler leurs choix et de condamner à 100 livres d'amende les paroisses qui n'auraient point procédé sur-le-champ à de nouvelles nominations. Ces faits furent portés à la connaissance de Louvois qui donna tort au gouverneur et l'obligea à révoquer les sentences déjà portées contre plusieurs paroisses, la levée et le remplacement des miliciens étant du ressort de l'intendant (3).

Le 14 mars 1691, M. de la Fond rendait compte à Louvois que l'habillement des miliciens était parfait, qu'ils recevraient leurs armes de Lyon au début d'avril et que le régiment de Vaulgrenant s'assemblerait, le 1er avril, à Dôle et à Salins, pour se mettre en marche le 15 avril, suivant les ordres du Roi (4). Comme nous l'avons vu plus haut, l'intendant, connaissant de réputation la négligence des officiers de milice envers leurs soldats, avait sagement adjoint au régiment, avec le

---

(1) M. de la Fond à Louvois, 7 janvier 1691 (A. H. G., vol. 1092).
(2) M. de la Fond à Louvois, 2 janvier 1691 (A. H. G., vol. 1092).
(3) Louvois à M. de Renty, 24 janvier 1691 (A. H. G., vol. 1022).
(4) A. H. G., vol. 1092.

consentement de Louvois, un commissaire, payé par la province, qui devait être « d'un grand secours pour faire soulager les soldats qui tomberont malades ou qui seront blessés (1) ».

Si l'avenir devait prouver que Louvois avait fait un choix heureux de M. de Vaulgrenant pour colonel du régiment de milice de Franche-Comté, le Ministre ne devait pas être moins bien inspiré en appelant au commandement du régiment de milice des Trois-Évêchés et de Lorraine le marquis de Lenoncourt. En octobre 1690, lorsque fut arrêtée la mise sur pied, dans cette généralité, d'un régiment de milice de vingt compagnies de 50 hommes, Louvois tint à consulter le gouverneur, marquis de Boufflers, et le lieutenant général qui le suppléait, M. de Bissy, sur le choix des officiers supérieurs du régiment. Boufflers était alors en Flandre où il prenait le commandement des forces laissées pendant l'hiver sur cette frontière par le maréchal de Luxembourg. Il répondit de Valenciennes, le 1er novembre 1690, que le marquis de Blainville-Lenoncourt lui paraissait « un des plus propres qu'il y ait en Lorraine pour être colonel de ce régiment, étant homme de qualité des plus distingués de ce pays-là, ayant servi plusieurs années dans les troupes du Roi avec estime et étant très sage et d'une très bonne conduite, fort accrédité en Barrois et en Lorraine où il a plusieurs terres, et étant de santé et d'âge à bien servir ». Pour major, il désignait le sieur de Goz, « qui demeure à Metz et qui a été longtemps capitaine d'infanterie avec estime ». Pour le choix du lieutenant-colonel, Boufflers s'en remettait à M. de Bissy (2).

---

(1) M. de la Fond à Louvois, le 19 décembre 1690 (A. H. G., vol. 981).

(2) A. H. G., vol 947.

Ce dernier, consulté par Louvois, avait aussi « jeté les yeux sur le marquis de Lenoncourt-Blainville qui a du bien, de la jeunesse et de la bonne volonté, et, sous qui, tout ce qui entrera dans ce régiment servira avec plus de plaisir que sous un autre qui ne serait pas d'un nom aussi illustré (*sic*), car le Lorrain est glorieux sur ces sortes de choses-là et défère grandement aux gens du premier rang (1) ».

Ainsi renseigné, Louvois arrêta son choix sur M. de Lenoncourt, comme colonel, et sur M. de Goz, comme lieutenant-colonel. Quant aux officiers subalternes, ils se présentèrent en grand nombre à M. de Bissy « parce qu'il ne faut pas de dépense pour cela, ce qui convient aux gens de ce pays-ci (2).... ». Parmi les lieutenants, dont M. de Bissy adressait le mémoire à Louvois le 9 décembre 1690, il s'en trouvait « un grand nombre qui sont jeunes, bien faits, ont du bien et seraient très propres à placer dans des régiments de troupes réglées (3) ».

Peu de régiments furent aussi bien habillés que celui de Lenoncourt. Pourvu que les étoffes fussent « de bonne qualité et pas trop chères », Louvois avait acquiescé au désir de l'intendant Charuel et des officiers du régiment qui demandaient, pour leurs miliciens, l'adoption d'un uniforme. Le 26 janvier 1691, l'intendant Charuel, M. de Bissy, le colonel marquis de Lenoncourt, le lieutenant-colonel de Goz et le major Harquel se réunissaient à Nancy, examinaient les échantillons d'étoffe que leur soumettaient plusieurs marchands des villes voisines et traitaient finalement avec un marchand de Nancy, au prix de 47 livres 5 deniers,

____

(1) M. de Bissy à Louvois, Nancy, 5 décembre 1690 (A. H. G., vol. 990).

(2) M. de Bissy à Louvois, 14 novembre 1690 (A. H. G., vol. 990).

(3) M. de Bissy à Louvois, 9 décembre 1690 (A. H. G., vol. 990).

pour l'accoutrement complet de chaque soldat, moins le fusil et le mousquet. Les miliciens devaient être habillés d'un justaucorps en serge du Berry, d'une culotte, de bas rouges. Les parements du justaucorps étaient aussi rouges, en drap de Valogne. Les tambours et les sergents devaient être entièrement habillés de drap rouge de Valogne. Un chapeau, deux chemises, une cravate de flore noire, une paire de souliers, un sarrau de treillis, une paire de guêtres et un havresac de treillis, un ceinturon de buffle, une épée, un sac de peau, complétaient cet accoutrement (1).

---

(1) *Mémoire de ce que reviendra l'habillement de chaque soldat* (joint à la lettre de M. Charuel à Louvois, du 27 janvier 1691) :

	Livres.	Sols.	Deniers.
Deux aunes de serge de Berry pour le justaucorps, à 5 livres 10 sols l'aune............	11	»	»
Deux aunes de serge de Caen, à 39 sols l'aune, pour doubler le justaucorps	3	18	»
Un quart 1/2 de drap de Valogne pour les parements, à 7 livres 5 sols l'aune	2	14	5
Une aune de ratine pour la culotte	3	10	»
Six douzaines de boutons d'étain, à 4 sols la douzaine..................................	1	4	»
Une aune de toile pour doubler la culotte	».	14	»
La façon de l'habit complet, y compris la soie et le fil..................................	2	»	»
Un chapeau bordé avec sa double lesse.........	2	12	»
Une paire de bas drapés rouges..............	2	2	»
Deux chemises, à 34 sols l'une..............	3	8	»
Une cravate de flore noire...................	1	2	»
Une paire de souliers.......................	3	5	»
Un sarrau de treillis.......................	2	5	»
Une paire de guêtres de treillis.............	»	8	»
Un havresac de treillis.....................	»	5	6
Un ceinturon de buffle	2	15	»
Une épée.................................	2	15	»
Un sac de peau à poil	1	2	6
TOTAL pour un soldat............	47	0	5

A. H. G., vol. 1071.

Le commis du sieur Titon à Metz ayant voulu majorer le prix des armes sous prétexte qu'il les livrait à un régiment de milice, M. Charuel se chargea de soumettre cette prétention à Louvois (1), qui, contre remise immédiate de l'argent, ordonna de délivrer les armes au régiment de Lenoncourt comme aux autres troupes réglées, au prix de 6 livres 5 sols le mousquet et de 8 livres 5 sols le fusil (2). Comme les officiers avaient aussi prié l'intendant de s'enquérir auprès du Ministre si les fusils devaient être munis de baïonnettes, Louvois fit inscrire, en regard de cette demande, la réponse suivante : « Chaque fusilier doit avoir une baïonnette ».

Cette prescription nous semble devoir être signalée, car, bien que la baïonnette à douille ait fait son apparition dans notre armée au début de la guerre de la Ligue d'Augsbourg et que Louvois ait recommandé aux inspecteurs généraux, le 29 novembre 1689, de veiller à ce que « toute l'infanterie qui marchera en campagne ait, au bout des fusils, des baïonnettes qui n'empêchent pas de tirer (3) », les lettres des intendants et les états que nous avons consultés jusqu'ici ne mentionnent pas la baïonnette comme faisant partie de l'armement du milicien, lequel, en règle générale, s'est réduit jusqu'en 1691 au mousquet (ou au fusil) et à l'épée.

Les résultats des soins de M. Charuel et des officiers du régiment de Lenoncourt ne se firent pas attendre. Au

---

(1) M. Charuel à Louvois, 2 février 1691 (A. H. G., vol. 1091).

(2) Apostille de Louvois, sur la lettre de M. Charuel du 3 février 1691 (A. H. G., vol. 1071)

(3) A. H. G., vol. 861. — L'adoption de la baïonnette à douille ne fut toutefois complète qu'après deux ou trois années de guerre. Le 4 décembre 1692, Barbezieux recommandait encore aux inspecteurs généraux d'infanterie de veiller à ce que tous les bataillons de campagne eussent leurs fusils et leurs mousquets munis de baïonnettes à douille (A. H. G., vol. 1132).

début d'avril 1691, le régiment était assemblé près de Toul avant son départ de la province, et l'intendant, qui le passait en revue, écrivait à Louvois le 10 avril 1691 : « J'ai trouvé les sergents, soldats et tambours très bien habillés et armés et conformément à ce qui avait été réglé. Je puis vous assurer, Monseigneur, que ce régiment est très beau, les hommes qui le composent étant bien choisis et bien faits et ayant un air de guerre comme s'ils avaient déjà porté les armes. Les officiers se sont fait habiller uniformément, et ils prennent beaucoup de soin de faire faire souvent l'exercice à leurs soldats pour les dresser (1) ».

(1) A. H. G., vol. 1071.

CHAPITRE IV

Durant la campagne de 1691, quatorze régiments de
milice et la compagnie des grenadiers de Bordeaux
furent mis à la disposition de Catinat et de ses lieutenants sur notre frontière d'Italie, mais aucun d'eux ne
figura dans la composition de l'armée d'opérations. Leur
rôle se borna à garder nos places frontières ou les passages des montagnes et à assurer nos convois du Dauphiné en Piémont.

Les régiments de Buous (Provence), La Garde (Montauban), Launay (Tours), La Rochecourbon (Bordeaux)
furent d'abord dirigés sur la Savoie et mis sous les ordres
de M. de la Hoguette, le lieutenant général qui .com-
mandait un corps d'occupation dans cette province. Les
régiments de Menou (Orléans), Montenay (Rouen), Bournazel (Montauban), d'Aligny (Bourgogne) et la compagnie des grenadiers de Bordeaux furent surtout
employés en Dauphiné, sous M. de Larray, les deux
premiers à protéger la vallée du Guil contre les incur-
sions des Barbets, le troisième dans la vallée de Suze;

le régiment d'Aligny et la compagnie de Bordeaux veillèrent sur nos communications dans la vallée de Pragelas (1). Les régiments de Coutenges (Riom), Fontanès (Lyon) et Poudens (Bordeaux), furent d'abord dirigés sur la haute Provence pour occuper Embrun, Colmars et Seyne. Enfin les régiments de Boissière (Bordeaux), Caixon (Montauban), et plus tard Lenoncourt (Lorraine), servirent, sous M. de la Fare, à occuper le comté de Nice, après la prise de cette ville, et à en achever la conquête (2).

En Savoie, M. de la Hoguette exécuta, à la fin de juin, une incursion heureuse dans la vallée d'Aoste, par le Petit-Saint-Bernard, à la tête d'un faible détachement, dont fit partie le régiment de La Rochecourbon (3).

Dans le comté de Nice, M. de la Fare dirigea, au début de juillet, une petite expédition contre Saorge à la tête de 200 Irlandais et de 400 miliciens conduits par M. de Poudens. Ce dernier s'y comporta avec sa valeur habituelle et mit en fuite les milices du pays qui furent chassées avec pertes. M. de la Fare fit ensuite occuper le château de Saorge par 150 hommes aux ordres de M. Losternau, capitaine dans Boissière et « bon officier (4) ».

---

(1) Au cours de la campagne de 1691, sur le conseil de M. d'Herleville, le gouverneur de Pignerol, Catinat fit former deux compagnies de milice, de 30 hommes chacune, des montagnards les plus ingambes et les plus hardis des vallées de Saint-Pierre et de Taluc (val Lemina, au Nord-Ouest et à peu de distance de Pignerol), gens affectionnés au service du Roi et connaissant admirablement « toutes les montagnes entre lesdites vallées et celle de Suze ». Le gouverneur de Pignerol estimait qu'on tirerait un service utile de ces montagnards, « armés et accompagnés de quelques grenadiers » (A. H. G., vol. 1100. Lettre de Catinat à Barbezieux, du 10 décembre 1691).

(2) A. H. G., vol. 1102.

(3) A. H. G., vol. 1094 et 1099.

(4) M. de la Fare à Louvois, 10 juillet 1691 (A. H. G., vol. 1099).

Trois régiments de milice servirent sur la frontière du Roussillon en 1691. Celui de Carman (Bretagne) fut employé à tenir garnison dans les places, à Perpignan en particulier : les deux autres régiments de du Gua (Dauphiné) et de Noailles-Roussillon prirent une part active aux opérations de la campagne et entrèrent dans la composition de la petite armée du duc de Noailles, qui comprenait environ 8,000 hommes d'infanterie et 3,000 cavaliers et dragons.

Bien des régiments de troupes réglées ne pouvaient entrer en ligne de comparaison avec celui du comte du Gua. Déjà M. de Broglie qui avait vu, à leur passage en Languedoc, le lieutenant-colonel et neuf compagnies de ce régiment où il ne manquait que 4 hommes, leur décernait ce jugement flatteur : « Très beaux, bien armés et bien vêtus (1) ». Le duc de Noailles était aussi frappé de l'excellente tenue de ce régiment auquel il ne ménageait pas les éloges. Dès son arrivée à Perpignan, le 25 avril 1691, il mandait à Louvois que le peu de troupes qu'il avait vues « en gros » lui paraissaient « en très bon état et particulièrement le régiment de milice du Dauphiné, commandé par du Gua, qui est aussi beau qu'il est possible (2) ». Le lendemain, il voyait « en détail le régiment de du Gua... Il serait à souhaiter que toutes les troupes de ce pays-ci fussent de la même beauté et que les commandants en eussent autant de soin que du Gua en a de son régiment. Les soldats n'ont aucun ajustement, mais ils ont une bonne grande camisole rouge, un bon justaucorps gris, un sarrau par-dessus, des bas blancs, des guêtres, de bons souliers et de bons chapeaux, bien armés, et de très bons hommes et bien sous

---

(1) Le comte de Broglie à Louvois, 20 avril 1691 (A. H. G., vol. 1108).

(2) A. H. G , vol. 1104.

les armes (1) ». Sans diminuer le mérite du comte du Gua, une part de ces éloges doit revenir à l'habile intendant du Dauphiné, M. Bouchu, qui avait donné tous ses soins à la bonne composition et à l'entretien de ce régiment.

Les miliciens du Dauphiné, par leur belle conduite au feu, justifiaient pleinement dans la suite cette appréciation flatteuse du début. Au siège de la Seo d'Urgel, qui dura du 5 au 11 juin 1691, ils eurent l'honneur de monter seuls la tranchée dans la nuit du 9 au 10, comme les bataillons de troupes réglées. « Durant toute la nuit, les ennemis firent un grand feu qui nous tua 3 soldats et en blessa 17 (2) ». La ville ouvrit ses portes le 11 juin, et le duc de Noailles, rendant compte à Louvois, le lendemain, de la conduite des troupes à ce siège, disait du régiment de milice du Dauphiné : « Il a bien servi et a fait une bonne contenance pour leur première occasion. Ils ont eu des soldats de blessés de coups de mousquet dans leur camp. Le colonel est un homme extrêmement appliqué et qui aime le service (3) ».

Enfin, passant en revue son armée au début de juillet 1691, M. de Noailles en adressait au Roi un « état abrégé » où l'on relève, à l'adresse du régiment de du Gua, le jugement suivant : « Il est bien composé en officiers et en soldats, bien habillé et bien tenu, et aussi bon que le peut être un régiment de milice. Le colonel est extrêmement appliqué (4) ».

Sans valoir les miliciens du Dauphiné, ceux du Roussillon n'en firent pas moins bonne figure à l'armée (5). A

---

(1) Le duc de Noailles à Louvois, 27 avril 1691 (A. H. G., vol. 1104).
(2) L'intendant Trobat à Louvois, 15 juin 1691 (A. H. G., vol. 1106).
(3) A. H. G., vol. 1104.
(4) État abrégé de l'armée du Roi en Roussillon, 4 juillet 1691 (A. H. G., vol. 1104).
(5) *Ibid.*

la suite du siège d'Urgel, le duc de Noailles mandait à Louvois, le 12 juin. qu' « on se loue fort aussi du régiment de milice de Roussillon qui porte mon nom et que l'on avait mis pour soutenir les fusiliers de montagne à l'endroit par où les ennemis pouvaient venir (1) ». Dans l'état abrégé de l'armée du Roi qu'il adressait à la cour au début de juillet, M. de Noailles déclare que ce régiment « est bon et en état de bien servir en ce pays-ci, et commence à être discipliné (2) ». Enfin dans un Mémoire qu'il faisait parvenir à Versailles, à la fin d'août 1691, pour demander que Sa Majesté participât à l'entretien de ce régiment pendant l'hiver, le duc disait : « Ce régiment a bien servi pendant cette campagne et commence à se discipliner et subsiste mieux en ce pays-ci que toutes les autres troupes, étant accoutumé à l'air du pays et à la fatigue. Il est complet à 20 hommes près, et il n'y a eu, pendant cette campagne, que 30 malades (3) ».

Sur les théâtres d'opérations du Rhin et de la Flandre, aucun régiment de milice n'entre encore dans la composition de nos armées de campagne en 1691. Ceux qui s'y rencontrent, comme les régiments de Moulins (Châlons), à Strasbourg, et de Lignières (Paris), à Valenciennes, servent surtout à la garde de nos places frontières.

Enfin un certain nombre de régiments sont toujours occupés à surveiller les nouveaux convertis à l'intérieur

---

(1) Une lettre de l'intendant Trobat à Barbezieux, du 22 août 1691, marque que l'habillement du régiment Noailles-Roussillon fut l'objet de tous ses soins au début de 1691. « L'on habilla les sergents de rouge doublé de vert, les tambours de la livrée de M. le duc de Noailles, et les soldats de gris blanc, doublé de rouge » (A. H. G., vol. 1107).

(2) État abrégé de l'armée du Roi en Roussillon, 4 juillet 1691 (A. H. G., vol. 1104).

(3) A. H. G., vol. 1104.

du royaume, notamment en Guyenne où se trouvent répartis le régiment de La Carte (Poitiers) (1), celui de Saint-Jal (Limoges) que l'inspecteur, M. de Crillon, passe en revue, le 25 mai, à Montauban et déclare « fort beau et en état de servir (2) », enfin le régiment de Dubois de la Roche (Bretagne) dont le commissaire des guerres Wincierl loue le colonel, « homme très assidu et fort exact », qui fait vivre son régiment « avec beaucoup de discipline (3) ».

Si l'on se rappelle que la généralité de Bordeaux a mis sur pied, pendant l'été de 1691, quatre régiments de petites milices (régiments de Lansac, Meaux, Exideuil et Vignolles), que la généralité de Montauban en a entretenu un même nombre (régiments de Bedver, La Broue, Lavedan, Aubepin) ; que, dans cette seule généralité, les compagnies bourgeoises d'anciens catholiques comprenaient, en juin 1691, 79,782 hommes (dont 33,382 armés de fusils) (4), on se rendra compte des précautions accumulées par Louvois contre les 300,000 nouveaux convertis de la Guyenne.

Au milieu de la campagne de 1691, le Ministre, qui avait tenu une si grande place dans l'organisation de nos armées au XVIIe siècle, était emporté par la mort (5). Parmi les institutions qui avaient signalé son

---

(1) Lettre de M. de Bezons à Louvois, du 13 mai 1691, qui signale l'arrivée du régiment de La Carte à Bergerac (A. H. G., vol. 1108).

(2) M. de Crillon à Louvois, Montauban, 26 mai 1691 (A. H. G., vol. 1108).

(3) M. de Wincierl à Louvois, Bordeaux, 30 juin 1691 (A. H. G., vol. 1108). — Le 13 mai 1691, M. de Bezons écrivait à Louvois que les vingt compagnies du régiment de Dubois de la Roche étaient arrivées en très bon état à Libourne (A. H. G., vol. 1108).

(4) M. de Crillon à Louvois, 10 juin 1691 (A. H. G., vol. 1108).

(5) Le 16 juillet 1691.

long ministère, celle des régiments de milice devait lui survivre. Sans doute elle offrait encore bien des points faibles, et on ne saurait l'admirer sans réserve, n'y eût-il que ces défauts capitaux tels que le mode de désignation des miliciens, entièrement livré à l'arbitraire; l'injustice de cet impôt du sang qui retombait presque uniquement sur la classe la plus pauvre de la nation, le paysan; enfin les violations brutales et répétées des engagements contractés envers les miliciens. Mais si l'on veut considérer que l'institution n'était qu'à ses débuts; que, l'expérience aidant, le Ministre, qui en suivait de près le développement, n'aurait point manqué de la préciser et de la perfectionner; si l'on se rappelle la vigueur déployée par Louvois pour en écarter les abus, on ne peut manquer de rendre hommage aux résultats, en somme satisfaisants, qu'avait obtenus le Ministre dans ce court espace d'un peu moins de deux années. Grâce à son autorité sur les intendants, à leur action toute-puissante dans les généralités, Louvois était parvenu à implanter en France le principe du service militaire obligatoire, à en assurer le fonctionnement et à improviser, en quelques mois, des régiments qui, souvent supérieurs à ceux des troupes réglées par leur composition en hommes, ne demandaient que des officiers plus intègres et plus attachés à leurs devoirs pour rendre, en campagne, les mêmes services.

Le successeur de Louvois, le marquis de Barbezieux, son fils, ne devait point faire preuve d'une préoccupation moins vive d'améliorer la composition du corps d'officiers des régiments de milice. Ses trois premières lettres, relatives à ces régiments, ont trait à des mesures disciplinaires contre des officiers. La première, datée du 20 juillet 1691, est un ordre d'emprisonner un capitaine du régiment de Bournazel jusqu'à restitution de 1,000 livres, montant de ses exactions dans les paroisses (1). La seconde, écrite le 10 août 1691, enjoint à M. de la Hoguette, le lieutenant général commandant en Savoie, d'emprisonner (2) le lieutenant-colonel du régiment de Launay, M. de Courcival, qui, pendant son séjour dans le Val-Romey à la tête d'un détachement de 150 hommes, a laissé commettre sous ses yeux des « désordres et des pilleries » qui s'élèvent à 1,650 livres (3). Le Ministre avait même expédié l'ordre de casser cet officier, mais, à la prière de M. de la Hoguette qui jugeait M. de Courcival assez puni par le remboursement des 1,650 livres, il consentit à ce que cet ordre lui fût renvoyé et à ce que le lieutenant-colonel fût mis en liberté après une détention de plus d'un mois (4). Enfin, dans la troisième lettre, datée du 11 août, Barbezieux se contente de répondre à M. de Lignières, qui a intercédé auprès de lui en faveur de deux de ses capitaines cassés pour inconduite : «...Votre régiment est débarrassé de deux hommes qui menaient une vie si scandaleuse que je suis surpris que vous me parliez en leur faveur (5) ».

Il fallut aussi que le Ministre prît des mesures rigoureuses à l'égard des officiers du régiment de La Roche-courbon. M. de la Hoguette, qui avait eu ce régiment sous ses ordres en Savoie, s'était plaint avec raison de la conduite des officiers, que des cabales divisaient et qui vivaient en mésintelligence profonde avec leur colonel. Il avait même écrit au Ministre que « s'il y avait, dans une armée, deux ou trois régiments composés

---

(1) Barbezieux à M. Aymar, 20 juillet 1691 (A. H. G., vol. 1033).

(2) A. H. G., vol. 1034.

(3) Barbezieux à M. de la Hoguette, 23 août 1691 (A. H. G., vol. 1035).

(4) Barbezieux à M. de la Hoguette, 24 septembre 1691 (A. H. G., vol. 1036).

(5) A. H. G., vol. 1034.

d'officiers pareils à ceux de celui-là, il faudrait qu'un général désertât (1) ». Décidé à faire un exemple pour « réunir les esprits des officiers, ce qui est une chose absolument nécessaire pour le bien du service », Barbezieux pria M. de la Hoguette de lui adresser « les noms de trois ou quatre des plus séditieux (2) », et, sur son rapport, il fit casser deux capitaines du régiment.

Une autre preuve de la sollicitude de Barbezieux pour la bonne composition du corps d'officiers de milice nous est donnée par le trait suivant. Le marquis de Larray lui ayant écrit en faveur de M. de la Calmette, lieutenant-colonel du régiment de Bournazel, « fort bon officier » qui « serait plus utilement à la tête d'une autre troupe où le mouvement et l'application seraient plus utiles qu'à la milice (3) », le Ministre lui adressa cette réponse : « Le Roi est bien aise d'avoir, à la tête des milices, de bons officiers qui puissent les bien faire servir, et Sa Majesté leur fera part des grâces qu'Elle accorde à ceux des vieilles troupes. Ainsi il ne faut pas que le sieur de la Calmette songe à quitter le régiment de Bournazel pour passer dans un autre (4) ».

Moins de six mois après son entrée au ministère, Barbezieux opérait une réforme des plus heureuses en substituant le tirage au sort à l'élection des miliciens à la pluralité des voix, cette source intarissable d'injustices que l'intendant de la Fond n'hésitait pas à procla-

---

(1) Citation de ces paroles de M. de la Hoguette dans une lettre de Barbezieux à l'intendant de Bordeaux, M. de Bezons, du 16 décembre 1691 (A. H. G., vol. 1040).

(2) Barbezieux à M. de la Hoguette, 24 septembre 1691 (A. H. G., vol. 1036).

(3) M. de Larray à Barbezieux, Suze, ce 15 août 1691 (A. H. G., vol. 1100).

(4) Barbezieux à M. de Larray, le 28 août 1691 (A. H. G., vol. 1035).

mer « l'accablement des peuples et des communautés (1) ». L'ordonnance du 23 décembre 1691, qui établissait le tirage au sort, reconnaissait d'ailleurs que Sa Majesté avait été « informée qu'il est arrivé, dans plusieurs paroisses qui devaient fournir des soldats pour les régiments de milice, que les habitants, ayant la liberté de les choisir à la pluralité des voix, ont fait des cabales pour en exempter leurs parents et amis, qui en ont retardé la nomination ou ont fait qu'elle est tombée sur ceux qui étaient le moins en état de servir (2) ».

Le tirage au sort devait avoir lieu en présence de l'intendant ou du commissaire des guerres préposé à la police du régiment de milice, ou enfin du capitaine de la compagnie, si le commissaire ne pouvait y assister. Les parents des absents étaient tenus de tirer au sort pour eux et de représenter, dans les huit jours, les nouveaux miliciens sous peine de les voir déclarés déserteurs.

Par une circulaire du 23 janvier 1692, le Ministre porta à la connaissance des colonels des régiments de milice le nouveau mode de désignation des miliciens, « afin que vous ne fassiez point de difficulté de recevoir, dans les régiments que vous commandez, les soldats qui seront ainsi nommés, qui se trouveront en état de porter les armes (3) ».

Le sort aveugle, plus juste que les humains, devait, jusqu'à la Révolution, présider à la désignation des miliciens. Loyalement appliqué, le tirage au sort aurait coupé court à toute réclamation et à toute intrigue des intéressés. Dès le début, il donna de si bons résultats

---

(1) M. de la Fond à Barbezieux, 18 novembre 1691 (A. H. G., vol. 1164).

(2) Collection des ordonnances (Bibliothèque du Ministère de la guerre).

(3) A. H. G., vol. 1118.

qu'un observateur éclairé, l'intendant de la Fond, crut devoir proposer au Ministre d'étendre ce mode de recrutement à toute l'infanterie. « Je ne puis assez vous exprimer quel bon effet a fait le nouveau règlement de Sa Majesté pour faire tirer au sort les jeunes gens des communautés qui sont obligées de fournir des hommes. Ceux sur qui le sort est tombé pour servir sont venus de bonne foi, au lieu qu'auparavant chacun trouvait mauvais d'y aller plutôt qu'un autre, et il fallut, l'année dernière, se servir de violence pour faire marcher la plus grande partie.

« Je ne sais si j'ose avancer une chose qui est, que si Sa Majesté, au commencement de l'hiver, ordonnait les recrues de son infanterie sur toutes les paroisses de son royaume et faire tirer au sort par-devant des personnes de confiance, que MM. les intendants commettraient, Sa Majesté éviterait de grands maux à tous ses peuples, car on ne peut assez vous dépeindre la cruauté et l'avarice des officiers, qui ne donnent pas un sol pour aucun engagement mais enlèvent par force tout ce qui peut tomber à leurs yeux. Il y a nombre d'officiers qui ont leurs recrues complètes et beaucoup d'argent parce qu'ils prennent des gens de famille dont les pères, mères ou parents, donnent de l'argent pour avoir leurs enfants et pour éviter les exactions. D'ailleurs il est sûr que les enrôlements forcés font la quantité de malades que l'on voit dans les armées et garnisons parce que la maladie du pays prend à tous ces malheureux qui ne servent point de bonne volonté (1). »

Cette belle idée de M. de la Fond méritait d'être prise en sérieuse considération, mais il ne semble pas qu'elle ait été l'objet d'un examen approfondi, à en juger par

---

(1) M. de la Fond à Barbezieux, Besançon, 6 avril 1692 (A. H. G., vol. 1161).

la réponse de Barbezieux qui la déclare impraticable pour ces deux motifs : 1° l'impossibilité de « savoir précisément le nombre d'hommes qu'il faudrait à chaque compagnie » ; 2° les conséquences fâcheuses de ce nouveau recrutement, car on pouvait prévoir que, n'étant plus chargés des recrues, « les officiers négligeraient leurs compagnies et donneraient, pour de l'argent, des congés à leurs soldats tant que l'on en voudrait (1) ».

Malgré la vigilance des intendants, il se trouva néanmoins que le tirage au sort ne fit point complètement disparaître les injustices sans nombre et les manœuvres déloyales contre lesquelles il avait été institué. La faute en incomba surtout aux syndics, consuls, chefs des paroisses qui, d'accord avec leurs subordonnés, surent inventer plus d'une ruse pour perpétuer les anciens abus. Le subterfuge le plus fréquemment usité fut le suivant. Les jeunes gens ne se présentaient point le jour du tirage au sort après entente avec les autorités de la paroisse qui remettaient au représentant de l'intendant, au commissaire des guerres ou au capitaine, une liste des jeunes gens aptes au service, sur laquelle devait se faire le choix du nouveau milicien. Or cette liste ne comprenait jamais « que des gueux sans parents, sans biens et sans aucune ressource ». « Ainsi, disait le gouverneur de la Guyenne, M. de Sourdis, dans un Mémoire du 30 avril 1692, les cabales qu'on voulait éviter subsistent toujours (2) ». Faisant allusion aux fraudes qui se glissaient dans le tirage au sort des miliciens, le premier président du Parlement de Bretagne, M. de la Faluère, écrivait au contrôleur général, le 25 août 1694 :

---

(1) Barbezieux à M. de la Fond, 12 avril 1692 (A. H. G., vol. 1122).

(2) Ce mémoire, inspiré par le commissaire des guerres de Wincierl et apostillé par M. de Sourdis, porte le titre suivant : « Instruction pour remédier aux abus dans les régiments de vieille milice, avec les raisons qui causent ces abus » (A. H. G., vol. 1173).

« Dieu sait s'il est malaisé de faire tomber le billet noir
sur qui on veut, et si, dans ce négoce, la charité est
le prix des grâces que l'on fait (1) ! »

Ainsi, malgré l'établissement du tirage au sort, la
levée des miliciens se poursuivit, entourée d'injustices
comme à l'origine (2). Achat de soldats mercenaires par
les paroisses à des prix onéreux ; recours des miliciables
aux enrôlements simulés dans les régiments des troupes
réglées, leur départ feint avec les recrues de ces régiments, et leur rentrée dans les paroisses avec un congé
renouvelable, à prix d'argent, pendant un, deux ou trois
ans ; cotisations élevées des jeunes gens en faveur du
nouveau milicien : tel est le cortège d'abus qui, sans
compter ceux que MM. de Sourdis et de la Faluère ont
déjà signalés, ne cessèrent de se mêler aux opérations
du tirage au sort. Ils continuèrent à jeter le discrédit
sur une institution dont les miliciens ne retiraient d'ailleurs que des avantages illusoires. Suivant M. de Sourdis, leurs pères et mères n'étaient point « du tout
soulagés dans les logements ». Les miliciens eux-mêmes,
« si gueux qu'ils soient, non seulement ne sont pas
exempts de taille, mais même on les exécute, pour le
payement, avec une dureté qui va jusqu'à l'oppression.
Un soldat du régiment de Boissière, depuis la création,
sans père, mère, ni parents, qui puissent prendre soin
de son bien, a trouvé sa maison, qui en fait partie,

---

(1) *Correspondance des contrôleurs généraux avec les intendants*,
publiée par M. de Boislisle, t. I, p. 375.

(2) Il semble même que certains miliciens, dont la situation se trouvait digne de pitié, aient été traités avec quelque dureté. L'intendant
de la généralité de Paris, Phélippeaux, ayant cru devoir exempter du
service deux jeunes gens « pour être fils d'une pauvre femme veuve
et avoir d'autres raisons particulières », Barbezieux lui écrivit, le
21 février 1692, qu'il n'approuvait pas « ce mauvais prétexte » (A. H. G.,
vol. 1120).

abattue et les matériaux vendus, pour payer sa taille d'environ un écu, dans une communauté où il est presque seul ancien catholique (1) ».

Dans un grand nombre de régiments, il ne fut délivré aucun congé aux miliciens à leur retour dans les provinces à la fin de l'année 1691 ou au commencement de 1692, malgré l'ordonnance royale du 29 octobre 1691 qui promettait leur congé au tiers des miliciens de chaque compagnie. Ce nouveau manquement de parole redoubla les murmures et les désertions. Quand le commissaire des guerres de Wincierl apprit aux soldats du régiment de Poudens qu'ils n'avaient aucun congé à espérer, « il les vit tous murmurer ». Il fit part au gouverneur de Guyenne, M. de Sourdis, de ses craintes « qu'il ne s'en débauchât beaucoup, soit (comme cela est déjà arrivé) qu'ils se cachent dans les forêts ou du moins qu'ils s'engagent dans d'autres troupes plutôt que de continuer à servir dans les milices contre les premières ordonnances du Roi qui leur permettent de se retirer après deux ans de service, cela uniquement parce qu'ayant pris un air de libertinage ils ne veulent plus travailler et, demeurant oisifs, ne peuvent vivre de 2 sols par jour, la plupart n'ayant point de parents ou si pauvres qu'ils n'en tirent aucun secours, et ces mêmes parents, effrayés d'en avoir vu mourir l'année dernière, employant toutes choses pour les retirer et les éloigner du service, outre qu'un bon nombre des mieux faits étant étrangers et de la paroisse et de la province par la facilité des colonels et capitaines qui d'abord préférèrent des grands hommes, payés par les paroisses, aux habitants qui naturellement auraient dû marcher, ne veulent plus servir parce qu'on ne leur a pas payé ce qu'on leur avait promis et que, de

----

(1) Mémoire de M. de Sourdis, du 30 avril 1692 (A. H G., vol. 1175).

2 sols, ils ne peuvent pas vivre dans des lieux où le simple couvert leur coûte autant (1) ».

Las de se voir le jouet de promesses menteuses, las aussi du peu d'attachement que leur témoignaient leurs officiers, les miliciens désertèrent en grand nombre, préférant s'engager dans les troupes réglées. La désertion prit des proportions si considérables dans la généralité de Montauban que les régiments de Bournazel et de La Garde perdirent plus des deux tiers de leur effectif (2). Sur les plaintes réitérées des gouverneurs et des intendants, le Ministre prit des mesures sévères contre les officiers des troupes réglées qui acceptaient des miliciens dans leurs compagnies, les contraignant en outre à rembourser aux paroisses 20 écus, par homme qu'ils avaient ainsi tenté d'enrôler (3). Mais ces palliatifs n'apportèrent qu'un remède insuffisant à la désertion. Mieux eût valu tenir les engagements des ordonnances à peine écrits et aussitôt déchirés, mieux eût valu aussi trouver un expédient pour intéresser l'officier de milice à la conservation de ses hommes. On eût ainsi évité cette « réparation éternelle (4) » des régiments, que les gouverneurs et intendants voyaient renaître chaque année, pleins d'appréhensions ; on eût ainsi évité ces consommations d'hommes qui ne laissaient pas d'effrayer les gouverneurs des provinces. « Il a fallu plus de 500 hommes nouveaux dans le régiment de Poudens, 400 dans celui de Boissière, et 300 dans celui de La Rochecourbon, quoique ce dernier n'eût pas servi », man-

---

(1) M. de Sourdis à Barbezieux, 23 février 1692 (A. H. G., vol. 1175).

(2) M. de Crillon à Barbezieux, 5 mars 1692 (A. H. G., vol. 1175).

(3) Lettres de Barbezieux à M. de Crillon, du 17 mars 1692 ; à l'intendant du Creil, du 19 mars 1692 ; à l'intendant de Bezons, du 31 mars 1692, etc. (A. H. G., vol. 1121).

(4) M. de Sourdis à Barbezieux, 19 avril 1692 (A. H. G. vol., 1175).

dait M. de Sourdis à Barbezieux, le 22 août 1691.....
Cela coûte aux provinces tant d'hommes que, quoique
celle-ci soit fort peuplée et paraisse inépuisable, il est
pourtant certain que la quantité que l'on en a tirée et la
peur qui s'y est répandue par le nombre de ceux qui sont
morts, abandonnés par leurs officiers dans les routes et
les hôpitaux plus que dans les occasions, y a fait un si
grand désordre que, si la chose continue, on en manquerait (1)... ».

Ces plaintes, et d'autres du même genre émises par
les intendants (2), engagèrent le Ministre à demander à
M. de Sourdis, le 2 avril 1692, « de lui proposer quelque expédient pour obliger les officiers de ces régiments
(de milice) à prendre plus de soin de leurs soldats (3) », et
le gouverneur de Guyenne lui répondit, le 19 avril, qu'il
ne voyait d'autre remède que la création de commissaires,
attachés à chaque régiment de milice, « pour avoir un
soin particulier de faire conduire les soldats malades aux
hôpitaux ; de faire mettre les armes en lieu où l'on les
peut retrouver et d'empêcher le trafic que l'on m'a dit
que les officiers faisaient desdits soldats à la fin de la
campagne en les donnant ou en les vendant à d'autres
régiments.... (4) ». Cette proposition utile, que nous
avons déjà vue mise en avant par M. de La Fond, pour le
régiment de Vaulgrenant, n'eut pas le don de plaire au
Ministre qui motiva son refus sur la certitude où il était
que ces commissaires « deviendraient aussi négligents

---

(1) A. H. G., vol. 1109.
(2) Le 16 décembre 1691, M. de la Berchère écrivait, de Montauban :
« Le régiment de milice de La Garde, de cette généralité, arriva avant-
hier en cette ville en assez mauvais état par le peu de soin que les capitaines ont pris de leurs compagnies, dont plusieurs soldats n'étaient
pas chaussés » (A. H. G., vol. 1109).
(3) A. H. G., vol. 1122.
(4) A. H. G., vol. 1175.

que ceux qui sont ordonnés à la police des troupes
réglées (1) ».

Avant d'étudier la part prise par les régiments de
milice à la campagne de 1692, il nous faut encore mentionner quelques traits relevés dans la correspondance
du Ministre, qui témoignent de la surveillance dont
la conduite de leurs officiers devait être sans cesse
l'objet. C'est un blâme à l'adresse de M. de La Rochecourbon qui a eu « un très mauvais procédé » envers
l'intendant de Bordeaux, M. de Bezons, et que le Roi
menace de priver de son commandement (2). C'est
l'injonction à M. d'Illiers de veiller à ce que ses capitaines ne refusent point des culottes neuves à leurs soldats, attendu qu'il existe, à la masse du régiment, plus
d'argent qu'il n'en faut pour cette dépense (3). C'est
l'approbation de l'attitude du maréchal d'Estrées qui a
menacé de faire arrêter ceux des officiers du régiment
de Guébriant qui ont demandé la permission de ne le
joindre que cinq ou six semaines après son départ de la
province (4). C'est l'invitation à l'intendant Le Bret, qui
s'est plaint de la mauvaise conduite des officiers du régiment de milice de Janet (5), de lui adresser les noms des
plus coupables « pour les faire punir de manière que
l'exemple apprendra aux autres à se corriger (6) ». C'est
enfin la répression sévère et justifiée d'une malversation

---

(1) Barbezieux à M. de Sourdis, 25 avril 1692 (A. H. G., vol. 1122).
(2) Barbezieux à M. de La Rochecourbon, 26 avril 1692 (A. H. G.,
vol. 1122).
(3) Barbezieux au marquis d'Illiers, 25 avril 1692 (A. H. G., vol.
1122).
(4) Barbezieux au maréchal d'Estrées, 26 avril 1692 (A. H. G., vol.
1122).
(5) Ancien régiment de Buous.
(6) Barbezieux à M. Le Bret, 2 avril 1692 (A. H. G., vol. 1122).

dans laquelle sont impliqués le colonel, le major et les
capitaines du régiment de Launay. Ils sont accusés de
s'être partagé 2,800 livres, « dont l'on a enflé le prix du
marché fait avec Paul Foucher, marchand à Tours, le
30 janvier 1692, pour l'habillement des soldats de ce
corps (1) », et, après une enquête approfondie, le Roi
envoie à M. Bouchu (le régiment de Launay étant alors
sur la frontière du Piémont) l'ordre de casser les deux
principaux coupables, le major et un capitaine, et de les
retenir en prison jusqu'à restitution des 2,800 livres, en
dépit d'un certificat du colonel alléguant que cet argent
avait été employé à raccommoder les armes du régiment (2).

---

(1) Barbezieux à M. de Launay, 4 mai 1692 (A. H. G , vol. 1123).
(2) Barbezieux à M. Bouchu, 18 juillet 1692 (A. H. G., vol. 1125).

CHAPITRE V

Les régiments de milice pendant la campagne de 1692. — Leur emploi sur
la frontière d'Italie. — Affaire honteuse de Sauze de Césanne, le 28 juin
1692. — Victor-Amédée en Dauphiné. — Belle conduite des nouveaux
convertis de cette province, en faveur desquels Catinat demande et obtient
la décharge de l'entretien des régiments de seconde milice.

Les régiments de milice à la frontière de Catalogne. — Eloges décernés
par le duc de Noailles aux régiments d'Aligny (Dijon) et de Poudens (Bordeaux).

Le Ministre consulte les intendants sur les avantages de maintenir les
miliciens pendant l'hiver près des frontières. — Raisons qui lui font
ensuite abandonner ce projet et chercher une solution intermédiaire, qui
consiste à laisser les régiments de milice assemblés, en tout ou par fractions, dans les villes de leurs provinces d'origine, à la charge de ces
provinces. — Pourquoi cette dernière solution n'est essayée que partiellement. — Modifications apportées à l'armement des miliciens à la fin
de 1692.

Accroissement de l'effectif des régiments de milice, à la même époque,
par l'augmentation des compagnies, portées de 50 à 60 hommes. — De
septembre à décembre 1692, levée de neuf régiments de milice dans les
provinces frontières, Franche-Comté, Luxembourg, Trois-Evêchés et Lorraine, Flandre wallonne, Flandre maritime, Hainaut, Alsace et Artois.
— Détails sur l'organisation de ces nouveaux régiments. — Ces créations
portent le nombre des miliciens à près de 40,000 hommes, répartis en
quarante et un régiments (sans compter les régiments de milice du Languedoc, les milices boulonnaises, les régiments de seconde milice de
Guyenne et de Dauphiné, les milices spéciales à certaines provinces).

C'est encore sur la frontière d'Italie que furent dirigés
la plupart des régiments de milice pendant la campagne
de 1692. Primitivement vingt et un de ces régiments
devaient être mis à la disposition de Catinat (1), mais ce
nombre ne semble pas avoir été atteint. Par suite
d'ordres ultérieurs, les régiments de Dupas et de

---

(1) Le 23 avril 1692, Catinat envoyait à Barbezieux un état (qui
n'existe plus) de la destination des vingt-un bataillons de milice qui
devaient servir en Dauphiné (A. H. G., vol. 1169).

Lignières, d'abord destinés à se rendre en Piémont, furent dirigés sur un autre théâtre d'opérations (1).

En réunissant les renseignements épars dans les volumes de la correspondance de la campagne de 1692, on peut, croyons-nous, établir ainsi la liste des régiments de milice (auxquels il faut joindre la compagnie des grenadiers de Bordeaux) et leur destination sur la frontière d'Italie :

Noms des régiments.	Destinations.
Moulins (Champagne)	Garnisons de Savoie, Montmélian.
Janet (Provence)	Garnisons de Savoie, Annecy et environs.
Boissière (Bordeaux)	Dauphiné.
Fontanès (Lyonnais)	Briançon.
Illiers (Alençon)	Sisteron.
Saint-Jal (Limousin)	Seyne.
Bournazel (Montauban)	Colmars, Nice, Antibes.
La Garde (Montauban)	Villefranche, Montalban, Sospel.
Du Gua (Dauphiné)	Nice.
Coutenges (Auvergne)	Césanne.
Grandpré (Champagne)	Garnison de Suze.
Guébriant (Bretagne)	Tête des vallées de la Doire et du Chisone ou Pragelas.
Caixon (Montauban)	Pragelas.
La Rochecourbon (Bordeaux)	*Idem.*
Vaulgrenant (Franche-Comté)	*Idem.*
Dubois de la Roche (Bretagne)	*Idem.*
La Carte (Poitou)	*Idem.*
Vilars (Bourbonnais)	*Idem.*
Menou (Orléanais)	*Idem.*
Launay (Touraine)	*Idem.*
Compagnie des grenadiers de Bordeaux.	*Idem.*

(1) Lettre de Catinat à Barbezieux, du 8 avril 1692, par laquelle ce général accuse réception du changement de destination des régiments de Dupas et de Lignières (A. H. G., vol. 1169).

Les événements de la campagne devaient aussi permettre aux quatre régiments de Chalandières, d'Argenson, de Ville et de Monferrat, des petites milices du Dauphiné, de prendre une part active aux opérations.

Comme on le voit par la nomenclature précédente, les régiments de milice servirent surtout à garder les places et à assurer nos communications de Briançon à Pignerol contre les Barbets, chaque jour plus audacieux.

Les régiments échelonnés dans la vallée du Pragelas furent appelés à camper. Grâce aux démarches des intendants et à la sollicitude de Catinat, la fourniture des tentes aux régiments de milice paraît avoir été faite avec plus de soin que les années précédentes. Le 1er mars 1692, M. de Bezons avait fait part à Barbezieux de la demande des officiers de milice « que l'on donnât des tentes à leurs soldats parce qu'ils prétendent, faute d'en avoir quand ils sont obligés de camper, que l'on en perd beaucoup (1) », et le Ministre lui avait fait répondre que cette demande serait prise en considération. De son côté, Catinat, d'accord avec M. Bouchu, avait donné l'ordre au commissaire Dubois de faire travailler, à Lyon, à la confection des tentes nécessaires aux régiments de milice, sans attendre que les colonels de ces régiments fussent en mesure de lui délivrer l'argent que le Ministre leur avait remis à cette intention (2). Les tentes purent ainsi parvenir, au début de juin 1692, aux régiments destinés à occuper le Pragelas.

En général, ces régiments étaient répartis dans les redoutes et les villages fortifiés qui jalonnaient la route de Césanne à Pignerol. Un détachement mobile, destiné à « faire la navette », comprenait, à la fin de mai 1692,

____

(1) A. H. G., vol. 1175.
(2) Catinat à Barbezieux, 18 mai 1692 (A. H. G., vol. 1169).

le 2e bataillon du régiment de La Marine, les régiments de Caixon et de Vaulgrenant (1). Dans les postes les plus importants, Catinat avait pris soin d'appuyer les miliciens par des détachements de troupes réglées, précaution d'autant plus nécessaire à ses yeux qu'un incident, survenu à la fin de juin 1692, inspirait au général de l'armée d'Italie quelque défiance envers les régiments de milice.

A cette époque, le régiment de Guébriant occupait, avec deux compagnies, le village de Thures à 5 kilomètres au Sud de Césanne, et, avec quatre compagnies sous les ordres du lieutenant-colonel, M. de la Salmondières, le bourg de Sauze de Césanne, commandant en son milieu la route de Césanne à Sestrières. Le reste du régiment campait à une lieue de Sestrières, dans la vallée du Chisone, au village des Traverses, où se trouvaient encore le 2e bataillon de La Marine et le régiment de Caixon (2).

Dans la nuit du 27 au 28 juin 1692, les Barbets, descendant des montagnes qui dominent au Sud Thures et le Sauze de Césanne, s'approchèrent du premier de ces villages. A leur approche, les deux compagnies qui l'occupaient furent prises de panique et se sauvèrent en désordre, abandonnant leurs officiers. Deux de ces derniers tombèrent au pouvoir de l'ennemi.

Après avoir brûlé et pillé le village de Thures, les Barbets firent subir le même sort au petit village de Rollières, à trois quarts de lieue au Sud de Césanne, puis, chargés du butin et des bestiaux qu'ils avaient capturés, ils rebroussèrent chemin par la vallée de la Ripa, c'est-à-dire par le Sauze de Césanne.

---

(1) Mémoire de Catinat sur la situation des troupes du Roi en deçà du mont Genèvre et du mont Cenis, du 28 mai 1692 (A. H. G., vol. 1169).

(2) Voir le croquis n° 3.

Alors se passa un fait étrange, dont Catinat disait
n'avoir « jamais ouï parler ». Arrivés à portée du poste
de M. de la Salmondières, les Barbets « lui ont envoyé
un tambour pour lui dire qu'ils n'en voulaient point à
son poste et qu'ils ne mettraient point le feu au village
de Sauze de Césanne s'il les laissait passer sans tirer et
les attaquer. Ledit sieur de la Salmondières a consenti à
cette proposition et, pour sûreté de son observation, ils
se sont donné réciproquement des otages. Le sieur de
la Salmondières a remis aux Barbets son beau-frère, et
les Barbets lui ont remis un officier qu'ils ont dit être
capitaine (1) ».

A la lueur des incendies allumés à Thures et à Rollières, M. de Guébriant avait fait prendre les armes à la
compagnie de grenadiers et à 70 fusiliers du bataillon
de La Marine, à 70 hommes de son régiment et à 100
hommes de celui de Caixon. Il s'était ensuite dirigé en
toute hâte sur Sauze de Césanne où il aurait pris les
Barbets entre deux feux si M. de la Salmondières avait
fait son devoir, mais il put seulement atteindre leur
arrière-garde, dont il y eut « 3 Barbets tués, et 1 lieutenant et 3 Barbets pris prisonniers ».

Outré de la « bassesse » de son lieutenant-colonel,
M. de Guébriant le fit arrêter et en donna avis à Catinat,
alors campé près de Pignerol. Le général loua « beaucoup » M. de Guébriant de cette initiative et fit conduire
M. de la Salmondières dans le château de Briançon, en
ordonnant à un commissaire des guerres de commencer
l'instruction de son procès.

Tout ému encore au récit de cet acte indigne, Catinat
écrivait à Barbezieux : « En vérité, Monseigneur, il n'y
a pas grande confiance à prendre dans ces milices, mais

---

(1) Catinat à Barbezieux, au camp de Vilars, 28 juin 1692 (A. H. G.,
vol. 1169).

je m'abstiens de dire tout le mal que j'en pense parce que c'est une faiblesse que l'on se donne et qu'il n'est pas bon de divulguer (1) ».

Il est juste toutefois de faire observer que la lâcheté de M. de la Salmondières fut hautement réprouvée par les officiers des autres régiments de milice, ce que reconnaît Catinat dans sa lettre au Roi du 20 juillet 1692 : « Le second bataillon de La Marine est présentement à la Pérouse où je le laisse, pour assurer le poste et une partie des environs, pour faire corps avec le régiment de milice qui y est, n'osant prendre de confiance aux postes qui ne seraient gardés que par ces seules troupes. Ce n'est pas certainement qu'il ne paraisse beaucoup de volonté parmi plusieurs de ces messieurs et qui m'ont témoigné de grands chagrins de la bassesse et de l'infamie arrivée au lieutenant-colonel du régiment de Guébriant (2)..... »

Il est probable que le conseil de guerre, devant lequel comparut M. de la Salmondières à la fin de la campagne, se montra plus indulgent que le Ministre et Catinat ne l'auraient désiré, car Barbezieux écrivait au général de notre armée d'Italie, le 19 novembre 1692, que le Roi avait « fort désapprouvé » le jugement rendu contre cet officier et lui avait ordonné de le casser (3).

En vain M. de la Salmondières implora, auprès du Ministre, sa rentrée en grâces. Il reçut de Barbezieux ces lignes qui lui ôtaient toute espérance et qui, pour un homme de cœur, équivalaient à un arrêt de mort : « L'intention du Roi n'est pas d'abréger le temps de votre prison, ni que vous retourniez au régiment de

---

(1) Catinat à Barbezieux, au camp de Vilars, le 28 juin 1692 (A. H. G., vol. 1169).

(2) A. H. G., vol. 1170.

(3) A. H. G., vol. 1131.

milice de Guébriant, parce que Sa Majesté ne veut plus se servir de vous (1) ».

Obligé de se tenir sur la défensive pendant toute la campagne, manœuvrant habilement pour sauver Suze et Pignerol, ces deux clefs du Piémont, Catinat parvint à empêcher le siège de ces places, mais il ne put s'opposer à une incursion du duc de Savoie dans la haute vallée de la Durance, à la fin de juillet 1692.

L'avant-garde des envahisseurs fut retardée quatre jours, du 27 au 30 juillet, devant Guillestre. La place fut défendue par M. de Chalandières qui s'y était jeté avec 600 hommes de son régiment de petite milice, deux compagnies d'Irlandais et la milice locale de Guillestre, et qui n'ouvrit les portes à l'ennemi qu'après avoir épuisé toutes ses munitions. La garnison, faite prisonnière, fut internée en Piémont. Maîtres de Guillestre, les ennemis se portèrent sur Embrun.

Le marquis de Larray, qui s'était jeté dans Embrun, opposa aux assiégeants une résistance vigoureuse et soutint dix jours de tranchée, du 6 au 15 août, dans cette place défectueuse. Sa belle conduite lui mérita l'estime des ennemis, l'approbation de Catinat et celle de Louis XIV. S'il disposait de troupes en nombre suffisant (environ 3,000 hommes, dont le régiment d'Argenson, des petites milices du Dauphiné, de douze compagnies), M. de Larray manquait des munitions nécessaires pour une défense de quelque durée. Après avoir épuisé tout le plomb que la ville avait pu lui fournir, il battit la chamade. La garnison obtint de se retirer à Grenoble sous la seule condition de ne plus servir (exception faite pour M. de Larray) de toute la campagne.

---

(1) Barbezieux à M. de la Salmondières de Chevigné, lieutenant-colonel prisonnier dans la citadelle de Pignerol, 13 décembre 1692 (A. H. G., vol. 1132).

Poursuivant ses succès, le duc de Savoie occupa et brûla Gap qu'avait évacué, à son approche et sur l'ordre de Catinat, le régiment de Ville, des petites milices du Dauphiné.

Les milices de Provence, mises sur pied par le lieutenant général de la province, M. de Grignan, étaient accourues pour s'opposer à l'envahisseur. Suivant une lettre de M. de Grignan, du 20 août 1692, elles étaient, à cette date, ainsi réparties :

« Les milices qui sont présentement à Seyne et qui y arrivent journellement sont de 1,500 hommes, tant pour la place que pour les postes qui en sont à portée.

« A Digne, tant pour la ville que pour cinq ou six passages qui y aboutissent, 1,100 hommes ; à Sisteron, outre celles de la Viguerie, 350 ; à Guillaumes, 100 ; à Colmars, 150 ; à Entrevaux, 100 ; au fort de Buous, 15 hommes.

« J'en ai encore de prêtes dans les vigueries qui, n'ayant encore fait aucun mouvement, ne sont point payées (1). »

Les envahisseurs avaient espéré que les nouveaux convertis du Dauphiné se soulèveraient à leur approche. Ce soulèvement ne s'étant point produit, ils battirent en retraite au milieu de septembre. Ni les avances des coalisés, ni la présence dans leurs rangs d'un corps nombreux de religionnaires français, n'avaient provoqué les défections que les généraux alliés avaient espérées. Les nouveaux convertis s'étaient solidarisés avec les meilleurs serviteurs du roi de France pour repousser l'envahisseur. Catinat fut l'un des premiers à rendre hommage à leur conduite inspirée par un patriotisme au-dessus de tout éloge, et, très courageusement, il écrivit au Roi le 27 septembre 1692 : « Je supplie Votre

____

(1) A. H. G., vol. 1170.

Majesté de me permettre la liberté de Lui représenter
que je crois essentiel à son service qu'Elle donne à ce
peuple un témoignage de la satisfaction qu'Elle a de la
bonne conduite qu'ils ont tenue et qu'Elle ordonne
que les fonds, qui sont encore à lever sur eux pour le
payement desdites milices, soient répartis par égale por-
tion sur toute la province, tant sur eux que sur les
anciens catholiques, afin qu'ils connaissent le fruit de
leur bonne conduite et ce qu'ils peuvent espérer de Votre
Majesté quand ils seront dans les sentiments qu'ils doivent avoir comme ses bons sujets (1) ».

Ce beau et noble langage, appuyé sans doute par une
proposition analogue de M. Bouchu, fut entendu à Versailles, et Barbezieux faisait savoir à l'intendant du
Dauphiné, le 19 octobre 1692, que, pour cette année 1692
et pour les années suivantes, le Roi prenait entièrement
à sa charge, sur l'extraordinaire des guerres, les frais
d'entretien des quatre régiments de petite milice, lesquels
s'élevaient annuellement à 164,302 livres 4 sols 4 deniers.
« Le Roi a été si content de la conduite que les nouveaux
convertis du Dauphiné ont eue et de leur fidélité pendant le séjour que l'armée de M. de Savoie a fait dans
son pays que Sa Majesté, voulant leur donner des marques de sa satisfaction, a bien voulu porter seule cette
dépense, quoique considérable (2)..... »

Les quatre régiments de milice d'Aligny (Bourgogne),
Poudens (Bordeaux), Carman (Bretagne) et Noailles-
Roussillon, furent employés pendant la campagne de
1692 sur la frontière de la Catalogne. Pour remettre
sur pied le régiment de Noailles-Roussillon, l'intendant
Trobat fit donner 2 écus à chacun des miliciens mariés

----

(1) A. H. G., vol. 1170.
(2) A. H. G., vol. 1130.

qui avaient servi durant la campagne précédente (1).
Par ce moyen, il évita des défections nombreuses et
put reconstituer un bon régiment.

M. de Noailles employa le régiment de Carman à
tenir garnison dans les places frontières. Il n'eut qu'à
se louer des régiments d'Aligny et de Poudens qui servirent, en majeure partie, à son armée. « Il y a un des
régiments de milice, qui est celui de Poudens, qui n'est
pas connaissable depuis qu'il est en campagne, écrivait-il au Roi, le 13 août 1692. Les soldats de recrue,
qui étaient en assez grand nombre, se sont refaits par la
bonne nourriture des troupes de Votre Majesté, meilleure que celle des paysans de Guyenne, et se sont
formés comme les vieux soldats. Le colonel y est fort
appliqué et en prend beaucoup de soin (2) ». Deux jours
plus tard, M. de Noailles sollicitait, en faveur de M. de
Poudens, le régiment de Royal-Comtois alors vacant (3),
et Louis XIV, prenant en considération cette demande
ainsi que les services antérieurs de M. de Poudens,
lui accordait le régiment de Gâtinais, à sa création, le
4 octobre 1692 (4). Sur la proposition de M. de Sourdis,
le Roi agréa, pour colonel du régiment de milice de
Guyenne, M. de la Bastide, le lieutenant-colonel, vieil
officier qui jouissait de l'estime générale (5).

On retrouve encore, en 1692, les régiments d'Herbouville (Rouen) et de Fontenay (Caen) en Guyenne. Les
régiments de Cavoye (Amiens) et de la Ilhière-Lesdin

---

(1) L'intendant Trobat à Barbezieux, 9 avril 1692 (A. H. G.,
vol. 1174).
(2) A. H. G., vol. 1176.
(3) *Ibid.*
(4) Chronologie historique militaire de Pinard.
(5) Barbezieux à M. de Sourdis, 18 novembre 1692 (A. H. G.,
vol. 1131).

(Soissons) sont sur la frontière du Nord où leurs colonels, pourvus du grade de brigadier, remplissent les fonctions d'inspecteurs des troupes de garnison. Le régiment de Lenoncourt (Lorraine et Trois-Évêchés) se trouve à Nantes au mois de septembre 1692 et est ainsi noté par le gouverneur de la Bretagne, le duc de Chaulnes : « C'est un parfaitement bon régiment, rempli d'officiers bien faits, et dont le colonel, qui est M. le marquis de Lenoncourt, prend beaucoup de soin (1) ».

Cette appréciation flatteuse était à peine émise qu'un incident venait quelque peu l'infirmer et montrer combien les officiers de milice se pliaient encore difficilement à la discipline militaire. Sur un ordre du Ministre d'envoyer le régiment à Brest, au début d'octobre 1692, cinq capitaines éclatèrent en murmures, refusèrent de se mettre en marche avec le régiment, et, d'eux-mêmes, reprirent le chemin de la Lorraine. Ils s'étaient persuadés, vu l'époque tardive de ce mouvement, que le Ministre les destinait à passer l'hiver à Brest. Le Roi, « ne voulant pas souffrir une conduite d'un si mauvais exemple », ordonna aussitôt au lieutenant général qui commandait en Lorraine, à M. de Bissy, de faire arrêter ces cinq officiers à leur retour, de les casser et de les garder en prison jusqu'à nouvel ordre (2).

En Guyenne, malgré les plaintes des intendants qui ne cessaient de lui représenter la misère de cette province (3), Barbezieux avait fait remettre sur pied, en 1692, les huit régiments de petite milice. Il s'était refusé

---

(1) Le duc de Chaulnes à Barbezieux, 23 septembre 1692 (A. H. G., vol. 1241).

(2) Barbezieux à M. de Bissy, 29 octobre 1692 (A. H. G., vol. 1130).

(3) Le 15 avril 1692, M. de Bezons écrivait à Barbezieux : « L'on ne peut exprimer le nombre de pauvres qu'il y a dans chaque paroisse » (A. H. G., vol. 1175).

également à les licencier plus tôt que de coutume (1),
et les nouveaux convertis avaient encore eu la douleur
de se voir pressurés pour payer ces 8,000 miliciens, nus,
misérables, à peine armés, car on n'y comptait pas, dans
chaque compagnie, 10 fusils, de différents calibres, en
état de servir (2).

Plusieurs intendants et gouverneurs (3) avaient insisté,
à diverses reprises, sur les avantages qui résulteraient du
maintien des régiments de milice près des frontières pendant l'hiver. Les effectifs de ces régiments fondaient, au
cours des longues marches qu'ils exécutaient pour se
rendre aux frontières et pour en revenir, par les
fatigues, la maladie, la désertion, le peu de soin des
officiers à l'égard de leurs soldats. La réputation des
officiers de milice était si tristement établie sur ce dernier point que M. de Bezons pouvait écrire à Barbezieux : « Il est de notoriété publique que la plupart des
capitaines des régiments de milice aiment mieux laisser
périr un soldat que de donner 30 sols pour les assister
lorsqu'ils sont malades, et cela est cause qu'il en meurt
un très grand nombre (4) ». Le Roi payait d'ailleurs fort
cher l'étape à ces régiments, presque aussi cher, disait-
on, que lui aurait coûté sa participation dans l'entretien
des miliciens pendant l'hiver. Une fois de retour dans

---

(1) Barbezieux à M. d'Herbigny, 28 août 1692 (A. H. G., vol.
1127).

(2) L'inspecteur, M. de Crillon, à Barbezieux, 1er juin 1692
(A. H. G., vol 1175).

(3) Entre autres le duc de Noailles, M. de Sourdis, les intendants
Trobat et de Bezons. Les arguments en faveur du maintien des régiments de milice sur les frontières pendant l'hiver sont surtout développés dans la lettre de M. de Sourdis à Barbezieux, du 22 août 1691
(A. H. G., vol. 1109), et dans la lettre et le mémoire de M. de Bezons
adressés au ministre, le 6 septembre 1692 (A. H. G., vol. 1175).

(4) M. de Bezons à Barbezieux, 6 septembre 1692 (A. H. G., vol. 1175).

leurs paroisses, ces derniers ne voulaient plus travailler, et, ne pouvant vivre avec les 2 sols que leur allouaient les communautés, ils allaient de porte en porte exiger, parfois avec violence, un supplément de couvert et d'entretien que l'on n'osait leur refuser. Ils perdaient en outre le peu de discipline et d'instruction qu'ils avaient acquis pendant la campagne, car les assemblées et les exercices auxquels ils étaient astreints les dimanches et fêtes n'avaient pour ainsi dire jamais lieu (1). Enfin ils subissaient l'influence déprimante de leurs amis et de leurs parents qui, alarmés des dangers auxquels ils les savaient exposés, leur donnaient souvent le pernicieux conseil de déserter (2). Ceux d'entre eux qui rejoignaient leur régiment au printemps ne le faisaient point sans avoir tiré de leur paroisse, en gratifications, bas, chemises, souliers, etc., des sommes considérables. Bref, le séjour des miliciens pendant l'hiver était tellement à charge aux communautés qu'elles eussent trouvé avantage à se charger de leur entretien sur les frontières en leur payant au besoin 5 sols au lieu de 2. Enfin, c'eût été un moyen de ranimer l'émulation des officiers que de les employer sans interruption, « y en ayant, tous les ans, plusieurs des meilleurs qui quittent parce que, leurs services n'étant pas continués, ils n'en attendent ni beaucoup d'honneur ni aucune récompense (3) ».

---

(1) L'intendant Chauvelin à Barbezieux, Amiens, le 4 novembre 1692 : « Comme on ne peut les (compagnies de milice) assembler commodément pendant l'hiver, elles ne font point l'exercice et perdent le peu de discipline qu'elles avaient acquise pendant l'été..... » (A. H. G., vol. 1151).

(2) « L'on perd un très grand nombre de soldats qui désertent lorsqu'ils sont dans les paroisses, et il n'y a point de régiment où il n'y ait eu plus de 80 anciens soldats qu'on n'a point pu retrouver ». Mémoire au sujet des anciens régiments de milice, joint à la lettre de M. de Bezons à Barbezieux, du 6 septembre 1692 (A. H. G., vol. 1175).

(3) M. de Sourdis à Barbezieux, à Bordeaux, 22 août 1691 (A. H. G., vol. 1109).

Quant aux recrues de complément des régiments pendant leur maintien sur les frontières, elles seraient faites par les intendants sur des états dûment certifiés, et remises à des officiers envoyés en congé de semestre, comme la chose se pratiquait dans les troupes réglées.

Les partisans du retour des miliciens dans leurs foyers se fondaient sur le chagrin que n'auraient point manqué de concevoir des soldats, déjà contraints de servir malgré eux, si on leur supprimait ces quelques mois de séjour au foyer natal, et sur la désertion énorme qui en serait la conséquence fatale. Suivant eux, les officiers trouvaient le moyen, durant ce séjour, de vaquer à leurs affaires particulières ; les recrues et la mise en état des régiments se faisaient sur place, plus facilement et à moindres frais, sous les yeux des intendants (1).

Entre ces deux solutions, le Ministre penchait visiblement vers la première, qui réunissait le plus grand nombre d'adhérents et qui ralliait les suffrages d'officiers d'expérience, tels que M. de Cavoye. Le 17 août 1692, il adressait aux intendants la circulaire suivante, où il ne dissimulait pas ses préférences :

« L'on a fait au Roi plusieurs propositions sur les régiments de milice qui sont à son service pour empêcher le désordre que les soldats répandus dans les paroisses y font pendant l'hiver pour leur retour, parce qu'ils ne peuvent pas subsister des 2 sols qu'on leur donne. Comme rien ne pourrait les rendre meilleurs que de rester sur les frontières où ils pourraient être nécessaires, Sa Majesté m'a commandé de vous écrire pour vous demander vos avis sur cette matière, c'est-à-dire

---

(1) Ces arguments sont développés dans la lettre de l'intendant Foucault (de Caen) à Barbezieux, du 9 août 1693 (A. H. G., vol. 1237).

si, au lieu de 2 sols que les paroisses donnent pour la subsistance de chaque soldat, il leur serait bien à charge d'en donner 5 sols pour être entièrement défaits de leur persécution. A l'égard des recrues dont ces régiments pourraient avoir besoin pour être complets, le Roi vous enverrait des routes pour les faire marcher, commandés par les officiers de ces corps-là auxquels l'on aurait accordé le semestre pour venir chez eux vaquer à leurs affaires (1) ».

Les adhésions parvinrent en grand nombre au Ministre de la Guerre qui, dans une lettre à M. de Cavoye, du 20 septembre 1692, lui marquait la résolution du Roi « de tenir, cet hiver, les régiments de milice sur la frontière et de faire tirer leur subsistance des paroisses qui ont accoutumé de la leur fournir (2) ».

En conformité de cette décision, des ordres furent expédiés à quelques régiments de milice dans le but de les maintenir pendant l'hiver hors de leurs provinces. Le régiment de Fontenay (Caen), alors en Guyenne, dut se rendre à Bayonne, pour y tenir garnison jusqu'au printemps de 1693 (3) ; le régiment de Lenoncourt (Lorraine et Trois-Évêchés), alors en Bretagne, fut destiné à demeurer à Brest (4).

Mais ces ordres, à peine envoyés, étaient révoqués, soit que le Ministre ait été arrêté par la considération des dépenses que l'entretien des régiments de milice sur les frontières devait entraîner pour le Roi et pour les provinces (5), soit qu'il n'ait pas cru devoir négliger les

---

(1) A. H. G., vol. 1126 et 1157.

(2) A. H. G., vol. 1129.

(3) Lettre du commissaire des guerres d'Esgrigny à Barbezieux, de Bayonne, le 24 septembre 1692 (A. H. G., vol. 1175).

(4) Apostille de Barbezieux sur la lettre du duc de Chaulnes, du 23 septembre 1692 (A. H. G., vol. 1241).

(5) Le 12 novembre 1692, Barbezieux écrivait à M. de Bissy : « Le

murmures et le mécontentement que cette mesure ne devait pas manquer de susciter parmi les officiers (1) et les soldats de ces régiments (2), soit enfin, comme nous le constaterons plus tard, qu'il se vît entravé déjà par la pénurie du trésor royal, incapable de faire la moindre avance aux régiments de milice pour leur subsistance.

Au mois d'octobre 1692, Barbezieux soumettait aux intendants une nouvelle proposition qui essayait de concilier les solutions extrêmes. Il s'agissait cette fois de tenir, pendant l'hiver, les régiments de milice assemblés, en tout ou par fractions, dans des petites villes ou lieux fermés de leurs provinces, où ils auraient subsisté aux frais de ces dernières.

Cette proposition semble avoir rallié un nombre de suffrages plus grand encore que celle du maintien des régiments de milice sur les frontières. Dans beaucoup de généralités, les intendants se mirent à l'œuvre, arrêtèrent l'imposition nécessaire au quartier d'hiver, et firent choix des villes de leur ressort où les compagnies de milice devaient être groupées (3). Mais, au moment d'exécuter cette mesure, le Ministre se prononçait en faveur du retour pur et simple des miliciens dans leurs

Roi a jugé à propos de renvoyer les officiers et soldats de milice de Lenoncourt dans leurs paroisses pour y passer l'hiver, parce qu'il en aurait coûté beaucoup à la paroisse pour leur donner un supplément de solde s'ils étaient restés sur la frontière » (A. H. G., vol. 1131).

(1) Nous avons vu plus haut le refus de cinq capitaines du régiment de Lenoncourt de suivre leur régiment à Brest.

(2) En rendant compte à Barbezieux, le 24 septembre 1692, qu'il s'apprêtait à loger le régiment de Fontenay dans les casernes de la citadelle et du château de Bayonne, le commissaire des guerres d'Esgrigny disait : « Comme ils comptaient tous de retourner l'hiver chez eux, ils paraissent chagrins d'être obligés de le passer ici » (A. H. G., vol. 1175).

(3) A. H. G., vol. 1133.

paroisses. « Je crois que c'est le meilleur parti qu'on puisse prendre, écrivail-il à M. Pomereu de la Bretèche, le 29 décembre 1692 (1) ». Le chagrin que les miliciens eussent conçu de cette contrainte nouvelle, les difficultés de leur logement et surtout la surcharge qu'il imposàit à certaines villes déjà soumises à l'ustensile, c'est-à-dire aux contributions prélevées pour l'entretien et le logement des troupes réglées pendant l'hiver, telles furent les objections qui paraissent avoir prévalu dans l'esprit de Barbezieux et que l'on retrouve dans sa lettre à l'intendant du Creil, du 4 décembre 1692 : « Comme il serait difficile de les (compagnies de milice) mettre dans des lieux qui fussent exempts de l'ustensile, le Roi a trouvé bon qu'on les sépare et que l'on renvoie les soldats dans leurs paroisses pour y subsister comme les années dernières, ce qui adoucira le chagrin qu'ils auront de ne point avoir de congés celle-ci (2) ».

Toutefois comme, dans plusieurs intendances, les dispositions de détail étaient déjà faites en vue de tenir les régiments assemblés, l'imposition répartie à cet effet sur

---

(1) A. H. G., vol. 1132.

(2) Nous signalerons notamment le « Projet du quartier d'hiver » adressé par l'intendant de Montauban, M. d'Herbigny, au Ministre de la guerre, le 12 novembre 1692. M. d'Herbigny y établit que la dépense de 40,000 francs, nécessaire à l'entretien des trois régiments de milice de sa généralité (qu'il propose de loger à Auch, Rodez et Montauban), pendant l'hiver, se réduirait dans la réalité à 3,000 ou 4,000 francs, au grand avantage de la province et de ces régiments.

« Moyennant cette dépense, les recrues ne coûteraient plus rien aux communautés, et on rendrait les régiments fort beaux parce que, sitôt qu'ils seraient rentrés dans les quartiers, on casserait tout ce qu'il y aurait de mauvais soldats. On ne les remplacerait que sur la fin de l'hiver, et comme, pendant ce temps, la paye reviendrait au moins à 3 pistoles, à ce prix-là, il serait aisé d'avoir de beaux hommes et qui marcheraient volontairement, et la plupart des capitaines se chargeraient volontiers de faire la recrue.

« On peut ajouter qu'il n'y a point d'année qui (sic) ne faille au

les paroisses, le Ministre laissa sagement, à ceux des intendants qui lui en avaient témoigné un vif désir, toute liberté de ne point licencier les régiments à leur retour. Tel fut le cas pour les régiments de Bretagne, logés à Vannes, Nantes et Rennes (1), pour le régiment de du Gua, employé pendant l'hiver aux fortifications de Grenoble (2), pour le régiment de Noailles-Roussillon mis en

---

moins 150 hommes de recrue par régiment et que, l'un portant l'autre, en argent ou en faux frais, ils coûtent 6 pistoles chacun, ce qui revient à........................ 27,000 livres.

« Il n'y a point d'ancien soldat qui, pour retourner en campagne, ne tire de sa communauté, outre les 2 sols par jour, des chemises, des bas, des souliers et autres menues nécessités, ou de l'argent au moins 6 livres, ce qui revient, pour 1,800 soldats, à........ 10,800 —

37,800 livres.

« En sorte que, pour une dépense de 3,000 ou 4,000 francs de plus, non seulement les régiments se trouveront biens meilleurs, mais on épargnera aux communautés un mouvement prodigieux et une perte inestimable, la désertion étant générale dans les villages et chacun quittant son travail lorsqu'il faut tirer au sort » (A. H. G., vol. 1175).

(1) Le 23 décembre 1692, Barbezieux mandait au gouverneur, le duc de Chaulnes, et à l'intendant, M. de Nointel, que, comme ils avaient arrêté « l'imposition nécessaire pour faire subsister ensemble dans des quartiers, pendant cet hiver, les trois régiments de milice de Bretagne », le Roi trouvait bon que ces régiments y fussent assemblés (A. H. G., vol. 1133).

(2) A la sollicitation de l'intendant Bouchu et de Catinat, Barbezieux écrivait au premier, le 29 novembre 1692 : « Puisque vous jugez à propos de tenir assemblées pendant cet hiver les compagnies de milice de votre département en faisant donner 4 sols par jour à chaque soldat, 8 à chacun des sergents, 40 sols aux capitaines et au major, et 18 à chaque lieutenant et aide-major, le Roi trouve bon que vous l'exécutiez..... » (A. H. G., vol. 1131).

Le 1er décembre 1692, le Ministre écrivait à Catinat : « Puisque vous jugez qu'il sera avantageux à la province, et utile aux fortifications de Grenoble, de laisser assemblé dans cette ville, pendant cet

quartiers à Ille (1), enfin pour le régiment d'Aligny réparti entre Autun, Mâcon et Chalon (2).

La question du retour des miliciens dans leurs paroisses ou de leur maintien sur les frontières était loin d'ailleurs d'être définitivement résolue, et Barbezieux devait la reprendre dès l'année suivante, comme nous le verrons bientôt.

A la fin de 1692, une modification importante était introduite dans l'armement des compagnies des bataillons de campagne. Par une ordonnance du 1er décembre 1692, le nombre des fusiliers devait désormais égaler celui des mousquetaires. Une compagnie d'infanterie de 55 hommes devait comprendre : 2 sergents, 1 tambour, 10 piquiers, 21 mousquetaires et 21 fusiliers.

Avant d'arrêter cette réforme, Barbezieux avait pris l'avis des officiers les plus expérimentés, de Luxembourg et de Catinat entre autres. Des raisons d'économie, la difficulté de se procurer « un assez grand nombre

---

hiver, le régiment de milice de du Gua, le Roi approuve qu'il y demeure » (A. H. G., vol. 1132).

(1) Le duc de Noailles et l'intendant Trobat avaient souvent demandé que le régiment de Noailles-Roussillon ne fût point licencié pendant l'hiver. Dans un mémoire adressé à Barbezieux le 24 août 1691, M. de Noailles déclarait que ce régiment ne vaudrait jamais rien si on ne l'entretenait pendant l'hiver, les soldats se désaccoutumant du service (A. H. G., vol. 1104).

En informant Barbezieux, le 28 octobre 1692, que le régiment de Noailles-Roussillon serait mis en quartier à Ille, l'intendant annonçait son intention de ne garder que 20 hommes par compagnie et d'envoyer les autres en congé, sous l'obligation de se présenter à certains jours d'assemblée pour prendre part aux exercices du régiment (A. H. G., vol. 1177).

(2) Par lettre du 22 décembre 1692, Barbezieux prévient l'intendant d'Argouges que le régiment d'Aligny sera entretenu, aux dépens de la Bourgogne, pendant qu'il demeurera assemblé à Autun, Mâcon et Chalon (A. H. G., vol. 1133).

d'aussi bons fusils qu'il faudrait pour armer toute l'infanterie (1) », firent adopter cette solution bâtarde, qui eut pour effet de retarder de dix ans la disparition du mousquet des rangs de notre infanterie.

En principe, l'ordonnance du 1er décembre 1692 fut appliquée aux régiments de milice dont les compagnies étaient, à la même époque, portées de 50 à 60 hommes.

Par une lettre de Barbezieux à l'intendant de la Flandre wallonne, du 17 février 1693, le Ministre approuve que chaque compagnie du régiment de milice nouvellement créé dans son département, soit composée

-----

(1) Luxembourg au Roi, au camp de Courtrai, le 28 septembre 1692 (A. H. G., vol. 1144). — Après avoir émis l'avis que les mousquets valaient mieux dans un siège et les fusils dans la guerre de campagne, Luxembourg avait d'abord demandé pour l'infanterie moitié fusils, moitié mousquets. Le Roi lui objecta qu'il voyait un grand inconvénient à cette solution « parce qu'il est certain, lui écrivait-il le 7 septembre 1692, que les soldats les plus nouveaux et les plus maladroits auront toujours les mousquets et qu'ils seront quasi inutiles dans un combat et dans une tranchée. Parlez-en encore à ceux que vous avez consultés là-dessus et voyez, avec eux, s'il ne vaudrait pas mieux armer toute la compagnie, à la réserve des piques, de fusils ou laisser les choses en l'état qu'elles sont » (A. H. G., vol. 1143). A son tour, Luxembourg représenta, le 28 septembre 1692, que, « pour ce qui est des fusils, la difficulté d'en avoir un assez grand nombre d'aussi bons qu'il faudrait pour armer toute l'infanterie, font que les vieux officiers sont d'avis de n'en donner que vingt par compagnie et d'en distribuer dix à de vieux soldats et dix à de nouveaux..... » (A. H. G., vol. 1144). Telle est la solution qui prévalut.

D'accord avec Luxembourg, Catinat demandait moitié fusils, moitié mousquets. Dans sa lettre au Roi du 27 septembre 1692, il reconnaît néanmoins que le détail de la guerre ne peut « se bien faire » qu'avec des fusils. « Il en est de même dans les grosses actions où l'attaque convient à notre nation et qui se mène plus gaiement et plus vivement avec des fusils qu'avec des mousquets ». Ce qui l'empêche toutefois de demander la suppression du mousquet, c'est qu'il a vu des compagnies de grenadiers privées de leur feu au bout d'une demi-heure d'escarmouche, car les fusils ne faisaient plus que rater (A. H. G., vol. 1170).

de 2 sergents, 1 tambour, 21 fusiliers et 36 mousquetaires (1), ce qui semblerait dénoter l'intention de laisser la prédominance au mousquet dans les régiments de milice, mais nous voyons le Ministre enjoindre à l'intendant de la généralité de Paris, le 20 janvier 1694, de remplacer les armes qui manquent aux deux régiments de sa généralité moitié en fusils, moitié en mousquets (2).

Il est probable toutefois que, dans la pratique, Barbezieux laissa une plus grande latitude aux régiments de milice dans la composition de leur armement car, en juillet 1693, le régiment de La Rochecourbon, alors à la Rochelle, compte, sur un effectif de 724 hommes armés, 407 fusiliers et 317 mousquetaires (3). Il est probable aussi qu'en dépit des ordonnances, en dépit de la surveillance des inspecteurs, le nombre des fusils ne cessa d'augmenter dans les régiments de milice, comme il s'accroissait sans cesse, par une évolution irrésistible, dans les bataillons des troupes réglées. En parcourant le marché conclu pour l'habillement et l'armement du régiment de Launay (Tours), le 10 janvier 1694, il n'est question d'aucun mousquet, mais de 300 fusils (4) ; et quand, à la fin de 1695, les régiments de milice d'Alsace sont augmentés de dix-huit compagnies, toutes ces compagnies sont entièrement composées de fusiliers (5).

---

(1) A. H. G., vol. 1186.

(2) A. H. G., vol. 1212.

(3) Lettre de M. de Vrevin à Barbezieux, du 5 juillet 1693, à laquelle est joint l'état des troupes de son département d'inspection, l'Aunis (A. H. G., vol. 1206).

(4) Mémoire joint à la lettre de l'intendant de Miromesnil, du 21 avril 1694 (A. H. G., vol. 1285).

(5) Mémoire de l'intendant de l'Alsace, M. de la Grange, du 31 décembre 1695 (A. H. G., vol. 1324).

La fin de l'année 1692 fut encore marquée par un accroissement notable dans l'effectif des régiments de milice et dans le nombre de ces régiments.

Par lettre du 12 décembre 1692, Barbezieux prescrivit aux intendants de porter toutes les compagnies de 50 à 60 hommes. Dans la plupart des régiments, cette augmentation entraîna la formation de deux bataillons, et le commandement de ce second bataillon fut attribué au premier capitaine du corps (1). Le nombre des drapeaux se trouva porté à quatre, au lieu de deux, là où le nombre des bataillons fut doublé (2). Les paroisses durent fournir en entier l'habillement et l'armement des miliciens d'augmentation. Les intendants désignèrent les paroisses, jusqu'alors exemptes de la levée des miliciens, qui devaient y participer désormais. Ils furent autorisés, soit à imposer directement sur ces paroisses la somme nécessaire à l'habillement et à l'armement des nouveaux miliciens (3), soit à répartir sur toutes les communautés de leur département cette première dépense (4). Barbezieux permit même, à ceux des intendants qui

----

(1) Le 10 février 1693, Barbezieux faisait savoir à M. de Sourdis que le Roi approuvait le choix des premiers capitaines de chaque régiment de milice pour commander les seconds bataillons (A. H. G., vol. 1186).

(2) Barbezieux à l'intendant de la Flandre wallonne, M. Dugué de Bagnols, le 17 février 1693 : « Sa Majesté a accoutumé de faire donner deux drapeaux aux régiments de milice qui n'ont qu'un bataillon, et quatre, lorsqu'ils en ont deux » (A. H. G., vol. 1186).

(3) De ce chef et par mandement, l'intendant de Tours, M. de Miromesnil, imposa 57 livres 5 sols sur les paroisses de son département nouvellement soumises à la milice. — Lettre de Barbezieux à M. de Miromesnil, du 5 janvier 1693 (A. H. G., vol. 1185).

(4) Le 18 janvier 1693, Barbezieux faisait savoir à l'intendant d'Auvergne, M. d'Ableiges, que le Roi approuvait la levée, sur toutes les paroisses de sa généralité, des 6,750 livres (45 livres par homme) nécessaires à l'armement et à l'habillement des miliciens d'augmentation (A. H. G., vol. 1185).

lui en firent la demande, d'employer ce dernier mode de répartition à l'égard de l'imposition annuelle des 18 livres 10 sols consacrés au même objet, « Sa Majesté étant persuadée que l'expédient de faire cette imposition au sol la livre de la taille, au lieu qu'auparavant elle se faisait sur les paroisses à proportion des soldats qu'elles fournissaient, est le meilleur (1) ».

La levée des miliciens d'augmentation ne s'effectua point sans quelques abus. L'achat de soldats mercenaires par les paroisses fut le plus fréquent, en dépit des défenses répétées du Ministre qui, le 15 novembre 1692, avait adressé à tous les intendants la circulaire suivante : « Le Roi est informé que, dans les nominations des hommes nécessaires pour recruter les milices de votre département, il s'est fait beaucoup de vexations et de concussions, chacun de ceux qui y sont employés voulant profiter ou exempter son ami. Sa Majesté, qui ne veut pas souffrir un pareil abus, vous recommande de tenir la main à ce que la dernière ordonnance, qui a été expédiée pour obliger tous les garçons, tirés au sort indifféremment, à servir, soit ponctuellement exécutée (2) ».

La levée de neuf régiments de milice, ordonnée de septembre à décembre 1692 sur certaines provinces frontières, vint aussi accroître le nombre des miliciens. Ces régiments furent créés sur de simples dépêches du Roi, adressées aux gouverneurs et aux intendants de ces provinces. Le 28 septembre 1692, Barbezieux expédiait les ordres de Louis XIV à M. de Renty et à l'intendant de la Fond pour la mise sur pied d'un deuxième régi-

----

(1) Barbezieux à M. d'Ableiges, 11 décembre 1693 (A. H. G., vol. 1197).

(2) A. H. G., vol. 1131.

ment de milice de quinze compagnies en Franche-Comté; au marquis d'Harcourt et à M. de Sève pour la levée d'un régiment de quinze compagnies dans le pays de Luxembourg et le comté de Chiny; à M. de Bissy, à MM. de Sève et de Vaubourg, pour la création d'un deuxième régiment de quinze compagnies dans la Lorraine, le Barrois et les Trois-Évêchés; au maréchal d'Humières et à M. Dugué de Bagnols pour la levée, en Flandre wallonne, d'un régiment de vingt compagnies (1). Des ordres analogues furent adressés, à la même date sans doute, à l'intendant Voysin pour l'établissement d'un régiment de quinze compagnies dans le Hainaut; à l'intendant Desmadrys pour la création d'un régiment de même force dans la Flandre maritime. Le 8 octobre 1692, une dépêche du Roi, adressée au marquis d'Huxelles et à l'intendant de la Grange, instituait en Alsace deux régiments de quinze compagnies (2). Enfin, le 19 décembre 1692, le duc d'Elbeuf et l'intendant Chauvelin étaient invités à soumettre aux États d'Artois l'établissement dans cette province d'un régiment de milice de vingt compagnies (3).

Quelques modifications furent apportées à la composition de ces régiments, que nous allons passer en revue en rassemblant, sur leur levée, les renseignements que nous avons pu recueillir dans les Archives de la Guerre.

Les dépêches de création, antérieures au 12 décembre, ne portaient les compagnies qu'à 50 hommes. L'augmentation de 10 hommes par compagnie fut ensuite appliquée à ces nouveaux régiments, sauf aux

---

(1) Collection des Ordonnances. Bibliothèque du Ministère de la guerre.

(2) *Ibid.*

(3) *Ibid.*

deux régiments d'Alsace, comme nous le verrons ci-après.

En Franche-Comté, la levée du second régiment de milice donna lieu à de graves dissentiments entre le gouverneur, M. de Renty, et l'intendant, M. de la Fond. Le 5 novembre 1692, ce dernier avait rendu une ordonnance qui nous renseigne sur les pratiques alors en usage pour le tirage au sort. Elle prescrivait qu'à la sortie de l'église, le dimanche qui suivrait la réception de cette ordonnance, les jeunes gens et hommes mariés de 20 à 40 ans, réunissant les conditions d'aptitude au service militaire, s'assembleraient en présence du curé et des échevins de la paroisse. Ces derniers veilleraient à ce que l'on mît « un nombre de billets blancs, roulés d'une même manière dans un chapeau, pour autant qu'il y a de garçons et jeunes gens mariés dans la communauté propres à servir, parmi lesquels il y en aura un dans lequel sera écrit en gros caractères : *soldat de milice*, pour après être tirés par un jeune enfant pour prévenir les surprises ». Toute fraude devait être punie de 200 livres d'amende imputable aux échevins et à six des principaux habitants. Sitôt le tirage au sort terminé, les nom, surnom, lieu de naissance et âge du nouveau milicien devaient être adressés au procureur du Roi du bailliage, sous peine de six mois d'emprisonnement pour les échevins du lieu (1).

Usurpant les pouvoirs de l'intendant, M. de Renty rendait, de son côté, le 17 novembre, une ordonnance qui rétablissait l'ancienne désignation des miliciens à la pluralité des voix, contrairement aux ordonnances royales. C'était revenir aux abus qui avaient si tristement marqué la levée du régiment de Vaulgrenant,

____

(1) A. H. G., vol 1161.

c'était livrer de nouveau la province « au pillage » comme l'écrivait M. de la Fond au marquis de Renty le 29 novembre 1692 (1). Appelé à se prononcer sur ce différend, le Ministre de la guerre ne tardait pas à donner raison à l'intendant et à l'autoriser à rendre une nouvelle ordonnance qui annula les premières dispositions prises par le gouverneur (2).

Ainsi qu'il en avait usé pour le régiment de Vaulgrenant avec l'autorisation de Louvois, M. de la Fond donna tous ses soins au choix des étoffes et des armes nécessaires au second régiment de milice de Franche-Comté (3) qui prit le nom de son colonel, M. de Laviez. Le 13 janvier 1693, l'intendant avait la satisfaction d'annoncer à Barbezieux que la levée de ce régiment était « faite entièrement, à 30 hommes près qui seront remplacés dans huit jours, et, autant que je le puis apercevoir, ce régiment sera très beau en hommes. M. le marquis de Renty a choisi, pour les officiers, ce qu'il y avait de meilleur dans la province. De vous dire que lesdits officiers soient comme on le pourrait désirer, c'est ce qui ne se peut, parce que vous savez que toute la noblesse est dans le service dès le commencement de la guerre (4) ».

Barbezieux avait d'abord ordonné la levée d'un régiment de quinze compagnies dans le pays de Luxem-

---

(1) A. H. G., vol. 1161.

(2) Barbezieux (à MM. de Renty et de la Fond, 24 novembre 1692 (A. H. G., vol. 1131).

(3) Le 30 novembre 1692, M. de la Fond informait Barbezieux qu'il avait conclu des marchés avantageux pour l'habillement et l'armement de ce régiment. Il avait notamment obtenu les fusils à 8 livres 14 sols, les mousquets à 6 livres 14 sols, les épées et ceinturons à 3 livres 13 sols (A. H. G., vol. 1161).

(4) A. H. G., vol. 1213. — A ces renseignements sur le régiment de

bourg et le comté de Chiny, mais, sur les représentations du marquis d'Harcourt que cette province était peu peuplée relativement à son étendue, le Ministre consentit à le réduire à douze compagnies (1). Les officiers se présentèrent en plus grand nombre que M. d'Harcourt ne l'avait d'abord pensé (2) pour occuper les emplois de ce régiment, à la tête duquel fut placé M. d'Uren.

M. de Sève, à Metz, et M. de Vaubourg, à Nancy, se partagèrent le soin de lever le second régiment de milice demandé aux Trois-Evêchés et à la Lorraine. Les deux intendants ne négligèrent rien pour en faire un bon régiment. M. de Sève leva cinq compagnies dans son département, en faisant tirer au sort, en sa présence, les quatre cinquièmes des nouveaux miliciens et en se faisant une loi de n'exempter personne (3). Sur l'état des paroisses de son département chargées de fournir les dix autres compagnies, M. de Vaubourg a marqué l'imposition à laquelle ces paroisses étaient soumises. On voit, par cet état, que les grandes villes étaient exemptes de la levée, mais qu'elle pesait lourdement sur les campagnes car la plupart des villages ne payent que 200 à 300 livres d'impôts ; certains même, imposés

---

Laviez, M. de la Fond ajoutait ces lignes, relatives au régiment de Vaulgrenant : « Il me donne plus de peine, parce que plusieurs soldats, choisis par les communautés, avaient substitué d'autres hommes à leur place qui sont morts ou qui ne veulent plus marcher, mais j'ai signifié à ces premiers qu'ils devaient marcher et servir à la place des substitués et qui sont morts, et aux autres qu'ils seraient traités comme déserteurs s'ils ne se trouvaient pas à toutes les revues ».

(1) Barbezieux au marquis d'Harcourt, 20 novembre 1692 (A. H. G., vol. 1131).

(2) M. d'Harcourt à Barbezieux, 14 novembre 1692 (A. H. G., vol. 1163.

(3) M. de Sève à Barbezieux, 23 novembre 1692 (A. H. G., vol. 1157).

au-dessous de 200 livres, n'en sont pas moins forcés de nommer un milicien (1).

Rapidement mis sur pied, le second régiment de milice de Lorraine était constitué en décembre 1692, et il n'y manquait que l'augmentation de 10 hommes par compagnie, qui fut faite au début de 1693 (2). M. de Bissy, le gouverneur, avait choisi avec la plus grande attention les officiers du régiment, dont le colonel fut M. de Nettancourt.

La Flandre wallonne devait primitivement lever un régiment de vingt compagnies, mais les États de la Châtellenie de Lille, Douai et Orchies, du pays de Lalleu et bourg de la Gorgue, s'offrirent de payer au Roi 150,000 livres pour être exempts de la milice pendant la durée de la guerre. Le Roi, dont les finances s'épuisaient, avait un tel besoin d'argent que cette étrange transaction fut acceptée (3), ce qui réduisit le régiment à onze compagnies dont les miliciens furent, en grande partie, des mercenaires achetés par les communautés du Cambrésis qui, seul, demeura soumis à la milice. Les officiers se présentèrent en grand nombre pour entrer dans ce régiment, et l'intendant, M. Dugué de Bagnols, en

---

(1) État joint à lettre de M. de Vaubourg à Barbezieux, du 11 octobre 1692 (A. H. G., vol. 1157).

(2) M. de Vaubourg à Barbezieux, 5 janvier 1693 (A. H. G., vol. 1213).

(3) Les baillis des quatre seigneurs hauts justiciers représentant l'État des châtellenies de Lille, Douai, Orchies, le pays de Lalleu et le bourg de la Gorgue, ayant demandé que le Roi voulût bien signer un acte qui leur garantît cette décharge, Barbezieux leur répondit, le 13 avril 1693, que la parole de Sa Majesté était « suffisante, et je puis vous assurer que, tant que cette guerre durera, Elle ne vous fera point de demande pareille à celle qui vous a été faite pour la levée de la milice » (A. H. G., vol. 1188).

(4) Barbezieux à M. de Bagnols, 6 janvier 1693 (A. H. G., vol. 1185).

adressa l'état au Ministre qui ratifia toutes ses propositions à l'exception de l'officier désigné pour colonel qui fut, non point M. de Ramilly, mais le baron d'Abondance, député de la noblesse aux États du Hainaut.

L'intendant du Hainaut, Voysin, mit tous ses soins à la levée du régiment de milice de quinze compagnies recruté dans son département. Barbezieux permit que l'on tirât de Liége l'armement (1) de ce régiment, dont le colonel fut le comte de Bossu.

Dans la Flandre maritime (Ypres et Dunkerque), l'intendant Desmadrys avait d'abord appréhendé de ne pas trouver des officiers en nombre suffisant pour remplir les emplois des quinze compagnies de milice de son département. Ses craintes ne se réalisèrent point, et le régiment, placé sous les ordres de M. de Flamartingue, fut mieux composé en hommes et en officiers que l'intendant ne l'avait d'abord présumé. « Il y a apparence, Monseigneur, écrivait M. Desmadrys à Barbezieux, le 8 août 1693, que ce régiment servira mieux que je n'avais espéré parce que l'on me mande de Thionville que les officiers sont fort appliqués, et qu'il en est mort ou déserté jusqu'à présent un très petit nombre de soldats (2) ». Suivant l'intendant, il y avait dans ce régiment beaucoup de soldats mariés (3), et, suivant le marquis d'Huxelles, « beaucoup de soldats engagés par les communautés pour servir à la place des gens du pays (4) ».

Le Roi avait demandé à l'Alsace deux régiments de

---

(1) Barbezieux à Voysin, 24 novembre 1692 (A. H. G., vol. 1131).
(2) A. H. G., vol. 1207.
(3) *Ibid.*
(4) Le marquis d'Huxelles à Barbezieux, 20 novembre 1693 (A. H. G.. vol. 1321).

quinze compagnies. C'était là une lourde charge pour
une province qui consacrait déjà, à la garde des bords
du Rhin, dix compagnies de fusiliers dont l'entretien lui
revenait à 50,265 livres par année (1), sans compter
14,000 ou 15,000 livres nécessaires à la subsistance de
ces compagnies. L'intendant d'Alsace, M. de la Grange,
ne crut point devoir procéder à la levée de ces régiments
avant d'avoir soumis au Ministre quelques représentations. « La province n'est que de 1,100 tant villes, villages que hameaux, et ceux de la Basse-Alsace fort ruinés. Elle entretient déjà dix compagnies franches de
fusiliers pour la garde du Rhin, et elle y fournit encore
500 paysans de plus. MM. les gouverneurs (2) y lèvent
900 hommes pour leurs compagnies franches, et, de plus,
tous les régiments étrangers y font leurs recrues, ce qui
l'épuise en hommes de manière que, depuis la guerre,
il a fallu que les femmes et les filles aient labouré elles-
mêmes, faute d'hommes, et ainsi je suis obligé, Monseigneur, de vous dire que cette levée sera fort à charge au
pays, d'autant plus que ce qui reste d'habitants dans les
villages sont, pour la plupart du temps, à la corvée soit
pour les fortifications ou pour autres choses qui concer-
nent le service du Roi. Ce sont d'assez fortes considéra-
tions pour porter Sa Majesté à n'y en faire lever qu'un
pour le soulagement du pays.

« A l'égard de la noblesse d'Alsace, elle est presque
toute dans le service, et l'on aura de la peine à trouver
un si grand nombre d'officiers. Je vais travailler à en
chercher et à la répartition des 1,500 hommes qui
doivent composer lesdits deux régiments..... (3) ».

----

(1) L'intendant de la Grange à Barbezieux, 27 octobre 1692 (A. II. G.,
vol. 1160).
(2) Des places fortes.
(3) M. de la Grange à Barbezieux, 21 octobre 1692 (A. H. G., vol.
1160).

Prenant en considération la demande de M. de la Grange, le Roi lui faisait savoir par son Ministre, le 31 octobre 1692, que l'Alsace fournirait seulement vingt compagnies de milice (1) ; mais le gouverneur, marquis d'Huxelles, ayant trouvé les bataillons trop faibles sur ce pied, il fut convenu que les deux régiments resteraient composés de quinze compagnies (2) sans que l'augmentation de 10 hommes par compagnie, décrétée le 12 décembre 1692, leur devînt applicable.

La Haute-Alsace mit ainsi sur pied, à la fin de 1692, un régiment de 750 hommes, dont le colonel fut M. de Montjoie ; la Basse-Alsace, un régiment de même force, donné à M. de Bernhold. Ce dernier, enseigne au régiment d'Alsace en 1681, lieutenant en 1683, capitaine au régiment de cavalerie de Quadt en 1688, avait eu l'épaule fracassée, la même année, au siège de Philippsbourg, où il servait comme volontaire. Il s'était encore distingué à Leuze en 1691, à Steinkerque en 1692. Officier d'une haute valeur, M. de Bernhold devait commander avec distinction son régiment jusqu'à la paix et parvenir plus tard aux grades de brigadier et de maréchal de camp (3).

Sur la prière des officiers, Barbezieux consentit à ce que l'habit des miliciens d'Alsace fût d'étoffe bleue au lieu du drap gris, généralement employé pour les régiments de milice (4). Il fit aussi savoir à M. de la Grange

---

(1) A. H. G., vol. 1130.

(2) Barbezieux au marquis d'Huxelles, 25 novembre 1692 (A. H. G., vol. 1131).

(3) Brigadier du 13 mai 1706, M. de Bernhold fut blessé à Malplaquet à la tête du régiment d'Alsace. Maréchal de camp du 8 mars 1718, il mourut à Strasbourg, le 2 août 1741 (*Chronologie historique militaire*, de Pinard).

(4) Barbezieux à M. de la Grange, 2 novembre 1692 (A. H. G., vol. 1131).

que le Roi agréait l'entretien, à la suite de chacun de ces régiments, d'un aumônier parlant l'allemand (1).

Avant de choisir les officiers de ces deux régiments, le marquis d'Huxelles avait convoqué à Strasbourg la noblesse du pays. Il trouva un assez grand nombre de sujets pour combler tous les emplois, et, grâce à son zèle, grâce au concours de l'habile intendant d'Alsace, M. de la Grange, les deux régiments furent mis rapidement sur un excellent pied. « Je puis vous dire, Monseigneur, que ces deux régiments seront des plus beaux de ceux qui se sont encore faits en France », écrivait M. de la Grange au Ministre de la Guerre, le 10 novembre 1692 (2). Il avait même sollicité pour eux la faveur de servir en campagne dès 1693, mais le Ministre ne crut point devoir leur accorder aussi vite cet honneur, alléguant qu'il fallait « donner le temps aux officiers de mettre leurs compagnies en bon état et de s'appliquer à les faire vivre dans la discipline que le Roi désire, et, lorsqu'ils auront mérité de servir en campagne, Sa Majesté pourrait bien leur accorder cette grâce l'année 1694 (3) ».

Nous verrons les régiments de milice d'Alsace, celui de Bernhold en particulier, justifier l'appréciation flatteuse que leur décernait M. de la Grange à leur création.

Les États d'Artois demandèrent vainement que leur province, subvenant déjà à l'entretien d'un régiment de dragons, fût déchargée des vingt compagnies de milice dont le gouverneur, le duc d'Elbeuf, leur avait notifié la levée. Barbezieux fit savoir à l'intendant Chauvelin, le

---

(1) Barbezieux à M. de la Grange, 19 février 1693 (A. H. G., vol. 1186).

(2) A. H. G., vol. 1160.

(3) Barbezieux à M. de la Grange, 19 février 1693 (A. H. G., vol. 1186).

3 février 1693, que le Roi rejetait cette requête (1), et la province d'Artois dut mettre sur pied, au printemps suivant, les 1,200 hommes de ce régiment, dont le commandement fut donné à M. de Belleforière.

Nous verrons plus tard les États d'Artois renouveler leur protestation. De fait, dans ces créations de nouveaux régiments, les provinces frontières avaient été encore moins ménagées que les anciennes provinces du royaume. L'Alsace, épuisée d'hommes, accablée de charges militaires, se ressentant encore des ravages de la guerre de Trente Ans et de la guerre de Hollande, devait entretenir deux régiments. Le Hainaut, le Luxembourg, qui ne comptaient pas 100,000 habitants, étaient aussi lourdement imposés par l'entretien d'un régiment.

Grâce à cette double augmentation du nombre des hommes dans les compagnies et du nombre des régiments, le Roi allait disposer, au printemps de 1693, d'un corps de milice de quarante et un régiments, presque tous à deux bataillons, et présentant un total de soixante-quinze bataillons (sans compter les douze régiments de petites milices de Guyenne et du Dauphiné, les huit régiments du Languedoc, les milices locales telles que celles du Boulonnais, du Roussillon, les compagnies bourgeoises de Guyenne et du Languedoc, etc.). L'ensemble de ces forces dépassait 40,000 hommes, officiers compris, et ce nombreux corps d'infanterie, généralement moins bien composé en officiers mais aussi bien composé en hommes que les autres troupes du Roi, ne coûtait pas un sol à Sa Majesté pour la levée, l'habillement, l'armement, ne demeurant à la charge du trésor royal que pendant la durée de chaque campagne.

Nous avons essayé de reconstituer ci-après l'état des

---

(1) A. H. G., vol. 1186.

régiments des milices provinciales au printemps de 1693 :

Régiments.	Nombre de compagnies.	Nombre d'hommes par compagnie.	Nombre de bataillons.	Total des hommes.
Lignières (Paris)	15	60	2	900
Dupas (Paris)	15	60	2	900
Herbouville (Rouen)	15	60	2	900
Montenay (Rouen)	15	60	2	900
Illiers (Alençon)	18	60	2	1,080
Fontenay (Caen)	18	60	2	1,080
Cavoye (Amiens)	15	60	2	900
La Ilhière (Soissons)	15	60	2	900
Moulins (Châlons)	18	60	2	1,080
Grandpré (Châlons)	18	60	2	1,080
La Garde (1) (Montauban)	15	60	2	900
Bournazel (Montauban)	15	60	2	900
Caixon (Montauban)	15	60	2	900
La Bastide (Bordeaux)	15	60	2	900
Boissière (Bordeaux)	15	60	2	900
La Rochecourbon (Bordeaux)	15	60	2	900
Guébriant (Bretagne)	20	60	2	1,200
Dubois de la Roche (Bretagne)	20	60	2	1,200
Dufaux (2) (Bretagne)	20	60	2	1,200
Launay (Tours)	20	60	2	1,200
Saint-Jal (Limoges)	15	60	2	900
Menou (Orléans)	18	60	2	1,080
La Carte (Poitiers)	15	60	2	900
Vilars (Moulins)	18	60	2	1,080
Coutenges (Riom)	15	60	2	900
D'Aligny (Dijon)	20	60	2	1,200
Vaulgrenant (Franche-Comté)	16	60	2	960
Laviez (Franche-Comté)	15	60	2	900
Fontanès (Lyon)	10	60	1	600

(1) Au mois de mai 1693, le marquis de La Garde, vieux et infirme, avait eu, pour successeur, son fils qui avait obtenu son régiment sur la recommandation de M. de Sourdis. — Lettre de Barbezieux à M. de Sourdis, du 31 mai 1693 (A. H. G., vol. 1189).

(2) M. de Carman, ayant offert sa démission, avait été remplacé, au début de 1693, par M. Dufaux (A. H. G., vol. 1185).

Régiments.	Nombre de compagnies.	Nombre d'hommes par compagnie.	Nombre de bataillons.	Total des hommes.
Du Janet (Provence)	10	60	1	600
Du Gua (Grenoble)	18	60	2	1,080
Lenoncourt (Lorraine et Trois-Évêchés)	20	60	2	1,200
Nettancourt (Lorraine et Trois-Évêchés)	15	60	2	990
Noailles-Roussillon (Roussillon)	16	40	1	640
Bossu (Hainaut)	15	60	2	900
Flamartingue (Flandre maritime)	15	60	2	900
Abondance (Flandre wallonne)	11	60	1	660
Uren (Luxembourg)	12	60	1	720
Montjoie (Haute-Alsace)	15	50	1	750
Bernhold (Basse-Alsace)	15	50	1	750
Belleforière (Artois)	20	60	2	1,200
Grenadiers de Bordeaux	1	100	»	100

Total : 41 régiments, 657 compagnies, 75 bataillons, 38,840 hommes.

Le printemps de 1693 marque en quelque sorte l'apogée des régiments des milices provinciales, mais, en accroissant leur nombre, Barbezieux n'avait pas songé à une grave difficulté qui devait bientôt se produire. Malgré les défenses royales, un grand nombre de miliciens étaient chaque année enrôlés à prix d'argent par les paroisses. Le nombre et le prix de ces mercenaires augmentant avec l'accroissement des régiments de milice, il en résulta de nouveaux obstacles, pour les officiers des troupes réglées, à recruter leurs compagnies en raison de la rareté des hommes et de l'élévation du taux des engagements. Impuissants à prendre le dessus dans cette concurrence où les paroisses avaient facilement l'avantage, les capitaines d'infanterie auront recours au Ministre de la guerre qui leur viendra en aide, deux ans plus tard, en réduisant le nombre des régiments de milice.

CHAPITRE VI

En même temps qu'il doublait presque le nombre des miliciens, Barbezieux leur assignait un rôle plus important. C'est en effet au cours de la campagne de 1693 que nous rencontrerons, pour la première fois, des régiments de milice dans nos principales armées, non seulement en Italie mais encore en Flandre et sur le Rhin.

Trente régiments (trente et un si l'on comprend le régiment de Noailles-Roussillon, déjà pourvu de tentes à sa création par les soins de l'intendant Trobat) reçurent, au début de 1693, l'ordre de se munir de tentes, pour servir en campagne au printemps suivant. Ces tentes (une pour quatre hommes) devaient être confectionnées aux dépens des généralités par les soins des intendants, et remises aux régiments avant leur départ des provinces (1). Voici d'ailleurs, arrêté à la date du 14 janvier 1693, le « Mémoire des régiments de milice qui doivent servir la campagne et du nombre de tentes qu'il leur faut à chacun (2) » :

Régiments.	Tentes.	Régiments.	Tentes.
Lignières	225	Carman	300
Dupas	225	Guébriant	300
La Ilhière	225	La Carte	225
Cavoye	225	Saint-Jal	225
D'Herbouville	225	Coutenges	225
Montenay	225	Fontauès	130
Fontenay	270	Du Gua	234
Illiers	270	Du Janet	150
Grandpré	270	La Garde	225
Moulins	270	Bournazel	225
Aligny	300	Caixon	225
Menou	270	La Bastide	225
Vilars	270	Boissière Durfort	225
Launay	300	Vaulgrenant	240
Dubois de la Roche	300	Laviez	225

A l'exception du régiment de La Rochecourbon, tous les anciens régiments de milice sont ainsi appelés à servir en campagne.

Avant l'ouverture des hostilités, le 30 mars 1693, trois colonels de milice étaient élevés à la dignité de brigadier. Par leurs services antérieurs, par ceux qu'ils devaient rendre au cours de la campagne, MM. d'Aligny, de Caixon et d'Herbouville, étaient dignes de la distinction qui leur était ainsi accordée.

Les trente régiments de milice, destinés à servir en campagne, furent dirigés sur les théâtres d'opérations suivants :

---

(1) Barbezieux à l'intendant de la généralité de Paris, Phélippeaux, 14 janvier 1693 (A. H. G., vol. 1185).

(2) A. H. G., vol. 1185.

Vers la frontière d'Italie : les régiments d'Aligny, de Vaulgrenant, du Gua, Caixon, Guébriant, Dufaux, Dubois de la Roche, Saint-Jal, du Janet, Coutenges, Menou, Boissière, Laviez (1).

Vers la frontière de Flandre : les régiments de Lignières, Dupas, Cavoye, Fontenay, Moulins, Montenay, Herbouville, Launay, la Ilhière, La Carte, Illiers.

Vers la frontière d'Allemagne : les régiments de Grandpré, Fontanès, Vilars.

Vers l'Aunis : les régiments de La Garde, Bournazel, La Bastide, auxquels il faut joindre le régiment de La Rochecourbon à la Rochelle.

Il est à remarquer que l'armée du duc de Noailles en Roussillon ne reçut point de régiments de milice en 1693. Seul, le régiment de Noailles-Roussillon fut employé sur cette frontière, comme il l'avait été les années précédentes.

Fidèle à la tradition que lui avait léguée Louvois, Barbezieux ne manqua pas d'éloigner les nouveaux régiments de milice de leur milieu d'origine en les envoyant tenir garnison dans des places frontières assez éloignées. C'est ainsi que l'on retrouve le régiment de Bossu (Hainaut) à Strasbourg (2), celui de Flamartingue (Flandre maritime) à Thionville, celui de Belleforière

---

(1) Il faut joindre à ces régiments la compagnie des grenadiers de Bordeaux, et les quatre régiments des petites milices du Dauphiné (de Chalandières, d'Argenson, de Montferrat et de Ville).

(2) Craignant des désertions parmi les miliciens du Hainaut s'ils venaient à connaître leur destination, le maréchal de Boufflers, d'accord avec l'intendant Voysin, proposa au Ministre, le 23 mars 1693, de ne délivrer les routes au régiment que jusqu'à Verdun et de lui faire remettre, dans cette ville, de nouveaux ordres pour se rendre à Strasbourg (A. H. G., vol. 1203).

(Artois) à Nancy, celui d'Abondance (Flandre wallonne) à Metz, celui de Bernhold (Basse-Alsace) à Mons, celui de Montjoie (Haute-Alsace) à Lille.

Tous les régiments de milice, destinés à servir en campagne, ne furent pas employés aux armées. Ceux qui en firent partie s'y rendirent soit avec leurs deux bataillons, comme le régiment de Vaulgrenant, soit le plus souvent avec leur 1er bataillon seul, renforcé au besoin par quelques compagnies du 2e bataillon resté en garnison dans une place frontière. On trouve ainsi, à l'armée de Catinat, douze compagnies du régiment de du Gua, formant un bataillon, tandis que six compagnies de ce régiment tiennent garnison à Seyne (1). Les régiments de Cavoye et de Fontenay fournissent à l'armée de Flandre un bataillon de dix compagnies, tandis que cinq compagnies du 1er régiment et huit du second tiennent garnison à Maubeuge (2). Le 1er bataillon du régiment de Grandpré est présent à l'armée de Flandre, tandis que le 2e bataillon tient garnison à Schlestadt, puis fait partie de l'armée d'Allemagne (3). Dans les ordres de bataille de nos armées, les régiments de milice y figurent en général pour un seul bataillon.

Si nous étudions avec quelques détails le rôle départi aux régiments de milice sur les différents théâtres d'opérations en 1693, nous voyons qu'en Italie, au début de la campagne, c'est-à-dire en juillet, Catinat disposait, pour constituer son armée, de cinquante bataillons, parmi lesquels on compte cinq bataillons de milice (deux d'Aligny, deux de Vaulgrenant et le 1er bataillon de du Gua).

---

(1) Catinat au Roi, 26 juillet 1693 (A. H. G., vol. 1222).
(2) A. H. G., vol. 1207.
(3) A. H. G., vol. 1294.

Le Maréchal se proposait de répartir ainsi les autres
régiments de milice (1) :

A Pignerol, le régiment de Boissière ;

Au Mont-Dauphin, les régiments de Caixon et de
Guébriant ;

A Colmars, celui de Saint-Jal ;

Dans le comté de Nice, ceux de Coutenges et de du
Janet ;

A Suze, celui de Menou ;

A Seyne, six compagnies du régiment de du Gua ;

A Briançon, le 2e bataillon du régiment de Dufaux ;

Dans la vallée de Barcelonnette, le 1er bataillon du
régiment de Dufaux et le régiment de Dubois de la
Roche ;

En Savoie, le régiment de Laviez.

Cette distribution primitive subit quelques changements au cours des opérations qui débutèrent par la
conquête de la vallée de Barcelonnette. M. de Caixon
s'y distingua, ainsi qu'au cours d'une incursion de nos
troupes dans le val Maira, sous les ordres de M. d'Usson,
maréchal de camp. Ce fut même à lui que M. d'Usson
confia le commandement de la vallée de Barcelonnette,
à la fin de septembre 1693, avant de rejoindre le maréchal de Catinat (2).

Si M. d'Usson se reposait sur son lieutenant, Catinat
témoignait aussi la plus entière confiance à M. d'Aligny,
qu'il appelait son « bras droit (3) ». Il lui remettait le
commandement des troupes chargées de garder l'impor-

---

(1) Distribution des troupes, jointe à la lettre de Catinat au Roi, du
26 juillet 1693 (A. H. G., vol. 1222).

(2) M. d'Usson à Barbezieux, 28 septembre 1693 (A. H. G , vol.
1228).

(3) Lettre de Catinat à M. d'Aligny, du 28 août 1693, citée par M. de
Verneuil dans sa *Notice sur la famille Quarré de Bourgogne*.

tante vallée du Pragelas, et M. d'Aligny ne tardait pas à prouver qu'il était digne de ce choix.

Le 30 août 1693, le duc de Savoie, accompagné des princes Eugène et de Commercy et du marquis de Parelle, laissait le gros de son armée campé à la Pérouse (ou Perosa) et remontait, avec un fort détachement, la vallée de la Germanasca. Il se présentait à la naissance de cette vallée, au col du Pis, avec l'intention de descendre dans le Pragelas, de brûler le village des Traverses et de jeter le trouble sur les derrières et les communications de Catinat, alors campé à Fenestrelle.

M. d'Aligny était sur ses gardes. Il avait au hameau de Joussand, accroché au flanc des montagnes et sur la route que devait suivre l'ennemi pour arriver aux Traverses, un réduit qu'occupait un capitaine du régiment de milice de Dubois de la Roche, le sieur de Quenetin. Lui-même campait avec le gros de ses forces aux Traverses. Un camp de 600 hommes, au village de Chezal, le mettait en communication avec Sestrières, c'est-à-dire avec le marquis de Larray, qui commandait ceux de nos postes échelonnés de Sestrières à Césanne.

Le duc de Savoie fit d'abord attaquer, par un détachement de ses gardes, le réduit de Joussand. M. d'Aligny avait eu le temps de renforcer, par un lieutenant et 30 soldats de son régiment, le capitaine de Quenetin qui reçut les assaillants avec vigueur, leur tua plusieurs officiers et n'abandonna son poste que sur l'ordre formel de M. d'Aligny, qui avait pris toutes les précautions nécessaires pour assurer sa retraite. Retardé dans sa marche par cette résistance, voyant que son mouvement était éventé, que M. de Larray se préparait à déboucher du col de Sestrières en même temps que M. d'Aligny attendait l'attaque de pied ferme aux Traverses, le duc de Savoie n'osa descendre du col du Pis. « Ne sachant que faire et mourant de froid », Son Altesse Ducale et les princes de son entourage « faisaient tenir leur canne et sautaient dessus pour se chauffer (1) ». Après quelques heures de ce manège inutile, ils prirent le parti de se retirer.

Cette tentative du duc de Savoie avait échoué grâce à

---

(1) Lettre de M. d'Aligny à Catinat, au camp de Villar-d'Amont, 3 septembre 1693 (A. H. G., vol. 1228). — Voici d'ailleurs cette lettre :

Au camp de Villar-d'Amont, ce 3 septembre.

« Un tambour du régiment Dubois de la Roche, qui était allé repéter il y a huit jours un mulet pour le nommé Jean Pin, est arrivé et m'a rapporté qu'il avait vu dix tambours de votre armée qui y doivent présentement être arrivés ; qu'on les avait retenus sur la marche que Son Altesse devait faire de ce côté ici. Son dessein était de brûler les Traverses et non Joussand, mais, quand il vit que la chose était trop difficile à cause du voisinage du camp de M. le marquis de Larray, il n'osa descendre et résolut, sur ce qu'on lui avait fait l'enlèvement des deux compagnies de Joussand facile, de l'entreprendre, et il fut très fâché lorsqu'il vit qu'elles n'avaient pas été enlevées. M. Durand, qui conduisait cette affaire, a été tué et trois autres officiers. Je crois qu'un de ces trois était capitaine aussi. Il y a eu seize soldats des leurs de tués. Ils en avaient enterré huit, qu'ils portèrent assez haut. Comme Son Altesse avait résolu de descendre du grand matin, lorsqu'il en eut perdu la pensée, ne sachant que faire et mourant de froid, ils faisaient tenir leur canne et sautaient dessus pour se chauffer. Le tambour m'a rapporté aussi qu'il y avait 500 cuirassiers de l'Empereur, outre les dragons, qui sont fort beaux, mais, pour l'infanterie, qui était 5,000 ou 6,000 hommes, fort laide. Les 600 hommes qui étaient au Chezal, qui ne bougèrent pas plus que ce petit camp, leur firent croire qu'on souhaitait qu'ils voulussent descendre, sur quoi ils ne se sont pas trompés. Il y a eu avant-hier un commis des vivres qui s'est fait prendre, allant à leur ordinaire sans escorte quoiqu'il y en ait à tout moment. Voilà tout ce que je sais pour le présent et que je suis plus que personne du monde, Monseigneur,

« Votre très humble et très obéissant serviteur,

« D'ALIGNY ».

Nous avons aussi consulté, sur cet épisode, la lettre de M. de Larray à Barbezieux, du 2 septembre 1693 (A. H. G., vol. 1228), et le *Mémoire des Campagnes de M. le comte Quarré d'Aligny*, p. 163. Voir le croquis n° 3.

la valeur du capitaine de Quenetin et aux sages dispositions de M. d'Aligny, que M. de Larray louait en ces
termes dans sa lettre au Ministre de la Guerre, du
2 septembre 1693 : « Ce gentilhomme (M. de Quenetin)
y fit trop bien son devoir, Monseigneur, pour que je
n'aie pas l'honneur de vous en parler. Il est vrai que
tout ce qu'il fit de bien, ce fut par les ordres de
M. d'Aligny, qui est un des plus dignes officiers qu'il y
ait parmi nous. M. le maréchal de Catinat lui a confié la
vallée de Pragelas, et on ne pouvait la commettre à personne qui y pût donner plus de soin (1) ».

Dans sa réponse à M. de Larray, le Ministre lui fit
connaître que Sa Majesté était « très satisfaite de la
manière que le sieur de Quenetin, capitaine au régiment
de Dubois de la Roche, a exécuté les ordres de M. d'Aligny pour la défense du poste de Jousrand (2) », et
qu'Elle lui accordait une gratification de 500 livres.

Nous avons encore à citer, à l'honneur des régiments
de milice, la belle conduite de M. de Boissière, qui, au
moment où le duc de Savoie s'empara du fort de Sainte-
Brigide, l'un des ouvrages avancés de Pignerol, sauva
les palissades de cet ouvrage. « J'en donne tout l'honneur à M. de Boissière, colonel des milices de Guyenne,
écrivait le gouverneur de Pignerol, le comte de Tessé, à
Barbezieux, le 3 octobre 1693. C'est un trésor à Pignerol
que des palissades (3) ». Il nous faut enfin mentionner
les services rendus par le 1er bataillon du régiment de
du Gua, à la bataille de la Marsaille, le 4 octobre 1693. Ce
bataillon concourut au service et à la protection de notre
artillerie qui fit merveille au cours de cette journée et
dont Catinat disait au Roi, dans sa relation de la bataille :

----

(1) A. H. G., vol. 1228.
(2) Barbezieux à M. de Larray, 12 septembre 1693 (A. H. G., vol. 1194).
(3) A. H. G , vol. 1224.

« Notre canon a été servi en perfection par M. de Cray
lui faisant toujours suivre les troupes, et nous en avons
connu le grand effet sur le champ de bataille des ennemis (1) ». Parmi les états forts incomplets de nos pertes,
nous relevons deux sergents du régiment de du Gua
tués, un capitaine et un lieutenant de ce régiment blessés. Le régiment de milice de Vaulgrenant prit part
aussi à cette action. Ses deux bataillons formaient, avec
huit escadrons, un petit corps de réserve sur les pertes
duquel nous n'avons retrouvé aucun renseignement (2).

En Flandre, huit régiments de milice font, pour la
première fois, partie des armées d'opérations, et nous
indiquerons rapidement leur destinée au cours de la
campagne de 1693.

Le Roi avait d'abord formé deux armées en Flandre,
l'une sous le maréchal du Luxembourg, où nous trouvons, au mois de mai, les régiments de Moulins, Herbouville, Montenay et Launay, l'autre, sous le maréchal
de Boufflers, dont firent partie les régiments de Cavoye,
Fontenay, Lignières et Dupas (3).

Dans l'ordre de bataille des deux armées, ces régiments font partie de la seconde ligne d'infanterie et ne
comptent que pour un bataillon.

Les deux armées furent ensuite fondues en une seule,
et, au mois de juin 1693, le Dauphin conduisit, de
Flandre sur le Rhin, à l'armée du maréchal de Lorges
un important renfort où figuraient les régiments de
Cavoye, de Lignières et de Fontenay. En juin 1693, le

____

(1) A. H. G., vol. 1224.

(2) Le régiment d'Aligny, qui faisait primitivement partie de l'armée
de Catinat, était demeuré avec son chef dans le Pragelas et n'eut
aucune part à l'action.

(3) Ordre de bataille des armées de Flandre, 12 mai 1693 (A. H. G.,
vol. 1201).

régiment de Dupas quitta aussi l'armée et vint tenir garnison à Namur (1).

Dans l'ordre de bataille de l'armée du maréchal de Luxembourg, à la date du 14 juin 1693, les régiments de Montenay, de Launay et d'Herbouville, sont encore mentionnés. Le régiment de Moulins y est remplacé par un bataillon du régiment de Grandpré (2).

Les quatre régiments de Montenay, Launay, Herbouville et Grandpré, combattirent à Nerwinden, le 26 juillet 1693. Nous savons, par la relation détaillée qu'a écrite le chevalier de Beaurain (3), que les régiments d'Herbouville et de Grandpré prirent part aux attaques répétées de notre aile gauche contre le village de Nerwinden, mais aucun document des Archives de la Guerre ne permet de préciser leur rôle ni d'évaluer leurs pertes (4).

La victoire de Nerwinden fut suivie du siège de Charleroi où nous retrouvons les régiments de Montenay, Grandpré et Herbouville. Le régiment de Launay, dirigé sur Furnes et employé aux fortifications de cette place (5), est remplacé par le régiment de milice de Lenoncourt.

Les régiments de milice éprouvèrent quelques pertes au siège de Charleroi. Sur un état des blessés de ce

---

(1) A. H. G., vol. 1205. — Le régiment de Dupas fut dirigé sur Furnes, à la fin de l'année, pour être employé aux travaux de fortification de cette place (A. H. G., vol. 1211).

(2) A. H. G., vol. 1211.

(3) *Histoire militaire de Flandre depuis 1690 jusqu'en 1694.*

(4) Nous savons seulement, par une lettre de Barbezieux, que M. de Lintot, le lieutenant-colonel du régiment d'Herbouville, fut grièvement blessé dans cette action et autorisé à se retirer du service, au mois de mars 1694 (A. H. G., vol. 1243).

(5) Le 2 octobre 1693, Barbezieux enjoint à M. d'Avejan, le gouverneur de Furnes, d'employer aux travaux de fortification de cette place le régiment de Launay qui vient d'y arriver (A. H. G., vol. 1195).

siège, arrêté par l'intendant de Bagnols le 3 octobre 1693, quelques jours avant la reddition de la place, on relève les chiffres suivants (1) :

	Blessés.	Tués.
Régiment de Grandpré	2	»
— d'Herbouville	8	1
— de Lenoncourt	12	1
— de Montenay	7	»

En plus de ces régiments de milice qui servirent presque toujours comme troupes réglées, on rencontre encore en Flandre le régiment de La Ilhière, détaché en majeure partie à la garde des lignes de la Trouille. Ces lignes couraient de Mons à Maubeuge, dans le but d'interdire l'entrée du Hainaut aux partis ennemis. Elles furent forcées, le 30 juin 1693, par un corps ennemi considérable, et un capitaine du régiment de milice du Soissonnais, le sieur Semide, attaqué par des forces supérieures dans l'église du village de Vieux-Rengt, fut obligé de se rendre après une défense des plus honorables. Les ennemis, qui ne restèrent que peu de temps à l'intérieur de nos lignes, s'emparèrent encore de trois petites redoutes voisines de ce village, dont deux étaient défendues par des lieutenants du même régiment qui, loin d'imiter la conduite courageuse du capitaine Semide, se rendirent sans tirer un coup de fusil (2).

De Mons, où ils tenaient garnison, les régiments de La Carte et de Bernhold participaient aussi à la garde des lignes de la Trouille. Au mois de juillet 1693, M. de Laubanie, qui venait de succéder à M. de Vertillac dans

---

(1) A. H. G., vol. 1209.

(2) Lettre de M. de Vertillac, le gouverneur de Mons, à Barbezieux, du 30 juin 1693 (A. H. G., vol. 1205), et lettre du comte de Broglie, gouverneur d'Avesnes, au même, du 4 juillet 1693 (A. H. G., vol. 1206).

le commandement de la place, faisait cet éloge du régiment de milice de la Basse-Alsace : « Je ne saurais m'empêcher de vous dire le bon état où j'ai trouvé le bataillon de milice d'Alsace que commande le comte de Renol (*sic*). Il fait honte aux plus vieilles troupes, beau en perfection, très bien soigné et discipliné (1) ».

Obligés de fournir des détachements fréquents aux lignes et de faire face à un service de garde très pénible, les régiments de La Carte et de Bernhold comptèrent dans leurs rangs un assez grand nombre de malades, comme en fait foi cet état de la garnison de Mons, au 7 septembre 1693 (2) :

Régiments.	Soldats pour le service de la garnison.	Aux postes fixes des lignes.	Malades à l'hôpital.	Convalescents ou malades aux chambres.	Total.
La Carte.	464	105	90	190	849
Alsace.	544	85	»	121	750

Pour terminer l'énumération des régiments de milice employés sur la frontière de Flandre en 1693, il nous faut encore citer les régiments d'Illiers et de Montjoie, appelés à faire partie des garnisons de Tournay et de Lille.

En Allemagne, l'armée du maréchal de Lorges comprend trois bataillons de milice fournis par les régiments de Fontanès, Vilars et Grandpré (le 2ᵉ bataillon de ce régiment) (3). Au mois de juillet 1693, vingt-sept bataillons de l'armée de Flandre viennent, avec le Grand Dauphin, renforcer le maréchal de Lorges. Sur ces vingt-sept bataillons, on compte trois bataillons de

---

(1) M. de Laubanie à Barbezieux, Mons, 22 juillet 1693 (A. H. G., vol. 1208).

(2) A. H. G., vol. 1208.

(3) A. H. G., vol. 1214.

milice tirés des régiments de Cavoye, Fontenay et Lignières (1). Dans une revue de l'armée de Monseigneur, passée le 10 juillet 1693, ces bataillons sont composés de dix compagnies, à l'effectif moyen de 50 hommes par compagnie (2).

Rejoint par ce renfort de l'armée de Flandre, le maréchal de Lorges procéda à une refonte de son ordre de bataille. Les bataillons de Fontenay, Grandpré et Lignières, figurent, à la fin de juillet, à la seconde ligne de son armée. Ceux de Cavoye, Fontanès, Vilars, sont groupés, avec le régiment d'Auxerrois (1 bataillon), aux ordres de M. de Cavoye, brigadier, que nous voyons investi, par la confiance des généraux, du commandement d'un corps de réserve composé de ces quatre bataillons, de douze escadrons de cavalerie et de huit escadrons de dragons (3).

Il n'y eut point de rencontre entre les armées adverses, en Allemagne, pendant cette campagne.

On retrouve encore, dans les Archives de la Guerre, trace de la présence des régiments de Bossu, Abondance, Belleforière, Flamartingue, parmi les garnisons de Strasbourg, Metz, Nancy et Thionville.

Pour s'opposer aux tentatives de débarquement des flottes ennemies et contenir les nouveaux convertis, nous trouvons les régiments de Bournazel, La Garde et

---

(1) État des troupes que Monseigneur mène en Allemagne (A. H. G., vol. 1214).

(2)

Régiments.	Bataillons.	Colonels.	Capitaines.	Lieutenants.	Sergents et soldats.
Cavoye.............	1	1	8	10	500
Lignières..........	1	1	8	9	557
Fontenay..........	1	1	8	7	503

(A. H. G., vol. 1214).

(3) A. H. G., vol. 1214.

La Rochecourbon à Brouage, Oléron, La Rochelle.
Passant en revue, le 5 juillet 1693, la garnison de cette
dernière ville, l'inspecteur, M. de Vrevin, adressait au
Ministre un état très complet du régiment de La Rochecourbon où « il y a un nombre de très médiocres hommes
qu'il faudrait sortir, mais il m'a paru, par ce que le colonel m'en a dit, qu'il ne pouvait en avoir d'autres de
M. de Bezons, l'intendant, avec lequel il est brouillé.
Je n'ai pas trouvé ce régiment bien soigné, mais j'es-
père que, par les mesures que le colonel prend, j'y trou-
verai du changement dans une première revue (1) ».
Les officiers, 15 capitaines et 15 lieutenants, étaient au
complet. Il manquait 100 hommes au régiment, dont
l'effectif se décomposait ainsi :

Sergents	28		
Tambours	15	Bons hommes	511
Fusiliers	407	Mauvais	7
Mousquetaires	317	Passables	137
Désarmés	23	Médiocres	73
Malades	10	Très médiocres	72
TOTAL	800	TOTAL	800

Les régiments de seconde milice avaient été aussi
remis sur pied en 1693 : ceux du Dauphiné, aux frais du
Roi, en récompense de la sage conduite des nouveaux
convertis pendant l'incursion du duc de Savoie sur
notre territoire l'année précédente (2) ; ceux de la
Guyenne aux frais des nouveaux convertis de cette province que cette charge écrasante achevait de ruiner au
point que l'intendant de Montauban, M. d'Herbigny,

---

(1) A. H. G., vol. 1206.
(2) Catinat employa les secondes milices du Dauphiné à tenir garnison à Embrun, Guillestre, Briançon, Césanne, etc..... (A. H. G.,
vol. 1223).

n'ayant pu réunir en septembre 1693 que 17,610 livres sur les 107,352 livres 7 sols 10 deniers nécessaires à l'entretien de ses quatre régiments, avait dû recourir aux avances du trésorier de l'Extraordinaire des guerres (1). Renouvelant ses protestations courageuses, M. d'Herbigny avait vainement demandé, au début de 1693, que le Roi consentît à réduire ces quatre régiments à deux régiments de quinze compagnies (2). Barbezieux ne s'était pas contenté de remettre sur pied ces régiments dont plusieurs années d'expérience avaient démontré la complète inutilité : il avait encore enjoint à M. de Bezons, le 10 mai 1693, d'augmenter de 14,000 livres l'imposition déjà ordonnée sur les nouveaux convertis pour l'entretien de ces régiments, Sa Majesté désirant les voir armés « à l'avenir de bonnes épées (3) ».

En résumé, les régiments de milice avaient rendu des services signalés aux armées pendant la campagne de 1693, et, si l'on met à part la conduite honteuse des deux lieutenants du régiment du Soissonnais au cours de la défense des lignes de la Trouille, on ne relève, dans la correspondance des généraux, que des éloges à l'adresse de la plupart de ces régiments.

Dans la correspondance du Ministre avec les intendants, il semble aussi que les sujets de blâme à l'adresse des officiers et soldats de milice soient un peu moins

---

(1) Par lettre du 5 septembre 1693, Barbezieux prescrivit à M. d'Herbigny de rembourser, avant un mois, au trésorier de l'Extraordinaire des guerres l'avance qu'il avait tirée de ce trésorier pour le payement des régiments de seconde milice de son département (A. H. G., vol. 1194).

(2) Barbezieux à M. d'Herbigny, 28 janvier 1693 (A. H. G., vol. 1185).

(3) Barbezieux à M. de Bezons, 10 mai 1693 (A. H. G., vol. 1189).

nombreux, bien que leur conduite ait toujours besoin d'être surveillée de près. La négligence, les exactions et les malversations d'un certain nombre d'officiers donnent encore lieu à quelques reproches du Ministre. Barbezieux s'étonne du mauvais état dans lequel le régiment de Guébriant est arrivé à Rennes, au mois de janvier 1693. Il prie l'intendant de lui mander « d'où cela peut provenir, et si la négligence des officiers n'y a pas beaucoup de part. Il y a bien de l'apparence que le peu de soin que les capitaines ont eu de leurs compagnies les a réduites au peu de soldats qu'elles ont (1) ». Averti par M. de Bezons que la « plupart des officiers des huit compagnies du régiment de milice de La Rochecourbon, qui sont de Saintonge, ne cherchent qu'à faire des frais aux paroisses parce qu'ils y trouvent quelque avantage et ne se soucient nullement d'avoir de bonnes compagnies (2) », le Ministre recommande à l'intendant de punir ceux de ces officiers qui se montrent les moins appliqués à leurs devoirs et qui ne songent qu'à grapiller. Il fait emprisonner un capitaine du régiment d'Aligny qui, contre argent, a donné congé à un de ses soldats « pour servir où bon lui semblera (3) ». Il menace de la même peine et de la cassation le major du régiment de milice de la Flandre wallonne qui, en se rendant à Metz, s'est fait attribuer des logements en nombre illicite (4). Il fait emprisonner et casser un capitaine du régiment de la Basse-Alsace pour ses exactions dans les paroisses de son ressort (5). Il inflige la même peine à un capitaine du régiment de milice du Lyonnais qui

---

(1) Barbezieux à M. de Nointel, 20 janvier 1693 (A. H. G., vol. 1185).

(2) Barbezieux à M. de Bezons, 2 avril 1693 (A. H. G., vol. 1188).

(3) Barbezieux à M. d'Aligny, 21 août 1693 (A. H. G., vol. 1193).

(4) Barbezieux à M. de Givry, gouverneur de Metz (A. H. G., vol. 1195).

(5) Barbezieux à M. de la Grange, 15 mars 1693 (A. H. G., vol. 1187).

« a dénoncé un soldat de sa compagnie mort, quoiqu'il ne le fût pas, et qui a donné congé à un autre après en avoir tiré de l'argent (1) ». Enfin il condamne un capitaine du régiment de Caixon à restituer 177 livres 10 sols qu'il a touchés, quoique absent, en substituant dans les revues un autre officier à sa place (2).

Sous le rapport de la discipline, le Ministre doit aussi sévir contre plusieurs officiers du régiment de Fontenay qui ont donné leur démission au moment où leur régiment partait pour la Flandre. Il les fait emprisonner et les oblige à restituer leurs appointements du quartier d'hiver (3). Il fait aussi arrêter deux capitaines, l'aide-major et un lieutenant du régiment de milice de Vilars, qui sont rentrés dans leur province sans permission du Roi (4). Il casse le major du régiment de Montjoie que le lieutenant du Roi de la ville de Lille, M. de la Rablière, lui a signalé pour sa mauvaise conduite (5), et il inflige la même peine, accompagnée de deux mois de prison, à un capitaine du régiment de milice de du Pontois (6) que M. de Givry, le gouverneur de Metz, a fait arrêter comme coupable de négligence dans son service et d'insultes envers le major de son régiment (7). Il adresse un blâme énergique au lieutenant-colonel du régiment de Vaulgrenant, M. Dannezay, qui n'a pas voulu déférer à la réquisition du sieur Tournier (le commissaire pré-

---

(1) Barbezieux à l'intendant de Bérulle, 2 avril 1693 (A. H. G., vol. 1188).

(2) Barbezieux au commissaire des guerres Tresin, 21 septembre 1693 (A. H. G., vol. 1194).

(3) Barbezieux à l'intendant Foucault, 17 juillet 1693 (A. H. G., vol. 1192).

(4) Barbezieux à l'intendant de Charlus, 25 octobre 1693 (A. H. G., vol. 1195).

(5) Barbezieux à M. de Montjoie, 18 août 1693 (A. H. G., vol. 1193).

(6) Ancien régiment d'Abondance.

(7) Barbezieux à M. de Givry, 21 juin 1693 (A. H. G., vol. 1190).

posé par M. de la Fond pour avoir soin des miliciens de Franche-Comté), lorsque ce commissaire lui a demandé des soldats de son régiment pour conduire à l'hôpital d'Oulx plusieurs de leurs camarades tombés malades (1). Enfin il inflige à M. d'Illiers, le colonel du régiment de milice d'Alençon, une punition exemplaire pour le fait suivant.

Un soldat de ce régiment vient se plaindre au lieutenant du Roi de Tournay, M. de Courcelles, que son capitaine l'a frappé de coups de bâton pour l'obliger à restituer quelque argent. Au lieu de réprimander le capitaine, M. d'Illiers fait emprisonner le soldat, et, comme M. de Courcelles lui envoie l'ordre de le relâcher, il menace de traduire l'homme devant un conseil de guerre et de le remettre en prison si quelqu'un s'avise de le délivrer. Après avoir vainement attendu deux jours que M. d'Illiers revînt à des sentiments plus raisonnables, M. de Courcelles se décida à rendre au soldat sa liberté et à saisir le Ministre de l'incident (2). Barbezieux, déjà mécontent des procédés du marquis d'Illiers envers ses officiers, envers son lieutenant-colonel qu'il avait voulu faire interdire à tort l'hiver précédent (3), ordonna à M. de Courcelles de l'emprisonner à la citadelle de Tournay, de délivrer un congé absolu au soldat, victime de cette injustice, et de lui

----

(1) Lettre de Barbezieux à M. Dannezay, du 30 mai 1693. — Lettre analogue du Ministre adressée, le même jour, au sieur Tournier « commis pour avoir soin des régiments de milice de Comté, au camp de Suze » (A. H. G., vol. 1189). — Signalons, en passant, une lettre de Barbezieux, du 29 décembre 1693, faisant savoir à M. de Vaulgrenant que le Roi rejetait sa proposition d'entretenir un chirurgien à la suite de chaque régiment de milice (A. H. G., vol. 1197).

(2) M. de Courcelles à Barbezieux, 14 août 1693 (A. H. G., vol. 1197).

(3) Par lettre du 30 décembre 1692, Barbezieux recommande à M. d'Illiers de vivre en meilleurs termes avec ses officiers (A. H. G., vol. 1133).

remettre 10 écus aux dépens de son capitaine, également
condamné à la prison (1). M. d'Illiers ne fut rendu à
la liberté qu'à la fin de novembre 1693, après deux
mois de captivité (2).

Vis-à-vis des miliciens, la principale préoccupation du
Ministre semble avoir été d'empêcher la désertion qui,
soit durant le quartier d'hiver, soit pendant la campagne, a exercé ses ravages dans les rangs de plusieurs
régiments. Le 20 août 1693, il fait rendre une ordonnance condamnant aux peines portées contre les déserteurs des autres troupes de Sa Majesté « tout soldat de
milice qui quittera la compagnie sans congé par écrit de
son capitaine, approuvé du colonel ou du commandant
du régiment en son absence, soit pendant que le régiment se trouvera assemblé, soit quand il sera dans sa
province (3) ».

Comme M. d'Herbouville s'est plaint du grand nombre
de déserteurs que son régiment a perdus à l'armée de
Flandre, il l'exhorte à faire arrêter et punir les coupables (4). Il recommande de même à M. de Cavoye de
se montrer sévère à l'égard du délit de la désertion et
de condamner aux galères « les soldats de milice qui ont
quitté, pendant l'hiver ou la campagne, sans congé de
leurs officiers, et je crois qu'il n'en faut exempter aucun,
parce que plus l'on fera d'exemples et plus cela contiendra les autres (5) ».

---

(1) Barbezieux à M. de Courcelles, 23 août 1693 (A. H. G., vol. 1193).
(2) Le 23 novembre 1693, Barbezieux mandait à M. de Courcelles
que le Roi, jugeant M. d'Illiers assez puni de sa faute par cet emprisonnement, ordonnait sa mise en liberté (A. H. G., vol. 1196).
(3) Collection des Ordonnances (Bibliothèque du Ministère de la
guerre).
(4) Barbezieux à M. d'Herbouville, 9 novembre 1693 (A. H. G.,
vol. 1196).
(5) Barbezieux à M. de Cavoye, 4 octobre 1693 (A. H. G., vol. 1193).

Le Ministre veille aussi à empêcher le passage des
miliciens dans les troupes réglées. Il fait retenir 50 écus
par homme sur les appointements d'un capitaine de
dragons, en garnison à Courtrai, qui a engagé dans sa
compagnie 3 soldats d'un des régiments de milice de
l'Ile de France (1), et remet en liberté un tambour
du régiment de Cavoye arrêté, alors qu'il se rendait en
Flandre, par 3 soldats des gardes françaises, emmené
par eux à Paris, sequestré pendant six semaines, et
enfin vendu à un capitaine du régiment des Vaisseaux (2).

A la fin de juillet 1693, les gouverneurs et les intendants furent de nouveau invités à se prononcer sur les
avantages ou les inconvénients du maintien des régiments
de milice à proximité des frontières pendant l'hiver (3).

---

(1) Barbezieux à l'intendant Dugué de Bagnols, 2 mars 1693
(A. H. G., vol. 1187).

(2) Barbezieux au commissaire des guerres Laneuville, 20 janvier
1693 (A. H. G., vol. 1185).

(3) La circulaire, adressée aux gouverneurs le 25 juillet, et aux
intendants le 28, était ainsi conçue :

« Monsieur,

« L'on proposa au Roi, l'année passée, de faire rester les régiments de
milice sur les frontières du royaume. MM. les Intendants que Sa Majesté
consulta furent de différents avis, les uns prétendant que les provinces
n'étaient point en état de payer 5 sols par jour, que l'on proposait de
donner à chaque soldat, ni les appointements des officiers comme éloignés de chez eux, c'est-à-dire de même qu'un capitaine d'infanterie de
troupes réglées les touche. L'on renouvelle aujourd'hui la même proposition à Sa Majesté, et comme plusieurs personnes assurent le Roi que ce
logement des milices de cette manière serait plus utile aux provinces
à cause de la peine que l'on a à faire des recrues qui coûtent considérablement, Sa Majesté m'ordonne de vous demander votre avis, observant de marquer ce qui sera plus avantageux au pays et que, si les
troupes demeurent sur les frontières, il ne faudra pas compter que
l'Extraordinaire des guerres avance cet argent, mais qu'il sera néces-

Nous savons, par les Archives de la Guerre, que MM. de
Nointel, de Chaulnes (1) et le maréchal d'Estrées (2) en
Bretagne ; M. de Canaples, gouverneur de Lyon (3).;
les intendants de la Berchère, à Rouen (4), de Pomereu
de la Bretèche, à Alençon (5), s'y montrèrent favorables ; que l'intendant Foucault (6), à Caen, et M. Desmadrys (7), à Ypres, furent d'un avis contraire. De part
et d'autre, on invoqua les arguments que nous avons déjà
passés en revue à la fin de 1692. Nous citerons ceux
que mirent en avant M. de Nointel et M. Desmadrys.
Le premier, qui avait déjà soutenu l'année précédente
que les provinces recevraient un soulagement du séjour
des miliciens sur les frontières, disait dans sa lettre à
Barbezieux, du 24 août 1693 : « J'y suis même plus con-
firmé que je ne l'étais par l'état pitoyable dans lequel
sont revenus les régiments de cette province ; par la
peine que j'ai eue à en faire les recrues et par la dépense
extraordinaire qu'il a fallu faire pour les rétablir. Vous
en jugerez aisément, Monsieur, quand je vous dirai que

---

saire que, pour donner le temps d'y voiturer les fonds, la solde soit
toujours remise au trésorier quinze jours d'avance. A l'égard des capitaines et officiers subalternes, il faudra leur payer leurs appointements
sur le pied de troupes réglées, et non la demi-solde, parce qu'étant
hors de chez eux ils ne pourraient pas subsister, c'est-à-dire que chaque
capitaine devra toucher 75 livres par mois, et chaque lieutenant 27 livres
aussi par mois » (A. H. G., vol. 1192).

(1) Lettres du duc de Chaulnes, du 16 août 1693, et de M. de
Nointel, du 24 août 1693 (A. H. G., vol. 1207).

(2) Barbezieux au maréchal d'Estrées, 28 septembre 1693 (A. H. G.,
vol 1194).

(3) Barbezieux à M. de Canaples, 15 août 1693 (A. H. G., vol. 1193).

(4) M. de la Berchère à Barbezieux, 6 août 1693 (A. H. G., vol.
1237).

(5) M. de Pomereu de la Bretèche à Barbezieux, 18 août 1693
(A. H. G., vol. 1237).

(6) M. Foucault à Barbezieux, 9 août 1693 (A. H. G., vol. 1237).

(7) M. Desmadrys à Barbezieux, 8 août 1693 (A. H. G., vol. 1207).

j'ai été obligé de faire nommer plus de 2,000 hommes pour les recrues, et que j'ai fait payer plus de 12,000 livres pour l'armement seul. Ils reviendraient encore cette année-ci dans le même désordre, à cause des longues routes et du peu de soin qu'en prennent les officiers, et la province vous sera fort obligée si vous voulez bien obtenir du Roi qu'ils restent l'hiver dans quelque place frontière (1) ».

A l'appui de la thèse opposée, M. Desmadrys écrivait à Barbezieux, le 8 août 1693 : « Pour satisfaire à votre ordre au sujet du régiment de milice de la Flandre occidentale, j'aurai l'honneur de vous dire, Monseigneur, qu'il me paraît qu'il serait plus avantageux au pays qu'il y revînt que de rester dans quelques-unes des places frontières, parce que sa subsistance lui coûterait le double, que la plus grande partie de ses soldats sont mariés et ne se sont engagés que dans l'espoir de retourner chez eux à la fin de chaque campagne, et c'est même une nécessité qu'ils y passent les hivers pour gagner de quoi faire vivre leurs femmes et enfants pendant leur absence. D'ailleurs, il est plus aisé aux communautés de payer sur les lieux leur solde, et aux officiers, que de la faire tenir dans la garnison où serait ce régiment. A quoi je prendrai encore la liberté d'ajouter que l'on ne doit pas craindre en Flandre les mêmes inconvénients que dans les autres provinces du Roi à l'égard des recrues, et qui ont fait proposer particulièrement de laisser ces sortes de troupes sur les frontières, parce qu'il s'y en fait très peu ordinairement..... (2) ».

Des deux solutions, et bien que Barbezieux eût promis au maréchal d'Estrées de tenir compte de ses avis « pour représenter au Roi la nécessité qu'il y a de tenir

---

(1) A. H. G., vol. 1207.
(2) *Ibid.*

les régiments de milice éloignés de chez eux (1) », celle
du retour de ces régiments dans leurs provinces prévalut (2). Une considération capitale semble l'avoir dic-
tée : l'impossibilité où se seraient trouvés les commis de
l'Extraordinaire des guerres, vu la disette d'argent qui
se faisait chaque jour sentir plus vivement dans le trésor royal, de consentir à aucune avance pour l'entretien
des régiments de milice, et la difficulté d'obtenir que les
fonds destinés à ces régiments leur fussent envoyés par
les provinces en temps et lieu (3). Ce ne sera que deux
ans plus tard que le Ministre tentera l'épreuve de faire
demeurer quelques régiments de milice assemblés, pendant l'hiver, loin de leur province. Encore cette épreuve
ne s'adressera qu'à une catégorie spéciale des régiments de milice, à ceux des provinces frontières.

En même temps qu'il se déterminait à faire revenir
les régiments de milice à l'intérieur du royaume, Barbezieux accompagnait cette mesure de la suppression

---

(1) Barbezieux au maréchal d'Estrées, 28 septembre 1693 (A. H. G.,
vol. 1191).

(2) Le 26 décembre 1693, Barbezieux faisait savoir au duc de
Chaulnes que, suivant les ordres du Roi, tous les régiments de milice
retourneraient dans leurs provinces (A. H. G., vol. 1197).

(3) Ces raisons sont clairement expliquées dans la lettre de Barbezieux à l'intendant d'Herbigny, du 3 juin 1694 : « ..... Les trésoriers
de l'Extraordinaire des guerres n'étant pas en état de faire aucune
avance pour leur (régiments de milice) subsistance, il serait d'une
nécessité indispensable que les sommes, que les provinces devraient
fournir pour cet effet, fussent livrées diligemment et remises dans
les places où seraient les régiments huit ou dix jours à l'avance,
chaque mois. D'ailleurs ce serait un argent considérable qui sortirait
des provinces sans espérance qu'il y pût jamais rentrer, et que la
grande consommation de blé que ces troupes feraient absorberait entièrement tout celui qui serait sur les frontières. C'est ce qui me fait
croire que le Roi n'est point disposé à changer cette année le logement
des régiments de milice » (A. H. G., vol. 1246).

des congés pour tous les soldats dont le temps de service expirait en décembre 1693 (1). Un léger adoucissement fut apporté toutefois à la condition des miliciens. Se rendant compte qu'ils ne pouvaient vivre avec 2 sols par jour à une époque où la disette des blés se faisait cruellement sentir dans tout le royaume, Barbezieux autorisa les généralités, qui lui en exprimèrent le désir, à faire payer 4 sols à leurs miliciens pendant le quartier d'hiver. Il alla même jusqu'à préconiser la généralisation de cette mesure équitable en écrivant à l'intendant de Tours, M. de Miromesnil, le 29 décembre 1693 : «Les vivres sont si chers qu'il n'est pas possible que les soldats de milice puissent subsister de 2 sols par jour. C'est ce qui m'oblige à vous prier de me mander si vous ne jugeriez pas à propos de faire donner jusques à 4 sols à chacun de ceux du régiment de Launay, de même que l'on fait dans plusieurs départements (2). »

Durant l'hiver de 1693 à 1694, plusieurs intendants parvinrent, non sans peine, à compléter les régiments de milice tant par la difficulté de trouver des hommes, vu l'augmentation des compagnies, que par les maladies et la mortalité, suite de la disette des blés qui désola l'intérieur du royaume. Au spectacle de la misère de paysans, MM. de Bezons et d'Herbigny supplièrent de nouveau le Ministre de la Guerre de ne point remettre sur pied les régiments de seconde milice de Guyenne. M. d'Herbigny s'éleva avec sa vigueur accoutumée contre le maintien de ces régiments inutiles, dont il était impossible de « tirer jamais aucun service », et qui étaient « haïs comme la peste (3) » dans la généralité de

---

(1) Ordonnance du 24 novembre 1693 (Collection des Ordonnances, bibliothèque du Ministère de la guerre).

(2) A. H. G., vol. 1197.

(3) M. d Herbigny à Barbezieux, 12 mai 1694 (A. H. G., vol. 1285).

Montauban. Barbezieux se rendit enfin aux prières des intendants et leur fit savoir, le 12 avril 1694, de ne point procéder à la levée de ces milices qui était différée provisoirement (1). Dans la réalité, elles ne furent pas mises sur pied de toute la campagne, et ne devaient plus l'être les années suivantes.

Ce soulagement venait d'autant plus à son heure que MM. de Bezons et d'Herbigny étaient dans l'obligation d'imposer à la Guyenne de nouveaux sacrifices en vue de restaurer les anciens régiments de milice. Décimé par les maladies pendant son séjour à Pignerol en 1693, le régiment de Boissière avait ramené à peine 250 soldats et remis les armes et l'équipement des miliciens morts (456 fusils ou mousquets, 463 épées, 528 ceinturons, 411 fourniments, 513 bandoulières, sans compter 140 tentes) (2) au conducteur des mulets du Languedoc à la suite de l'armée d'Italie, avec ordre d'embarquer ces armes à Lunel sur le canal du Languedoc. A son passage à Fenestrelle, ce convoi fut pillé par les deux bataillons de troupes réglées qui y tenaient garnison, et M. de Bezons demanda au Ministre que ces deux bataillons fussent contraints de restituer la somme de 11,745 livres 75 sols, montant du dommage dont ils s'étaient rendus coupables (3). Après avoir eu un moment la pensée de faire payer cet argent par les officiers de ces deux bataillons, ce qui les eût ruinés, Barbezieux enjoignit à M. de Bezons de faire remplacer, aux frais des paroisses, les armes qui manquaient au régiment de Boissière (4). L'intendant dut s'incliner devant cet ordre

---

(1) A. H. G., vol. 1244.

(2) « État des armes et tentes qui ont été remises le 23 novembre 1693, par M. de Siévrac, major du régiment de Boissière, à M. Bicorne, conducteur des mulets du Languedoc qui étaient à la suite de l'armée d'Italie..... » (A. H. G., vol. 1285).

(3) M. de Bezons à Barbezieux, 8 mai 1694 (A. H. G., vol. 1285).

(4) En attendant la décision de Barbezieux, M. de Bezons avait

formel, mais il n'avait point caché au Ministre combien
cette nouvelle dépense serait à charge à la province :
« Elle n'a aucuns fonds, écrivait-il le 25 mai 1694. Elle
est accablée d'impositions. Quand le Roi voudra que l'on
en fasse une pour ces armes, je n'ai qu'à obéir...... Il
est inconcevable ce que ces régiments de milice coûtent
à la province par les faux-frais pour fournir les nouveaux soldats tous les ans. Il en a fallu cette année plus
de 750 nouveaux pour le seul régiment de Boissière. Il
est en marche avec 855 hommes. Il n'en manque que 45,
dont il y en a 14 qui sont morts dans les quartiers, depuis
qu'ils sont assemblés, ou qui ont déserté.... (1) ». Malgré les soins de M. de Bezons et de M. d'Herbigny, les
régiments de La Bastide, Caixon, La Garde et Bournazel, dirigés sur le Roussillon, partirent aussi incomplets de leur province. Ils arrivèrent à leur destination
avec un déficit moyen de 5 à 8 hommes par compagnie,
et le maréchal de Noailles écrivait à Barbezieux, au camp
sous Girone, le 8 juillet 1694 : « Les quatre régiments
de milice des généralités de Bordeaux et de Montauban
ont toujours été très faibles dès le commencement de la
campagne, et il y manquait plusieurs capitaines et officiers subalternes. Celui de La Bastide, quoique faible,
était le plus fort et le mieux en état (2) ».

A en juger par les renseignements qui nous sont parvenus sur le régiment de Dufaux, les régiments de milice de Bretagne quittèrent aussi leur province avec des

---

dirigé sur Brest le régiment de Boissière, avec 250 mousquets pour
tout armement. Mécontent d'apprendre que ce régiment marchait
« plutôt comme une troupe de paysans que comme des troupes d'armée », le Ministre écrivit à M. de Bezons, le 30 juillet 1694, d'imposer
sur sa généralité les 9,000 livres nécessaires à la reconstitution de cet
armement, en dépit des difficultés que pourrait présenter cette imposition au moment de la récolte (A. H. G., vol. 1247).

(1) A. H. G., vol. 1285.
(2) A. H. G., vol. 1286.

effectifs et un armement très incomplets. Lors de son passage à Nantes, le 1er bataillon de ce régiment n'avait pour armes que 300 fusils, sans bandoulières ni fourniments. Dans le 2° bataillon, on comptait seulement « 49 fusils neufs et 123 vieils, 70 mousquets, 157 épées, 369 ceinturons, 41 bandoulières et 44 fourniments, qui fussent en état de servir ; ces fusils neufs étaient en partie rouillés et plusieurs des épées manquaient de fourreaux ; outre cela, il y avait encore 25 fusils, 41 mousquets et 51 épées, rompus et inutiles ; ainsi il manquait à ce bataillon 358 tant mousquets que fusils, 443 épées, 231 ceinturons, 556 fourniments et 559 bandoulières ; les étoffes dont on a habillé les soldats sont fort mauvaises, et la plupart de ces soldats sont sans souliers..... (1) ». Envoyé à Dieppe, un bataillon de ce régiment y arrivait, le 30 juin 1694, « en assez mauvais état, étant au-dessous de 400 hommes, presque tous sans épée et plus du tiers sans mousquet. Il y a 8 capitaines et 7 lieutenants. Les autres sont demeurés, ou malades, ou pour amener encore quelques recrues qui étaient encore à faire. Les officiers m'ont dit que c'étaient presque tous soldats levés cette année et que, dans les dix compagnies qui composent ce bataillon, il n'y avait pas 80 soldats de l'année passée. Il y a de bons hommes, mais il y en a aussi d'assez mauvais (2) ».

Si les régiments de Guyenne et de Bretagne quittèrent leurs provinces en médiocre état, la majorité des témoignages conservés aux Archives de la Guerre s'accordent à reconnaitre que le zèle de la plupart des intendants pour le rétablissement des régiments de milice fut couronné de succès. Le marquis d'Huxelles se loue du régiment de milice de la Basse-Alsace « bien complet » et

---

(1) Barbezieux à l'intendant de Bretagne, M. de Nointel, 13 juin 1694 (A. H. G., vol. 1246).

(2) M. de Beuvron à Barbezieux, 1er juillet 1694 (A. H. G., vol. 1257).

composé « de bons hommes, bien vêtus et bien armés »,
ainsi que d'officiers « bien faits (1) ». L'intendant Bignon
assure le Ministre que le régiment de Cavoye, de la
généralité d'Amiens, part pour la Flandre « très beau et
très complet (2) ». L'intendant Voysin vante l'excellent
état des sept compagnies de milice de son département
qu'il vient de passer en revue à Landrecies, lesquelles
sont « entièrement complètes et ne sont point dimi-
nuées, pour la beauté, de ce qu'elles étaient l'année
dernière (3) ». L'intendant Larcher rend compte au
Ministre que « les deux régiments de milice de Champagne sont en fort bon état et encore assez beaux cette
année, nonobstant le grand nombre de remplacements
qu'il y avait à faire dans les deux bataillons de campagne et la difficulté qui commence à se trouver dans les

---

(1) M. d'Huxelles à Barbezieux, 12 avril 1694 (A. H. G., vol. 1264).
— Il manquait 250 hommes aux deux régiments de milice de la Haute
et de la Basse-Alsace, que l'intendant de la Grange fit remplacer par
les communautés. L'intendant demanda vainement à Barbezieux de ne
pas trop éloigner ces régiments de l'Alsace parce que « les officiers ne
sont guère en état de faire de la dépense » (M. de la Grange à Barbezieux, 15 mars 1694. A. H. G., vol. 1284).

(2) M. Bignon à Barbezieux, 26 avril 1694 (A. H. G., vol 1285). —
Dix compagnies du régiment de Cavoye, destinées à l'armée de Flandre,
furent dirigées sur Mons ; les cinq autres, sur Avesnes, où elles devaient
tenir garnison.

(3) Voysin à Barbezieux, Landrecies, 9 avril 1694 (A. H. G.,
vol. 1285). — Par exception, les huit autres compagnies du régiment
de Bossu étaient restées pendant l'hiver en garnison à Aire. Elles
appartenaient aux villages du Hainaut les plus rapprochés de la frontière et sans cesse parcourus par les partis ennemis. Il était à craindre
qu'en renvoyant les miliciens dans leurs villages, ils n'y fussent l'objet
des représailles de ces partis. Aussi Voysin, d'accord avec le maréchal
de Boufflers, préféra les tenir assemblés l'hiver dans une place forte,
aux frais de la province. Aire fut choisie à ce dessein, et c'est là que
Voysin fit parvenir aux compagnies les recrues destinées à les rendre
complètes.

paroisses pour y avoir de beaux hommes (1) ». M. de
Miromesnil écrit de Tours que le régiment de sa généralité est « bien complet et n'a jamais été si bon qu'il
est... Il nous reste, Monsieur, à vous supplier très humblement de vouloir engager les officiers à travailler à la
conservation des soldats, habits et armes, dont les capitaines ne prendront aucun soin pendant la campagne,
s'ils n'y sont nécessités par leur propre intérêt (2) ».
Enfin, en mentionnant le départ, pour Nice, du régiment
de milice de Provence, « composé de 582 soldats aussi
grands et aussi bien faits, je crois, que ceux d'aucun
autre régiment de milice du royaume », l'intendant Le
Bret ajoute ces réflexions que nous ne pouvons passer
sous silence, car elles sont un aveu de l'impuissance des
intendants à réprimer les fraudes et les injustices qui se
perpétuaient dans la désignation des miliciens : « Je ne
me plains point, Monsieur, des peines extrêmes que j'ai
été obligé de prendre seul pour mettre ce régiment au
bon état où il se trouve....., mais, si vous pouviez
entrer dans le détail des injustices qui sont faites aux
soldats, tant par les officiers du régiment que par les
consuls des communautés chargés de les fournir, et surtout des faux-frais et dépenses inévitables que cette fourniture cause à toutes ces communautés, je suis persuadé
que vous entreriez dans tous les expédients possibles de
les en décharger à l'avenir et d'obliger les officiers du
régiment à faire les recrues de la même manière
qu'elles se font pour les régiments que le Roi entretient
toute l'année (3) ».

---

(1) L'intendant Larcher à Barbezieux, 19 avril 1694 (A. H. G.,
vol. 1285).

(2) M. de Miromesnil à Barbezieux, 21 avril 1694 (A. H. G., vol.
1285).

(3) M. Le Bret à Barbezieux, 30 avril 1694 (A. H. G., vol. 1285).

CHAPITRE VII

Nous trouvons, en 1694, des régiments de milice sur tous les théâtres d'opérations : Italie, Catalogne, Flandre, Allemagne, Côtes de Bretagne et de Normandie. Les quarante et un régiments sont commandés par les mêmes colonels qu'en 1693, sauf le régiment de Dupas, de la généralité de Paris, maintenant aux ordres de M. de Lacoste.

C'est encore sur la frontière d'Italie et de Savoie que se rencontrent, en plus grand nombre, les régiments de milice : ceux de Du Gua, d'Aligny, de Launay, de Vaulgrenant, de Caixon, de Saint-Jal, du Janet, de Coutenges, de Menou, de Dubois de la Roche, de Fontanès, de Vilars, de Montjoie et de Bernhold (1). Les opéra-

-----

(1) Outre les deux compagnies de milice du Pragelas qui existaient

tions de cette campagne ne furent marquées par aucune rencontre entre les armées. Catinat s'y maintint sur la défensive, toujours contraint de laisser des forces considérables à la garde de ses communications, sans cesse exposées aux attaques des audacieux Barbets.

Ces derniers, au nombre de 600, ne craignirent point d'attaquer, le 12 août 1694, un convoi de farine à son passage au village des Traverses, bien que le village et ses abords fussent gardés par deux bataillons de troupes réglées et six compagnies des milices de Vilars. Sur les 300 mulets du convoi, 150 furent enlevés avec leurs charges. Nos troupes, prises de panique, se débandèrent sans combattre. Miliciens et troupes réglées ne firent aucune résistance. Seuls, le commissaire des guerres et le principal commis des vivres, qui accompagnaient le convoi, tinrent une contenance ferme. Ils se retirèrent dans l'église et les maisons voisines servant de réduit, et, aidés d'un officier, d'un sergent et de 30 hommes du régiment de Vilars qui occupaient ce poste, ils parvinrent à repousser les assaillants. « M. de Vilars commandait là, écrivait Catinat au Roi le soir même ; c'est un brave homme, connu pour tel, qui a été capitaine des grenadiers du régiment de la Sarre. Il se défend que les troupes étaient si éparpillées et si épouvantées qu'il ne lui a pas été possible de les mener aux ennemis pendant qu'ils étaient dans les Traverses et qu'il n'a pu en venir à bout que lorsqu'ils en ont été partis (1) ».

Outré de la mauvaise contenance de nos troupes, le Roi prescrivit à Catinat de faire arrêter M. de Vilars et

---

déjà, Catinat rendit compte au Roi, le 2 juin, qu'il tirait cinq compagnies de milice (environ 300 hommes) des communautés du Haut-Pragelas (A. H. G., vol. 1273).

(1) Catinat au Roi, camp du Diblon, 12 août 1694 (A. H. G., vol. 1273). — Voir le croquis n° 3.

les deux commandants des bataillons qui servaient sous ses ordres (1).

Il est probable que l'enquête à laquelle Catinat se livra sur la conduite de ces officiers ne fut point défavorable à M. de Vilars, car cet officier, emprisonné à Briançon, était remis en liberté à la fin d'octobre 1694. Catinat lui-même n'oubliait rien pour sa rentrée en grâces, et, le 6 novembre 1694, il écrivait à Barbezieux cette lettre qui prouve la générosité de son cœur et l'estime qu'il professait pour M. de Vilars : « J'ai pris la liberté, Monsieur, de donner cette lettre à M. de Vilars, colonel du régiment de la généralité de Bourbonnais, pour vous la remettre lorsqu'il aura l'honneur de vous faire la révérence. C'est un brave homme qui a toujours bien servi et très connu sur ce pied-là. L'affaire qu'il a eue aux Traverses est malheureuse, et, bien approfondie, elle ne fait nul tort à son mérite. Elle l'a cependant mis dans une douleur dont il a de la peine à revenir. Je vous supplie très humblement, Monsieur, d'avoir la bonté de lui donner quelque consolation par une réception qui lui puisse faire croire qu'il n'est point perdu dans votre estime, et lui donner espérance que vous l'honoreriez de votre protection si vous en aviez occasion (2) ».

Les régiments de milice qui servirent en Catalogne en 1694 eurent un rôle plus actif. Au début des opérations, nous trouvons à l'armée du duc de Noailles les quatre régiments de Caixon, Bournazel, La Garde et La Bastide, des milices de Guyenne, le régiment de

---

(1) Le 31 août 1694, Catinat accuse réception des ordres du Roi pour faire arrêter le sieur de Vilars et les commandants des deux bataillons qui étaient avec lui aux Traverses (A. H. G., vol 1273).

(2) A. H. G., vol. 1273.

Noailles-Roussillon, et un bataillon formé par les milices du Languedoc et commandé par M. de Vogüé.

Jusqu'alors les régiments de milice du Languedoc n'avaient pas été employés hors de leur province. Comme les nouveaux convertis n'inspiraient plus de crainte, Barbezieux ordonna à M. de Broglie et à l'intendant de Basville de prélever 1,600 hommes sur les huit régiments de milice de cette province et de les mettre à la disposition du maréchal de Noailles, M. de Broglie les organisa en trois bataillons et mit à leur tête quelques colonels et lieutenants-colonels (1).

Ces bataillons arrivèrent en Roussillon « d'une grande beauté et très complets (2) », au témoignage du maréchal de Noailles qui en répartit deux dans les places de la frontière et garda le troisième « pour mettre dans des postes (3) », à mesure que l'armée pénétrerait dans le pays ennemi.

Si M. de Noailles louait sans réserve la belle tenue des milices du Languedoc, il avait lieu d'être moins satisfait des quatre régiments de milice de Guyenne qui étaient arrivés incomplets en hommes et en officiers. Quelques compagnies de chaque régiment furent laissées à la garde des places ; les autres formèrent un bataillon de campagne dont l'effectif, à l'ouverture des hostilités, était le suivant :

---

(1) Le 26 avril 1694, Barbezieux faisait savoir à M. de Broglie que le Roi approuvait l'ordre donné par lui à quelques colonels et lieutenants-colonels de partir avec les 1,600 hommes détachés des milices du Languedoc (A. H. G., vol. 1244).

(2) Le maréchal de Noailles au Roi, 17 août 1694 (A. H. G., vol. 1283).

(3) Le maréchal de Noailles au Roi, 19 mai 1694 (A. H. G., vol. 1282).

Régiments.	Bataillons.	Com-pagnies.	Soldats en état de servir.	Malades à l'hôpital.	Total dans chaque régiment.
Caixon............	1	10	500	19	519
La Garde	1	10	520	18	538
Bournazel	1	10	521	26	547
La Bastide........	1	13	600	75	675 (1)

Le 27 mai 1694, le maréchal de Noailles remportait, sur les bords du Ter, une éclatante victoire. Son armée avait été rangée la veille sur une seule ligne, cavalerie et infanterie entremêlées. Elle comprenait environ 16,000 hommes d'infanterie, répartis en trente bataillons, dont six de milice (Caixon, Bournazel, La Garde, La Bastide, Noailles-Roussillon et Vogüé) (2).

Nos troupes se portèrent, sur trois colonnes, à l'attaque des retranchements dont les ennemis avaient couvert la rive droite du Ter. Elles passèrent à gué cette rivière et emportèrent tout ce qui tenta de leur résister. L'affaire fut surtout décidée par les carabiniers et les grenadiers de l'armée. Nous éprouvâmes, en regard des Espagnols, des pertes infimes sur lesquelles les Archives de la Guerre ne donnent aucun renseignement de détail. M. de Noailles se loua de toutes les troupes qui rivalisèrent, dans cette journée, d'entrain et de bravoure.

La victoire remportée par le maréchal de Noailles sur les bords du Ter fut suivie de la conquête de Palamos, de Girone, d'Hostalrich et de Castelfollit. Les régiments de Caixon, La Garde, Bournazel et La Bastide, prirent

---

(1) Situation jointe à la lettre du maréchal de Noailles au Roi, du 19 juillet 1694 (A. H. G., vol. 1283).

(2) Les trente bataillons formaient six brigades (Alsace, Sourches, Touraine, Vaubecourt, Erlach, Sault). Noailles-Roussillon était rattaché à la brigade d'Alsace; Bournazel à celle de Sourches; La Garde et Caixon à celle de Touraine; La Bastide à celle d'Erlach; Vogüé à celle de Sault. (Plan de la bataille du Ter gravé par Beaulieu et donnant l'ordre de bataille des armées française et espagnole.)

part aux deux premiers de ces sièges, y montèrent la tranchée avec les troupes réglées et y subirent quelques pertes, comme le prouve l'état de l'infanterie de l'armée du Roussillon adressé au Roi par le maréchal de Noailles, le 10 juillet 1694, après le siège de Girone (1) :

Régiments.	Soldats en état de servir.	Tués.	Morts aux hôpitaux.	Malades aux hôpitaux.	Total dans chaque régiment.
Caixon	450	17	10	111	585
La Garde	438	21	17	93	570
Bournazel.	400	6	»	99	505
La Bastide.	500	6	7	90	603

Pendant que le maréchal de Noailles faisait le siège de Castelfollit, les Espagnols essayèrent de reprendre Hostalrich. La garnison, composée d'un bataillon du régiment de Sault, d'un bataillon suisse, et du régiment de La Bastide, était fort affaiblie par les maladies, si bien que le bataillon de Sault et le régiment de La Bastide n'avaient pas plus de 100 ou 120 hommes sous les armes, le bataillon suisse 160 (2).

Le gouverneur, M. de la Reinterie, voyant ses munitions presque épuisées, était entré en pourparlers avec les ennemis pour arrêter les termes de sa capitulation quand, sur le bruit de l'approche d'un secours, les Espagnols levèrent le siège le 10 septembre 1694. Dans sa lettre au Roi du 5 octobre 1694, le maréchal de Noailles se déclara peu satisfait de la défense : « La plus grande faute vient assurément des troupes qui gardaient cette place, et je vois par expérience que je n'avais que trop de raisons lorsque je suppliais Votre Majesté de ne pas me donner ce 3e bataillon de Sault. A l'égard des mi-

---

(1) A. H. G., vol. 1283.

(2) Le maréchal de Noailles au Roi, 5 octobre 1694 (A. H. G., vol. 1283).

lices, j'ai toujours été assez malheureux sur celles que j'ai eues par le passé pour voir que les meilleures n'en valaient pas grand'chose..... (1) ». Il semble d'ailleurs que le maréchal de Noailles n'ait guère eu à se louer des régiments de milice de son armée, car il écrivait au Roi, le 17 août 1694 : « Je ne sais pas comme ceux qui ont l'honneur de commander les autres armées de Votre Majesté se trouvent des régiments de milice, mais, hors celui de La Bastide, qui cependant se ressent toujours de la milice, les autres sont très faibles et très mauvais (2) ». Cette impression défavorable était encore accrue, quelques jours plus tard, par la conduite d'un capitaine de Noailles-Roussillon qui, ayant sous ses ordres sa compagnie et un détachement de miquelets, rendait, sans coup férir, aux ennemis le château de Sainte-Pau, confié à sa garde (3).

Les maladies firent, à la fin de l'été, de terribles ravages dans l'armée du maréchal de Noailles. Les milices du Languedoc furent décimées. Les deux bataillons qui faisaient partie de la garnison de Girone n'avaient pas, au début d'octobre, « 100 hommes en état de faire le service », et, « afin de ne les pas détruire entièrement (4) », le Maréchal prenait le parti de les renvoyer dans leur province. Ils y arrivèrent « tellement dépéris » qu'en comptant les malades demeurés dans les hôpitaux de Perpignan et de Béziers, l'intendant de Basville ne put retrouver « 400 hommes, y ayant eu 1,200 de morts, la plupart à Girone (5) ». Si ces pertes effrayantes étaient

---

(1) A. H. G., vol. 1283.
(2) *Ibid.*
(3) Le maréchal de Noailles au Roi, 24 août 1694 (A. H. G., vol. 1283).
(4) Le maréchal de Noailles au Roi, 7 octobre 1694 (A. H. G., vol. 1283).
(5) M. de Basville à Barbezieux, 2 novembre 1694 (A. H. G., vol. 1287).

dues au climat meurtrier de la Catalogne, M. de Basville
les attribuait encore au manque de soins dans les hôpitaux et au vice organique de ces détachements prélevés
sur divers régiments, les officiers se mettant peu en
peine « des soldats qui ne sont pas de leur compagnie et
de leur corps (1) ».

En Allemagne et en Flandre, les bataillons de milice
sont moins nombreux dans les armées que l'année pré-
cédente. Les bataillons de campagne des régiments de
Moulins et de Grandpré font partie de notre armée d'Al-
lemagne ; ceux des régiments d'Herbouville et de
Lacoste figurent à l'armée de la Meuse, sous le maréchal
de Boufflers ; ceux des régiments de Cavoye et de
Lignières sont rattachés à notre principale armée de
Flandre, sous le Grand Dauphin et le maréchal de
Luxembourg (2).

Les régiments de Montenay, Fontenay, La Ilhière,
sont surtout employés à la garde de nos lignes, de la
Lys à la mer, et le premier de ces régiments fournit un
bataillon pour travailler aux fortifications de la Kenoque
et de Furnes (3). Le régiment d'Illiers tient garnison
partie à Saint-Omer, partie à Mons. Enfin des milices de
Bretagne (peut-être le régiment de Guébriant) sont à
Mons, où elles participent à un vigoureux coup de main
des troupes de cette garnison qui enlèvent, le 29 sep-

---

(1) M. de Basville à Barbezieux, 2 novembre 1694 (A. H. G., vol.
1287).

(2) Dans la revue de l'armée de Flandre passée par l'intendant de
Bagnols le 6 août 1694, les bataillons de Lignières et de Cavoye comptent, le premier, 17 officiers et 531 hommes, le second, 16 officiers et
540 hommes (A. H. G., vol. 1258).

(3) Le 15 juillet 1694, Barbezieux approuve l'intendant Desmadrys
d'avoir fait payer, sur le pied de campagne, la solde de ce bataillon
(A. H. G., vol. 1247).

tembre 1694, dans ses quartiers, le comte de Tilly, l'un des principaux lieutenants de Guillaume d'Orange, et ramènent un étendard pris sur l'ennemi (1).

Durant la campagne de 1694, les flottes anglaises ne cessèrent de croiser sur nos côtes, et les milices boulonnaises furent appelées à fournir un service actif de surveillance, depuis l'embouchure de la Somme jusqu'à Calais. Quand Dieppe fut bombardée, au mois de juillet 1694, le gouverneur de Boulogne, le duc d'Aumont, fit avancer à Abbeville, où se trouvait déjà un bataillon de ces milices, deux autres bataillons et 300 chevaux (2). Il tint ensuite assemblé à Marquise, entre Boulogne et Calais, un corps de cinq compagnies de grenadiers des milices boulonnaises pour se porter, au premier signal, sur les points menacés d'un bombardement ou d'un débarquement (3).

Le 18 juin 1694, une nombreuse flotte anglaise, ayant Brest pour objectif, essaya de débarquer à Camaret. Vauban, qui avait reçu la mission de protéger le port et la rade de Brest, disposait de quelques compagnies de la marine, du régiment de cavalerie de Duplessis, de 4,000 hommes environ de milices gardes-côtes très mal armées et équipées, et des régiments de milice de La Rochecourbon et de Boissière, arrivés en Bretagne en médiocre état. Nous avons dit plus haut les circonstances par suite desquelles ce dernier régiment était parti de sa province à peu près désarmé, n'ayant que

----

(1) Un capitaine de milice fut tué dans cette affaire. (M. de Laubanie, gouverneur de Mons, à Barbezieux, 29 septembre 1694. A. H. G., vol. 1259).

(2) Barbezieux au duc d'Aumont, 26 juillet 1694 (A. H. G., vol. 1247).

(3) Le duc d'Aumont à Barbezieux, 3 septembre 1694 (A. H. G., vol. 1259).

« 250 mousquets, point d'épées ni bandoulières, ni tentes, ni marmites (1) ». Le régiment de La Rochecourbon était aussi arrivé sans tentes, et Vauban fut obligé de lui en faire fournir à Brest (2).

Lorsque la flotte anglaise parut en vue de Camaret, Vauban n'avait point ses forces réunies. Le régiment de Boissière n'arriva pas en temps pour s'opposer au débarquement des ennemis. Vauban ne put mettre en ligne que les compagnies de la marine, quelques milices gardes-côtes, le régiment de cavalerie de Duplessis et huit compagnies du régiment de La Rochecourbon (3). Le lieutenant-colonel de ce régiment, alors à Quimper, « fit, le jour et la nuit, 12 grandes lieues avec 100 soldats choisis qui arrivèrent à peu près dans le même temps que la cavalerie (4) ». Les Anglais, vigoureusement reçus, furent obligés de se rembarquer avec précipitation, après avoir perdu 700 hommes tués, noyés ou prisonniers. Le nombre de ces derniers s'éleva à 15 officiers et 451 hommes. Comme l'écrivait Vauban à Barbezieux, le 21 juin 1694, « la principale attaque s'est, par un grand bonheur, adressée aux troupes de la marine qui ont très bien fait. Il y eut aussi le lieutenant-colonel du régiment de La Rochecourbon qui arriva fort à propos avec un détachement de 100 hommes choisis de son régiment, des mieux ingambes..... (5) ». Après le combat, nos troupes se parèrent des dépouilles des vaincus, ce qui faisait dire à Vauban dans son style pittoresque et plein de vie : « Nos milices, qui étaient très mal armées, se sont fort accommodées de leurs armes et

---

(1) Vauban à Barbezieux, Brest, 28 juin 1694 (A. H. G., vol. 1256).

(2) *Ibid.*

(3) Le commissaire des guerres Bouridal à Barbezieux, 18 juin 1694 (A. H. G., vol. 1256).

(4) Vauban à Barbezieux, Brest, 28 juin 1694 (A. H. G., vol. 1256).

(5) Vauban à Barbezieux, Brest, 21 juin 1694 (A. H, G., vol. 1256).

de leurs habits. On ne voit plus que bonnets de grenadiers parmi nos troupes, fort beaux, où les noms des colonels et leurs armes sont en broderie. Il y a tel paysan, qui était demi-nu, qui a présentement des plumes sur sa tête avec des habits rouges galonnés. C'est la plus plaisante figure du monde à voir (1) ».

A la fin de juin 1694, les régiments de Boissière et de La Rochecourbon venaient camper à Crozon, et Vauban les employait à perfectionner les retranchements et les défenses de la rade de Brest (2).

Pour terminer cet exposé du rôle des régiments de milice durant la campage de 1694, on peut encore citer l'aide prêtée à la maréchaussée par une compagnie du régiment d'Aligny au printemps de cette année. Mise à la disposition de l'intendant de Bourgogne, cette compagnie participa à la capture d'une bande de brigands qui désolaient les environs de Charolles (3).

En parcourant la correspondance du Ministre de la guerre en 1694, on y relève plus d'un blâme et d'une mesure sévère à l'égard des officiers de milice. Les punitions les plus graves, emprisonnement, restitution d'argent, destitution, sont prononcées contre deux capitaines du régiment de Montenay qui ont donné verbalement congé à deux de leurs soldats, respectivement pour 100 livres et pour 52 livres 10 sols (4) ; contre un.

---

(1) Vauban à Barbezieux, Brest, 28 juin 1694 (A. H. G., vol. 1256).
(2) *Ibid.*
(3) A cet effet, Barbezieux écrivait à M. de Servigny, capitaine dans le régiment de milice d'Aligny, le 29 mars 1694 : « L'intention du Roi est que vous marchiez, avec votre compagnie de milice, dans les endroits où M. Ferrand, intendant de Bourgogne, vous requerra et dans le temps qu'il vous prescrira..... » (A. H. G., vol. 1243).
(4) Barbezieux à l'intendant d'Ormesson, 27 avril 1694 (A. H. G., vol. 1244).

lieutenant du régiment de Launay, qui s'est fait adjuger, par plusieurs paroisses, 500 livres pour un prétendu droit de présentation des miliciens (1) ; contre l'officier qui commandait huit compagnies du régiment d'Aligny à leur passage à Arnay-le-Duc et ne s'était point opposé aux désordres de ses soldats (2) ; contre un capitaine du régiment de La Ilhière qui, dans une revue, a fait figurer trois soldats étrangers à sa compagnie (3). Nous voyons aussi le Ministre ordonner une enquête sur les agissements de plusieurs capitaines du régiment de Vaulgrenant qui « ont vendu les armes, justaucorps et tentes, des soldats de leurs compagnies morts ou restés malades aux hôpitaux (4) ».

Ce ne sont pas les officiers des compagnies qui encourent seuls les reproches du Ministre. Apprenant que, l'année précédente, le régiment de secondes milices de Lavedan, en se rendant du Quercy au pays de Foix, s'est fait payer plus de 900 places de fantassins et de 90 places de chevaux au delà de l'effectif du régiment, l'intendant d'Herbigny contraint l'état-major à restituer 180 livres ; Barbezieux ordonne en outre d'emprisonner le major jusqu'à restitution complète de 300 livres, montant de l'argent injustement gardé (5). Le régiment de Dufaux, se rendant à la Rochelle, brûle l'étape de Pouzaugues et de Réaumur, ce qui n'empêche point l'aide-major du régiment de toucher « 314 livres, tant de l'étapier que

---

(1) Barbezieux à l'intendant de Miromesnil, 20 mai 1694 (A. H. G., vol. 1245).

(2) Barbezieux à l'intendant Ferrand et à M. d'Aligny, 28 mai 1694 (A. H. G., vol. 1245).

(3) Barbezieux à M. de Chevilly, gouverneur d'Ypres, 29 juillet 1694 (A. H. G., vol. 1247).

(4) Barbezieux à l'intendant de la Fond, 19 décembre 1694 (A. H. G., vol. 1252).

(5) Barbezieux à M. d'Herbigny, 3 juin 1694 (A. H. G., vol. 1246).

des habitants de ces lieux (1) ». Le Ministre le condamne à restituer l'argent et le destitue. Enfin M. de
Fontenay, colonel du régiment de la généralité de Caen,
est invité à mieux traiter ses officiers, « sinon le
Roi y pourvoira d'une manière qui ne lui sera pas
agréable (2) »; ses exactions dans les paroisses lui
attirent en même temps une retenue sur ses appointements de la part de l'intendant Foucault, qui mandait à
MM. de Pontchartrain et de Barbezieux, le 22 mai 1694,
avoir reçu « beaucoup de plaintes d'habitants de plusieurs paroisses des vexations qui leur ont été faites par
M. de Fontenay.... ; qu'il refusait les garçons bien faits
qui avaient été nommés par les paroisses pour servir dans
ce régiment; qu'il avait envoyé, de son autorité privée,
dans les paroisses, des sergents et des soldats qui y ont
vécu à discrétion et qui se sont fait payer 20 sols par
jour, sur l'ordre signé dudit sieur de Fontenay (3) ».

Durant ces deux dernières années, les régiments de
milice avaient présenté, au complet, un total de plus de
40,000 hommes. Ce contingent, demandé au recrutement obligatoire, ne laissait pas d'être élevé à l'heure
même où l'intérieur du royaume était désolé par la
misère et les maladies. La mortalité exerça de grands
ravages dans nombre de provinces durant ces deux
années. Certaines paroisses trouvaient difficilement des
miliciens, bien qu'elles s'imposassent de lourds sacrifices
pour acheter des hommes, car, en dépit des ordonnances
royales, presque partout les miliciens s'achetaient à prix
d'argent. De même, par suite du renchérissement et de
la rareté des recrues, les officiers des troupes réglées

----

(1) Barbezieux à M. de la Bourdonnaye, 3 août 1694 (A. H. G.,
vol. 1248).
(2) Barbezieux à M. de Fontenay, 15 mai 1694 (A, H. G., vol 1245).
(3) *Mémoires de Nicolas-Joseph Foucault*, publiés par Baudry.

éprouvaient des difficultés sans cesse grandissantes à compléter leurs compagnies. Barbezieux dut aviser aux moyens de leur venir en aide, et il prit, à l'égard des milices, deux mesures importantes qui devaient avoir leur contre-coup sur le recrutement des troupes réglées.

D'abord il enjoignit aux intendants, en termes formels, de ne plus tolérer les achats d'hommes par les paroisses et de ne plus garder, dans les régiments de milice, que des soldats originaires des villages mêmes qui devaient les fournir. Le 24 décembre 1694, il leur écrivait : « Le Roi a été informé que la plupart des capitaines des régiments de milice ont souffert que les communautés aient acheté des soldats étrangers pour remplacer ceux qui manquent dans leurs compagnies. Comme Sa Majesté ne veut pas qu'il y ait, dans lesdits régiments de milice, d'autres soldats que des habitants originaires des paroisses qui les doivent fournir, Elle m'a commandé de vous faire savoir que son intention est que vous preniez garde qu'il n'y en ait point d'autres dans les compagnies de milice de votre département, et que vous teniez la main à ce que sa volonté soit régulièrement exécutée (1) ».

On se convaincra de la nécessité de cette circulaire si l'on veut considérer que, sur les 900 hommes du régiment de La Ilhière, 600 étaient des mercenaires achetés par les communautés de la généralité de Soissons (2). L'intendant Le Voyer écrivait au contrôleur général, le 4 mai 1695, que les paroisses de la généralité de Moulins avaient coutume de prendre pour soldats des étrangers qui désertaient fréquemment, après avoir reçu des

---

(1) A. H. G., vol. 1252.

(2) L'intendant La Houssaye à Barbezieux, 22 janvier 1695 (A. H. G., vol. 1379).

sommes considérables : 10, 12 et même 15 sols par jour, pendant l'hiver ; 60, 75 et même 100 livres, pour retourner en campagne (1).

Prise au pied de la lettre, la réforme immédiate des mercenaires eût entraîné le renouvellement presque complet de plusieurs régiments. A la prière des intendants, Barbezieux consentit à échelonner cette réforme sur plusieurs années, et même à maintenir les étrangers engagés dans les régiments depuis quelque temps (2).

Toutefois cet abus de l'achat des miliciens était tellement enraciné que Barbezieux recourut sagement à un autre moyen, plus susceptible de faciliter le recrutement des troupes réglées. Au mois de janvier 1695, il obtenait du Roi le pouvoir de diminuer de moitié le nombre des miliciens dans les anciennes provinces du royaume.

Les Archives de la Guerre ne contiennent aucune lettre, aucune circulaire du Ministre, qui nous renseignent sur la date de cette réduction. Dangeau dit dans son *Journal*, à la date du 27 janvier 1695 : « Le Roi réforme la moitié des régiments de milice ; les provinces qui en fournissaient deux n'en fourniront plus qu'un, et les provinces où il n'y en a qu'un n'en fourniront que la moitié, et cette moitié sera jointe à la moitié d'une province voisine pour faire un bataillon. On gardera le colonel d'une des deux provinces et le lieutenant-colonel de l'autre. Cette réforme sera d'un grand soulagement dans les provinces, et facilitera, pour l'infanterie, les recrues qui sont assez difficiles à faire cette année, où le pain et le vin sont à si bon marché ».

Si nous nous en rapportons à la correspondance du Ministre de la Guerre, du début de 1695, il semble que,

---

(1) *Correspondance des contrôleurs généraux avec les intendants*, t. I, p. 389.

(2) M. de Bezons à Barbezieux, 6 janvier 1695 (A. H. G., vol. 1379).

dans la pratique, la réduction des milices ait présenté quelques légères divergences avec le canevas que vient d'en tracer Dangeau. Nous croyons pouvoir affirmer que les régiments de milice laissés sur pied conservèrent leur autonomie, car nous n'avons point trouvé trace de la fusion de deux régiments de provinces voisines en un seul. En général, chaque province ne conserva qu'un régiment, exception faite pour la province de Bretagne qui, de ses trois régiments, en fit deux de quinze compagnies. Les trois régiments à quinze compagnies, de la généralité de Bordeaux, furent fondus en un régiment de dix-huit compagnies ; les trois régiments à quinze compagnies, de la généralité de Montauban, n'en firent plus qu'un de vingt-deux compagnies ; les deux régiments de la généralité de Paris furent réduits en un seul ; il en fut de même des deux régiments des généralités de Châlons et de Rouen. Des régiments primitivement composés de quinze compagnies, les uns furent réduits à huit compagnies comme celui de Cavoye, d'autres à sept compagnies comme ceux de Saint-Jal et de La Ilhière (1).

Il est à noter qu'aucun changement ne fut apporté à la composition des régiments des provinces frontières. Ainsi ne participèrent point à la réduction des milices : la Franche-Comté, la Lorraine et les Trois-Évêchés, le Luxembourg, l'Alsace, le Hainaut, l'Artois, la Flandre wallonne et la Flandre maritime.

Noailles-Roussillon demeura aussi à seize compagnies de 40 hommes. Les huit régiments de milice de Languedoc continuèrent à former quatre-vingts compagnies à l'effectif de 33 hommes.

Une généralité, la Provence, fut même entièrement

---

(1) A. H. G., vol. 1291 et 1292.

déchargée de la milice par la suppression de son régiment (1).

Ces remaniements opérés, il resta sur pied trente et un régiments de milice, ainsi dénommés et composés (sans compter les huit régiments de milice du Languedoc, les milices boulonnaises et les milices locales comme celles du pays de Foix, du Roussillon, etc.) :

Généralités.	Régiments.	Nombre de compagnies.	Nombre d'hommes par compagnie.	Total des hommes.
Paris...........	Lignières (Lignières et Lacoste fusionnés)..	15	60	900
Rouen.........	Herbouville (Herbouville et Montenay fusionnés)...........	15	60	900
Caen..........	Fontenay...........	9	60	540
Alençon........	Illiers.............	9	60	540
Amiens.........	Cavoye.............	8	60	480
Soissons........	La Illhière..........	7	60	420
Châlons........	Grandpré (Grandpré et Moulins fusionnés)..	18	60	1,080
Montauban......	Caixon (Caixon, Bournazel et La Garde réunis)...........	22	60	1,320
Bordeaux.......	La Rochecourbon (La Rochecourbon, Boissière et La Bastide fusionnés)...........	18	60	1,080
Bretagne.......	{ Guébriant...........	15	60	900
	{ Dubois de la Roche...	15	60	900

(1) Le 3 février 1695, l'intendant Le Bret écrivait d'Aix à Barbezieux : « La manière dont vous m'avez fait l'honneur de m'écrire au sujet du régiment du Janet, des milices de Provence, me persuade que l'intention du Roi n'est pas de se servir dorénavant de ces sortes de troupes qui causent des dépenses très considérables aux communautés », et Barbezieux faisait répondre en apostille : « Le Roi veut bien, pour soulager la province des pertes qu'elle a souffertes depuis la guerre, ne se plus servir de ce régiment » (A. H. G., vol. 1333).

Généralités.	Régiments.	Nombre de compagnies.	Nombre d'hommes par compagnie.	Total des hommes.
Tours...........	Launay	10	60	600
Limoges	Saint-Jal............	7	60	420
Orléans.........	Menou..............	8	60	480
Poitiers.........	La Carte	7	60	420
Moulins.........	Vilars..............	8	60	480
Dijon...........	d'Aligny.	10	60	600
Lyon.	Fontanès............	5	60	300
Grenoble........	Du Gua.............	9	60	540
Besançon	Vaulgrenant.........	16	60	960
	Laviez	15	60	900
Lorraine et Trois-Évêchés.......	Lenoncourt..........	20	60	1,200
	Nettancourt.........	15	60	900
Roussillon.......	Noailles-Roussillon ...	16	40	640
Hainaut.........	Bossu..............	15	60	900
Flandre maritime.	Flamartingue........	15	60	900
Flandre wallonne.	Abondance.	11	60	660
Luxembourg.....	Uren	12	60	720
Alsace..........	Montjoie...........	15	50	750
	Bernhold...........	15	50	750
Artois	Belleforière..........	20	60	1,200
Grenadiers de Bordeaux		1	100	100

Au total : 31 régiments, 401 compagnies, 23,480 hommes.

Nous n'avons rencontré qu'un petit nombre de renseignements sur la manière dont s'opéra la réforme des régiments et des compagnies supprimés. Barbezieux recommanda aux intendants et aux gouverneurs de garder en fonction les officiers les plus aptes et les plus expérimentés (1), et de conserver sur pied les meilleures compagnies (2). Il est probable que la plupart d'entre eux préférèrent présider eux-mêmes aux opérations de

---

(1) Barbezieux à Samson, le nouvel intendant de la généralité de Montauban, 10 mars 1695 (A. H. G., vol. 1292).

(2) Barbezieux à M. de Lavardin, lieutenant général au gouvernement de Bretagne, 21 février 1695 (A. H. G., vol. 1291).

cette réforme, à l'exemple de M. de Beuvron, le lieutenant général au gouvernement de la Basse-Normandie,
qui s'employa lui-même à composer un régiment, « le
meilleur qu'il se pourra », des deux régiments d'Herbouville et de Montenay, « pour éviter les abus ou malversations qu'il pourrait y avoir si je le laissais faire aux
officiers qui sont industrieux à trouver leurs comptes
dans les congés ou réforme des soldats (1) ».

Le Ministre recommanda aussi aux intendants de renvoyer de préférence les miliciens étrangers aux paroisses,
et de ne point différer la libération de ces hommes afin
que les officiers des troupes réglées pussent les engager
aussitôt et en compléter leurs compagnies avant l'ouverture de la campagne de 1695 (2).

Cette réforme d'une partie des miliciens, jointe à l'annonce de la suppression de tout congé en 1695 pour
ceux qui étaient maintenus au service (3) (aucun congé
ne devait plus être délivré d'ailleurs aux miliciens
jusqu'à la fin de cette guerre), ne s'effectua pas sans
susciter de nouveaux mécontentements et de nouveaux
murmures, car nous savons, par une lettre de Barbezieux, que, lorsque M. d'Herbouville voulut faire la
revue de son nouveau régiment, « près de 300 des meilleurs soldats » refusèrent de s'y rendre (4).

Ainsi s'opéra, au début de 1695, cette réforme de la
moitié des miliciens des anciennes provinces, qui attei-

---

(1) M. de Beuvron au contrôleur général, 1ᵉʳ février 1695. *Correspondance des contrôleurs généraux avec les intendants*, t. 1, p. 385.

(2) Barbezieux à l'intendant de Bezons, 3 mars 1695 (A. H. G., vol.
1292).

(3) Ordonnance du 20 décembre 1694. (Collection des ordonnances,
Bibliothèque du Ministère de la guerre).

(4) Le 8 mars 1695, Barbezieux écrivait à M. d'Herbouville : « Le
Roi a approuvé l'ordre que M. de Beuvron a donné au prévôt de les

gnit un double but : celui de soulager les provinces en
« réparant en quelque façon la mortalité qui a été assez
générale dans le royaume (1) », et surtout celui de faciliter le recrutement des troupes réglées comme s'en
ouvrait Barbezieux au directeur général de l'infanterie,
d'Artagnan, auquel il écrivait le 11 février 1695 : « Le
Roi a ordonné la réforme de la moitié des milices et a
défendu d'y souffrir à l'avenir des soldats qui ne soient
pas natifs des paroisses. Ainsi cela facilitera les recrues
des autres troupes de Sa Majesté (2) ».

Quelques changements eurent lieu dans les colonels,
et par suite dans les noms des régiments de milice, avant
l'entrée en campagne de l'année 1695.

Le commandant du régiment de Noailles-Roussillon,
M. Soler, fut remplacé, au mois d'avril 1695, par
M. d'Hervaux, officier de mérite, qui avait réuni les suffrages de l'intendant Trobat et du maréchal de Noailles,
le colonel titulaire de ce régiment (3).

La mort du baron d'Abondance, survenue au mois de
janvier 1695, laissa vacant le régiment de milice de la
Flandre wallonne et du Cambrésis, et, sur la proposition
du maréchal de Boufflers, le Roi agréa, à la fin de
mars 1695, pour colonel de ce régiment, M. du Pontois,
capitaine dans le régiment de cavalerie de Mauroy (4).

---

faire arrêter, et l'intention de Sa Majesté est qu'on les mette au conseil
de guerre pour faire leur procès » (A. H. G., vol. 1292).

(1) Le 17 juillet 1695, Barbezieux écrivait à certains gouverneurs
des frontières, tels que MM. de Bissy, d'Huxelles, etc. : « Le Roi a
réformé, cet hiver, une partie des régiments de milice des provinces
pour réparer en quelque façon la mortalité qui a été assez générale
dans le royaume » (A. H. G., vol. 1296).

(2) A. H. G., vol. 1291.

(3) Barbezieux à l'intendant Trobat, 11 avril 1695 (A. H. G., vol.
1293).

(4) Barbezieux à Boufflers, 31 mars 1695 (A. H. G., vol. 1292).

M. de Guébriant étant décédé au mois de mai 1695, son régiment fut attribué à M. Dufaux, le colonel du régiment de milice de ce nom qui avait été licencié en janvier 1695 (1).

Certains intendants, M. de la Fond et M. de Bezons, crurent pouvoir profiter du remaniement opéré dans les régiments de milice pour demander à Barbezieux de changer le mode de recrutement des miliciens. Ils proposèrent d'obliger les capitaines à recruter eux-mêmes leurs compagnies, moyennant une somme fixe que leur fourniraient chaque année la province ou les communautés. M. de la Fond avait fait cette proposition à la suite des plaintes que lui avait adressées Barbezieux sur plusieurs capitaines des régiments de milice de Franche-Comté, qui faisaient passer jusqu'à quatre de leurs valets en qualité de miliciens et touchaient des paroisses, pour chacun de ces hommes absents, une somme de 50 écus (2). Le moyen de faire cesser cet abus et d'obliger les capitaines à prendre plus de soin de leurs soldats, c'était, suivant M. de la Fond, de les charger des recrues à l'avenir. Cette proposition fut aussitôt rejetée par le Ministre. Il avait peu de confiance dans les agissements des officiers de milice en matière d'argent et de recrutement, et il était persuadé qu'en leur confiant le soin de compléter leurs compagnies on eût seulement atteint « le moyen de faire que ces compagnies ne fussent jamais complètes (3) ».

---

(1) Barbezieux à l'intendant de Nointel, 25 mai 1695 (A. H. G., vol. 1294).

(2) Barbezieux à M. de la Fond, 22 mars 1695 (A. H. G., vol. 1292).

(3) Barbezieux à l'intendant de Bezons, 18 avril 1695 (A. H. G., vol. 1293).

CHAPITRE VIII

Durant la campagne de 1695, les régiments de milice figurent en petit nombre aux armées d'opérations. Ils servent surtout à tenir garnison dans les places. Les régiments de milice du Languedoc sont encore appelés à ce service en Catalogne et en Provence.

Sur la frontière d'Italie, nous retrouvons M. d'Aligny commandant en qualité de brigadier dans le Pragelas, et M. Caixon, en la même qualité, dans la vallée de Barcelonnette. Tandis que les coalisés faisaient le siège de Casal (la France était secrètement d'accord avec le duc de Savoie pour lui laisser prendre cette place), Catinat se bornait à fortifier le poste de Fenestrelle. Le 19 juillet 1695, les Barbets attaquèrent un de nos convois des vivres près du village des Souchères Basses, dans le Pragelas, à une lieue au Nord des Traverses. Grâce à la vigilance de M. d'Aligny et grâce à l'initiative de M. de Vaulgrenant qui, sans attendre d'ordre, se lança à la poursuite des Barbets avec un détachement de son régiment et de celui des Fusiliers, les ennemis ne purent emmener que quatre méchants chevaux et un mulet : cette affaire leur coûta plus de 100 hommes tués, blessés ou prisonniers, alors que nos pertes ne dépassaient pas 30 hommes. Un trésor considérable, qui suivait ce convoi à peu de distance, arriva sans encombre à sa destination (1).

En envoyant à Barbezieux la lettre où M. d'Aligny rendait compte de cette action, Catinat faisait ce bel éloge de M. de Vaulgrenant : « Permettez-moi, Monsieur, de rendre dans cette occasion les bons offices que mérite M. de Vaulgrenant. C'est un gentilhomme de qualité, plein de courage et d'envie de faire. Il ne manque pas une occasion d'en donner des marques distinguées. Il meurt d'envie et d'impatience d'avoir un emploi plus solide dans le service qu'un régiment de milice. Son régiment est bon ; il y a de la volonté et de la vigueur dans ses officiers et ses soldats (2) ».

Le Maréchal félicitait en même temps M. d'Aligny d'un succès si rare sur les Barbets : « Vous m'informez, Monsieur, en homme de guerre tout couvert de sang et de lauriers, de ce qui s'est passé au col de Pis et (à) celui de l'Albergian. Je trouve que les Barbets ne doivent être contents ni de vous ni de leur expédition. En vérité, l'on ne saurait dire trop de bien de la diligence, du courage et de l'action de M. de Vaulgrenant. J'ai envoyé tout de suite au Roi et à M. de Barbezieux ce que vous m'en avez mandé..... (3) ».

Pendant la campagne de 1695, M. de Larray inspecta

---

(1) D'après la « Copie d'une lettre de M. d'Aligny écrite à M. le maréchal de Catinat, 19 juillet 1695 » (A. H. G., vol. 1329). — Voir le croquis n° 3.

(2) Catinat à Barbezieux, 20 juillet 1695 (A. H. G.). — En réponse à cette lettre, le Ministre écrivit à Catinat, le 4 août 1695 : « Sa Majesté a été bien aise de voir de quelle manière M. de Vaulgrenant s'est conduit dans cette occasion, dont Elle a paru fort contente » (A. H. G., vol. 1297).

(3) *Notice sur la famille Quarré de Bourgogne*, par M. H. de Verneuil.

les troupes de l'armée d'Italie. Les Archives de la Guerre possèdent encore les lettres où il rendit compte au Ministre de sa revue de deux régiments de milice du Languedoc, alors à Draguignan, et du régiment de Caixon, alors à Seyne et dans la vallée de Barcelonnette. M. de Larray déclare n'avoir « pas été fort content » des deux régiments du Chayla et de Moussoulens. « Le premier n'a que 264 hommes et celui de Moussoulens, 320..... (1) ». Il n'a pas une meilleure impression à la suite de son inspection du régiment de Caixon. Les dix compagnies, originaires de ce régiment « avant qu'on y eût rien réformé, quoique faibles, sont bonnes et bien tenues. Les dix autres compagnies, qui ont été incorporées, savoir sept du régiment de La Garde et les trois autres du régiment de Bournazel, sont parfaitement mauvaises. Les hommes n'en valent rien ; l'armement très méchant ; l'habillement médiocre ; les soldats sans chemises, sans bas et sans souliers ».

« Ces dix compagnies, Monseigneur, sont à Seyne, et, lorsque j'ai grondé celui qui les commande du mauvais état où elles sont, il ne m'a répondu autre chose que ce n'était pas sa faute ; que c'était M. l'intendant de Montauban qui avait choisi les hommes, qui avait fait l'habillement, qui s'était emparé de l'argent qu'ils avaient à la masse et qui n'avait pas seulement voulu leur donner la liberté de faire raccommoder leurs armes. Avec ces manières-là, Monseigneur, si chaque intendant en fait autant, le Roi se peut assurer d'avoir les plus mauvaises milices de la nature (2) ».

Aux récriminations des officiers du régiment de Caixon contre l'intendant de Montauban, qui était alors M. Samson, nous pouvons opposer une lettre de cet

---

(1) M. de Larray à Barbezieux, 8 mai 1695 (A. H. G., vol 1332),
(2) M. de Larray à Barbezieux, 18 mai 1698 (A. H. G., vol. 1332).

intendant qui les accuse, de son côté, d'avoir une part prépondérante dans le mauvais état de ce régiment. Le 28 mai 1695, il écrivait au contrôleur général, en lui dépeignant l'état misérable de son département : « L'entretien des trois régiments de milice de cette généralité a encore extrêmement contribué à l'accablement des communautés et à dépeupler les paroisses par les fortes recrues qu'il faut faire tous les ans, et cela par la faute des officiers qui n'ont aucun soin de leurs soldats et les laissent périr sans leur donner le moindre secours. J'ai vu cette année, lorsqu'il a fallu faire les recrues, tant de mauvaises manières de leur part, et si ruineuses pour les communautés, que je n'ai pu me dispenser d'en écrire à M. de Barbezieux et de lui en faire un ample détail (1) ».

En Catalogne, le régiment de Noailles-Roussillon fut l'objet d'importants changements au début de 1695. Sans compter plusieurs officiers qui avaient succombé ou étaient tombés malades à la fin de 1694, la plupart des officiers de ce régiment n'avaient point l'intention de rentrer dans le service en 1695 (2). Le nouveau lieutenant-colonel, M. d'Hervaux, dont la nomination avait été bien accueillie dans la province, activa la remise sur pied du régiment qui ne laissait pas de coûter fort cher aux communautés du Roussillon. Le licenciement du régiment entraînait, chaque année, « une dépense extraordinaire..... Il n'y a point de communauté qui, pour faire un soldat, ne soit obligée de donner 8 ou 9 pistoles pour l'enrôlement, nonobstant les défenses que j'ai

---

(1) *Correspondance des contrôleurs généraux avec les intendants*, t. I, p. 391.

(2) L'intendant Trobat à Barbezieux, 3 mars 1695 (A. H. G., vol. 1337).

faites de ne donner que 20 livres. La plupart des habits se perdent, au lieu qu'en conservant les soldats, ils se conservent. Il faut faire tous les ans des chemises, des cravates, des culottes, des bas et chapeaux, et, en conservant le régiment, on pourrait passer deux ans en les raccommodant, et il en serait mieux (1) ».

Le régiment de Noailles-Roussillon, « tout habillé, armé et équipé » au mois de juin 1695, servit partie en garnison, partie en campagne. A ses côtés, les milices locales de la province furent aussi activement employées et fournirent jusqu'à cinq bataillons, de 500 hommes environ. Dans les premiers jours de juillet, quand Vendôme entreprit de ravitailler la place de Castelfollit, le chevalier d'Aubeterre marcha de Prats de Mollo, pour opérer une diversion dans la montagne, à la tête de 300 chevaux, des gardes du maréchal de Noailles, de 500 hommes d'un bataillon de Navarre, du régiment de Noailles-Roussillon, de quelques compagnies de miquelets et de plusieurs troupes de soumettants ou miliciens du pays. Cette diversion produisit les effets les plus heureux. M. d'Aubeterre attira sur lui une partie des forces ennemies et se replia, le 8 juillet, sur Prats de Mollo, quand Vendôme eut achevé de secourir Castelfollit. Il avait perdu une trentaine d'hommes dans plusieurs escarmouches avec l'ennemi et n'avait eu qu'à se louer de M. d'Hervaux, le lieutenant-colonel de Noailles-Roussillon, qui avait « très bien rempli son devoir (2) ».

Vers la fin de la campagne, Vendôme eut grandement à se plaindre de la discipline des miliciens de Noailles-Roussillon. Dans une lettre adressée à Barbezieux le

---

(1) L'intendant Trobat à Barbezieux, 24 juin 1695 (A. H. G., vol. 1338).

(2) M. d'Aubeterre à Barbezieux, 9 juillet 1695 (A. H. G., vol. 1338).

23 septembre 1695, il s'exprime ainsi à leur sujet : « Les milices de Roussillon ne sont bonnes au monde qu'à casser. Il y en a 200 que j'ai fait venir à Torroella de Montgri, et, quoi que puisse faire M. d'Hervaux, leur lieutenant-colonel, ils sautent la nuit par-dessus les murailles pour s'en retourner en Roussillon. Ce sont des gueux qui ne sont bons à rien (1) ».

Assiégé du côté de la terre par les Espagnols, bombardé du côté de la mer par une forte escadre anglo-hollandaise, du 15 au 26 août 1695, M. de Nanclas, le gouverneur de Palamos, eut la joie de voir les ennemis lever le siège sans avoir pu donner l'assaut à sa faible garnison. Elle comprenait trois bataillons, qui pouvaient mettre seulement en ligne 717 hommes. L'un de ces bataillons était formé par le régiment de milice de Dubois de la Roche, de dix compagnies, qui n'avait que 242 hommes sous les armes et la moitié de ses officiers absents ou malades. Quand l'ennemi s'éloigna, la place était réduite en cendres. La garnison avait perdu, en tués et en blessés, 96 hommes, 2 canonniers, 2 chirurgiens et 6 boulangers. M. de Nanclas n'avait eu qu'à se louer de toutes ses troupes qui lui « avaient paru être de fort bonne volonté (2) ».

En Flandre, le régiment de milice d'Illiers, de la généralité d'Alençon, eut l'occasion de prendre part à une défense plus longue et plus sanglante. Guillaume d'Orange vint lui-même assiéger Namur où le maréchal de Boufflers se jeta en personne. Le Maréchal y disposa, pour sa défense, entre autres troupes, d'un corps de dragons « d'une valeur infinie », auprès desquels le régi-

---

(1) A. H. G., vol. 1338.
(2) Journal du siège de Palamos, par M. de Nanclas (A. H. G., vol. 1338).

ment d'Illiers servit aussi avec le plus brillant courage,
à en juger par l'état des pertes de la garnison conservé
aux Archives de la Guerre. Par le feu seul, le régiment
fut réduit à la moitié de son effectif, ayant perdu 3 officiers tués, 10 blessés, 114 hommes tués et 136 blessés (1). Rendant compte, le 4 septembre 1695, des principaux officiers qui s'étaient distingués à la défense de
Namur, Boufflers mentionne « le marquis d'Illiers, colonel des milices d'Alençon », qui « fut blessé à la grande
attaque de la cense de Cocquelet et du retranchement
de M. de Reignac (2) ».

Les 15,000 miliciens, supprimés au début de 1695,
avaient laissé dans l'infanterie un vide que Barbezieux
se préoccupa de remplir dès le milieu de cette même
année. A cet effet, le 17 juillet 1695, il s'adressait à
MM. de Bissy, d'Huxelles, d'Artagnan, de la Bertèche,
de Montbron, de Ximénès et de la Fond, c'est-à-dire
aux officiers généraux commandant en Lorraine, Alsace,
Artois, Luxembourg, Cambrésis, Hainaut, et à l'intendant de Franche-Comté. L'appel adressé à M. de Ximénès était ainsi conçu : « Le Roi a réformé, cet hiver, une
partie des régiments de milice des provinces pour réparer en quelque façon la mortalité qui a été assez générale dans le royaume. Cependant, comme il convient à
son service de remplacer cette infanterie, Sa Majesté a
jeté les yeux sur vous pour vous donner un régiment
qu'Elle désire qui soit levé, dans le Hainaut, des gens
du pays.

« Je vous prie de me marquer si vous croyez pouvoir

---

(1) A. H. G., vol. 1320. — On trouve encore en Flandre, à la garde
de nos lignes, pendant la campagne de 1693, les régiments d'Uron, de
Cavoye, de Montjoie, de Lenoncourt, etc... (A. H. G., vol. 1307 et
1312).

(2) A. H. G., vol. 1314.

réussir à mettre sur pied ce régiment, qui doit être composé de treize compagnies de 55 hommes chacune, observant de ne faire aucune diligence, ni de ne rien témoigner à personne de ce que je vous écris, que vous n'ayez de mes nouvelles sur la réponse que vous ferez à cette lettre (1) ».

Comme on le voit, cette création de nouveaux régiments d'infanterie ne portait que sur les provinces frontières. Nous n'avons point retrouvé les réponses des gouverneurs et de l'intendant intéressés à cette proposition du Ministre, mais nous savons, par la correspondance de Barbezieux, que le marquis d'Huxelles (Alsace) et M. d'Artagnan (Artois) s'y montrèrent défavorables (2). Devant les difficultés que rencontrait son projet, Barbezieux le transforma, et, en écartant le Hainaut et le Cambrésis, les provinces les moins peuplées, il se résolut à demander aux autres provinces frontières une augmentation de leurs compagnies de milice, soit vingt-quatre compagnies à l'Alsace, vingt à la Lorraine, dix au Luxembourg, vingt à la Franche-Comté et dix à l'Artois. Ces compagnies devaient s'ajouter aux régiments existants déjà, sans qu'il fût créé de nouveaux corps (3).

Devant la volonté du Ministre, gouverneurs et intendants s'inclinèrent, mais non sans avoir fait entendre de nouvelles protestations. L'intendant de la Grange repré-

---

(1) A. H. G., vol. 1296.

(2) Barbezieux à M. d'Huxelles, 9 août 1695, et à M. d'Artagnan, 25 septembre 1695 (A. H. G., vol. 1297 et 1298).

(3) Le 9 août 1695, Barbezieux écrivait à M. d'Huxelles : « Par la difficulté que je vois que vous aurez à le (régiment d'infanterie) mettre sur pied, il m'est venu une pensée que je vais vous communiquer, et sur laquelle je vous prie de me mander votre avis.

« Comme il sera peut-être difficile de trouver des gens qui voudront lever des compagnies, je vous prie de me dire s'il ne vaudrait pas mieux demander deux bataillons de milice au pays. J'attends sur cela de vos nouvelles..... » (A. H. G., vol. 1297).

senta à Barbezieux que l'Alsace épuisée devrait faire cette levée parmi les hommes mariés : « L'on n'en pourra faire que de mauvaises troupes, et il n'y aura rien de plus désavantageux au pays et pour le service de Sa Majesté parce que, dès à présent, la plupart des habitants sont obligés de faire labourer leurs terres par les femmes et les filles, à cause de la grande quantité de recrues qui se font en Alsace par les officiers des régiments étrangers, qui enlèvent tous les jeunes gens (1) ».

L'année suivante, les États d'Artois devaient aussi réclamer la suppression de ces dix compagnies d'augmentation, en invoquant à leur décharge que leur province fournissait déjà « plus de soldats de milice qu'aucune autre du royaume », et qu'elle comprenait seulement 700 paroisses, sur lesquelles « plus des deux tiers ne sont que depuis 20 et 30 jusqu'à 50 feux (2) ».

Ces protestations amenèrent le Ministre à réduire à dix-huit compagnies le contingent demandé à l'Alsace. Aucune réduction ne semble avoir été accordée aux autres départements.

Comme unique compensation, Barbezieux fit savoir aux intendants et aux gouverneurs que le Roi se chargeait de fournir la solde à ces compagnies d'augmentation, laissant aux provinces le soin de les recruter, habiller et armer.

Cette charge nouvelle pesa lourdement sur les provinces frontières, bien plus chargées déjà du fardeau de la milice que les généralités de l'intérieur. Malgré toute leur habileté, MM. de Sève et de Vaubourg éprouvèrent de la peine (3) à mettre sur pied les dix compagnies des-

---

(1) L'intendant de la Grange à Barbezieux, 27 septembre 1695 (A. H. G., vol. 1324).

(2) Requête présentée au Roi par les États d'Artois, le 6 octobre 1696 (A. H. G., vol. 1379).

(3) Le 3 décembre 1695, Barbezieux accusait réception d'une lettre

tinées à chacun des régiments de Lenoncourt et de Nettancourt. M. de la Grange dut employer des mesures de rigueur contre les paysans d'Alsace qui, las d'être accablés sous mille corvées, n'écoutaient plus ses ordres. Le 5 mars 1696, il écrivait à Barbezieux : « J'ai été à Haguenau pour voir le second bataillon du régiment de milice de la Basse-Alsace, que j'ai trouvé habillé et armé et très beau. L'on a de la peine à rendre les compagnies complètes parce que les soldats désertent du côté de Mayence et vont au delà du Rhin. J'ai envoyé le lieutenant du prévôt de la maréchaussée avec des archers dans les lieux qui les doivent remplacer, et je puis vous assurer, Monseigneur, qu'il n'y manquera pas un seul homme auparavant qu'il parte. L'on a bien de la peine à présent à faire obéir les paysans parce qu'ils ne veulent plus reconnaître les baillis et les prévôts, quoiqu'on les châtie de la prison..... (1) ».

L'habillement et l'armement des dix-huit compagnies d'augmentation dans les régiments de Montjoie et de Bernhold (les compagnies des régiments de milice d'Alsace comptant seulement 50 hommes) revint à 55,101 livres 12 sols. Ces compagnies furent entièrement armées de fusils (2).

Là ne se bornèrent pas les augmentations ordonnées dans la milice des provinces frontières à la fin de 1695.

---

de M. de Vaubourg (aujourd'hui perdue), où il avait vu les difficultés avec lesquelles cet intendant était aux prises pour le recrutement des compagnies de milice d'augmentation. Il lui recommandait de déjouer les manœuvres des miliciens « qui, pour éviter d'être nommés par les habitants....., ont pris des certificats d'engagement avec des officiers de cavalerie, lesquels ils ont antidatés » (A. H. G., vol. 1302).

(1) A. H. G., vol. 1364.

(2) Le 31 décembre 1695, M. de la Grange envoyait à Barbezieux un « Mémoire de ce à quoi monte l'habillement et armement de chaque

Le 6 novembre 1695, Barbezieux prescrivit à l'intendant de la Goupillière de mettre sur pied, le plus tôt possible, dans le département de la Sarre, un régiment de milice de 700 hommes (1).

L'intendant se mit aussitôt à l'œuvre. Le 6 décembre 1695, il rendait compte à Barbezieux qu'il avait commencé à procéder au tirage au sort des miliciens dans les petites villes des bords de la Sarre et que cette opération ne rencontrait « aucune difficulté (2) ». A Sarrelouis toutefois, les bourgeois se refusèrent à choisir les 12 hommes que l'intendant leur avait enjoint de désigner. Cette opposition aux ordres de M. de la Goupil-

---

compagnie de milice d'augmentation aux deux régiments de la Haute et Basse-Alsace.

	Livres.	Sols.
Pour 2 habits complets de sergent, à 48 livres 16 sols chacun	97	12
Pour 48 habits de soldat, à 36 livres 10 sols chacun.	1,752	»
15 aunes 3/4 galon large pour le tambour, à 28 sols.	22	1
8 aunes de galon à border, à 9 sols.	3	12
Un porte-tambour.	4	10
Pour achever la façon d'un justaucorps galonné.	4	16
50 ceinturons, à 56 sols	140	
Pour 47 bandoulières, à 54 sols.	126	18
Pour 47 fourniments, à 21 sols.	49	7
50 épées, à 50 sols	125	»
Pour 47 baïonnettes, à 24 sols.	56	8
Pour un tambour.	12	»
Pour 47 fusils, à 14 livres	658	»
Pour 2 hallebardes, à 4 livres 10 sols.	9	»
TOTAL.	3,061	4
Et pour les 18 compagnies.	55,101	12

(A. H. G., vol. 1324).

(1) A. H. G., vol. 1300.
(2) A. H. G., vol. 1324.

lière fut sévèrement réprimée. Comme les bourgeois avaient dépêché à la cour le procureur du présidial de Sarrelouis pour demander l'exemption du service de la milice en faveur des habitants de cette ville, Barbezieux, sur l'ordre du Roi, fit emprisonner ce député au Fort-l'Évêque. Il envoya à M. de la Goupillière l'ordre de destituer le maire et les échevins de Sarrelouis, et de les faire conduire dans les prisons de Bitche, « où ils demeureront jusqu'à nouvel ordre de Sa Majesté (1) ».

M. de la Goupillière ayant proposé d'armer les miliciens de son département en partie de fusils, en partie de carabines rayées, Barbezieux lui fit répondre, le 1er janvier 1696, qu'il valait mieux que « ces soldats fussent entièrement armés de fusils (2) ».

Les officiers du régiment, et, parmi eux, le colonel, M. de Linden, furent choisis par l'intendant et le lieutenant général qui commandait dans la province, le comte de Tallard.

La levée du régiment de Linden fut un instant troublée par le gouverneur de Mayence, le comte de Thungen, qui fit enlever deux miliciens dans leurs villages avec menace de les faire pendre s'ils rejoignaient leur régiment. Barbezieux écrivit au gouverneur de Hombourg, M. de Locmaria, d'user de représailles, de saisir, sur les terres des ennemis, des gens « au double » et de déclarer qu'il leur serait infligé le même traitement qu'à nos prisonniers (3).

Il semble que le Ministre et l'intendant aient fait peu de fonds sur ces miliciens appartenant, pour la plupart, à des pays récemment réunis à la France. Le 2 mars 1696,

---

(1) Barbezieux à M. de la Goupillière, 28 février 1696 (A. H. G., vol. 1340).
(2) A. H. G., vol. 1339.
(3) Barbezieux à M. de Locmaria, 4 mars 1696 (A. H. G., vol. 1341).

Barbezieux refusait à M. de la Goupillière l'autorisation
de les assembler à Sarrelouis, « où ils seraient égaux en
forces à la garnison (1) ». Lorsque le régiment de Linden quitta Sarrebrück, le 22 mars suivant, le gouverneur d'Hombourg, M. de Locmaria, le fit accompa-
gner « par des détachements et les prévôts du pays afin
de les empêcher de déserter (2) ».

Dirigé sur la Flandre, le régiment de Linden toucha,
en passant à Sedan, son armement que l'intendant
n'avait « pu avoir plus tôt (3) ».

Par suite de la levée du régiment de Linden et de
l'augmentation du nombre des compagnies dans les régiments de l'Alsace, de la Lorraine, du Luxembourg, de
la Franche-Comté et de l'Artois, il faut augmenter de
5,200 le total des miliciens au début de 1696 :

18 compagnies en Alsace (9 compagnies de 50 hommes à chacun des régiments de Montjoie et de Bernhold)...............	900 hommes.
20 compagnies en Lorraine (10 compagnies de 60 hommes à chacun des régiments de Lenoncourt et de Nettancourt)...........	1,200 —
10 compagnies en Luxembourg (à joindre au régiment d'Uren).....................	600 —
20 compagnies en Franche-Comté (10 compagnies de 60 hommes à chacun des régiments de Vaulgrenant et de Laviez)......	1,200 —
10 compagnies en Artois (à joindre au régiment de Belleforière).....................	600 —
Un régiment de 700 hommes dans la province de la Sarre............................	700 —
TOTAL.........	5,200 hommes.

(1) A. H. G., vol. 1341.

(2) M. de Locmaria à Barbezieux, 21 mars 1696 (A. H. G., vol.
1364).

(3) *Ibid*.

Non content d'imposer cette nouvelle charge aux provinces frontières, Barbezieux entreprit encore de faire à leurs dépens l'expérience, si souvent réclamée par nombre d'intendants, de laisser les régiments de milice pendant l'hiver dans nos places de première ligne, en les faisant entretenir de recrues, d'habits et d'armes, par les soins de leurs provinces d'origine. Les deux premiers bataillons du régiment de Belleforière (Artois) passèrent ainsi l'hiver de 1695 à 1696 à Thionville et à Schlestadt; les régiments de Laviez et de Vaulgrenant (Franche-Comté) demeurèrent, le premier dans les places du Hainaut, en partie au Quesnoy et à Landrecies, le second sur la frontière d'Italie, à Seyne. Un des bataillons du régiment de Nettancourt (Lorraine et Trois-Évêchés) resta en partie en Flandre, en partie sur les Côtes de Normandie, et l'autre à Pignerol, tandis que le régiment de Lenoncourt (Lorraine et Trois-Évêchés) était réparti à Mons, à Landrecies et aux environs. Des deux régiments de milice d'Alsace, celui de Montjoie fut envoyé à Menin et aux environs ; celui de Bernhold à Avesnes, le Quesnoy et Condé. Le régiment d'Uren, des milices de Luxembourg, fut maintenu en Flandre. Enfin les régiments de Bossu (Hainaut) et de Flamartingue (Flandre maritime) demeurèrent en Alsace, le premier à Brisach et à Huningue, le second à Strasbourg et à Huningue (1).

Barbezieux autorisa les officiers de ces régiments à jouir des congés de semestre, à l'exemple des officiers des troupes réglées, pourvu qu'il demeurât un officier à la tête de chaque compagnie (2). La solde des batail-

---

(1) A. H. G., vol. 1301, 1302, 1303, 1339, 1340.

(2) Le 21 décembre 1695, à la suite de sa revue de la garnison de Thionville, le marquis d'Huxelles se louait des dix compagnies du 1ᵉʳ bataillon des milices d'Artois (régiment de Belleforière) qu'il avait

lons ainsi maintenus sur les frontières fut payée par le Roi, et, afin de mettre les capitaines en état de réparer les armes et l'habillement des miliciens, Barbezieux fit parvenir aux intendants intéressés, dès la fin de décembre 1695, l'ordre de « remettre au commis du trésorier le fonds qui proviendra des 18 livres 10 sols que les communautés doivent payer par an pour chaque soldat afin de pourvoir à ses besoins », et d'envoyer aux capitaines les billets du trésorier de l'Extraordinaire des guerres « le plus tôt qu'il se pourra (1) ».

A mesure que les commissaires des guerres lui firent connaître les besoins en hommes de ces régiments, Barbezieux en informa les intendants et leur fit adresser les routes nécessaires pour les recrues de complément. Par raison d'économie, il fit savoir à l'intendant d'Alsace, M. de la Grange, le 31 décembre 1695, qu'il suffisait de faire partir ces recrues assez à temps pour qu'elles parvinssent aux régiments avant le commencement de la campagne (2). Le 1er bataillon du régiment de Montjoie, resté en garnison dans les places de Flandre, reçut ainsi 71 hommes de complément que M. de la Grange fit partir de Colmar, le 11 avril 1696, après les avoir habillés et armés aux frais des paroisses (3).

S'il fut assez facile au Ministre de pourvoir, avec le

---

trouvées « en bon état et bien tenues ». Un seul officier, capitaine ou lieutenant, était présent par compagnie. Le lieutenant-colonel, M. de la Tramerie, commandait ce bataillon. Les effectifs en hommes étaient les suivants : compagnie colonelle, 52 hommes ; lieutenant-colonelle, 50 ; les huit autres compagnies de 50, 54, 55, 52, 55, 54, 50 et 55 hommes, soit au total 527 hommes, dont 4 seulement étaient malades à l'hôpital (A. H. G., vol. 1324).

(1) Circulaire de Barbezieux aux Intendants des provinces frontières, du 20 décembre 1695 (A. H. G., vol. 1303).

(2) A. H. G., vol. 1303.

(3) M. de la Grange à Barbezieux, 13 avril 1696 (A. H. G., vol. 1364).

concours des intendants, aux besoins des régiments des provinces frontières, demeurés pendant l'hiver hors de leur pays d'origine, Barbezieux ne put éviter l'écueil le plus redoutable du maintien des miliciens loin de leurs paroisses, la désertion. Il semble d'ailleurs que, durant l'année 1696 et durant l'année précédente, la désertion ait étendu ses ravages dans les rangs des régiments de milice soit à l'intérieur des provinces, soit aux armées et sur les frontières. Le 26 septembre 1695, Barbezieux enjoint à M. de Menou de faire arrêter et punir comme déserteurs les miliciens de son régiment qui ont abandonné leurs compagnies, et ceux qui sont restés dans leurs paroisses (1). Le 7 novembre 1695, il donne l'ordre aux Élus de Bourgogne de faire le procès de deux déserteurs du régiment d'Aligny, car « il y a tant de licence dans cette milice que Sa Majesté désire qu'ils subissent la rigueur des ordonnances contre les déserteurs (2) ». Le même jour, il écrit à M. de Cavoye, qui lui a rendu compte que plusieurs soldats de son régiment l'ont quitté pour se rendre chez eux au plus vite : « Comme c'est un mauvais exemple, qui pourrait augmenter si on le souffrait, Sa Majesté trouve bon que vous fassiez mettre en prison ceux qui sont tombés en faute, pour y demeurer quelques mois, afin de leur apprendre à ne pas quitter une autre fois le régiment (3) ».

Mais c'est surtout dans les régiments laissés sur les frontières pendant l'hiver que la désertion prend des proportions inquiétantes. A la fin de novembre 1695, il manque, au régiment de Vaulgrenant, 42 soldats qui « ont quitté avec leurs armes et s'en sont retournés chez

----

(1) A. H. G., vol. 1298.
(2) A. H. G., vol. 1300.
(3) *Ibid.*

eux (1) ». De lui-même, le colonel fait publier un ban à
la tête de son régiment pour défendre aux soldats de
s'éloigner, sous peine d'être passés par les armes.
Trois soldats, qui y contreviennent, sont pris et exécutés.
Lorsque Barbezieux l'apprend, il inflige un blâme
sévère à M. de Vaulgrenant et lui enjoint de se conformer aux poursuites usitées contre les déserteurs, « parce
qu'il ne vous appartient pas d'ordonner sur pareille
chose au préjudice des ordonnances de Sa Majesté (2) ».
La répression sanglante de M. de Vaulgrenant paraît
d'ailleurs n'avoir produit aucun effet car, quelques jours
plus tard, le chiffre des déserteurs atteint près de 200
dans son régiment, et nous voyons Barbezieux prescrire
à l'intendant de la Fond de faire arrêter les coupables
à leur retour en Franche-Comté, et à M. de Vaulgrenant d'en adresser le signalement détaillé à l'intendant (4). Le second régiment des milices de la Franche-
Comté, celui de Laviez, qui hiverne en Flandre, est
aussi éprouvé par la désertion. Dix hommes, appartenant
aux trois compagnies de ce régiment en garnison au
Quesnoy, sont signalés comme déserteurs, au début de
décembre 1695 (5).

Les régiments de Nettancourt et de Lenoncourt sont
aussi décimés par la désertion. Dans une seule com-

---

(1) Barbezieux à l'intendant de la Fond, 25 novembre 1695 (A. H. G.,
vol. 1301).

(2) Barbezieux à M. de Vaulgrenant, 28 novembre 1695 (A. H. G.,
vol. 1301).

(3) Le 18 décembre 1695, Barbezieux écrivait à l'intendant de la
Fond : « Depuis que le régiment de Vaulgrenant est à Seyne, il en a
quitté plus de 200 » (A. H. G., vol. 1303).

(4) Barbezieux à MM. de la Fond et de Vaulgrenant, 18 décembre
1695 (A. H. G., vol. 1303).

(5) Barbezieux à l'intendant de la Fond, 18 décembre 1695 (A. H. G.,
vol. 1303).

pagnie du premier régiment, 20 hommes disparaissent et s'en retournent en Lorraine (1).

Le second régiment détache six compagnies à la garde des lignes de la Haine, entre Mons et Condé. Les hommes désertent journellement, « avec armes et équipages », et, pour empêcher ces compagnies « de devenir à rien », Barbezieux est contraint d'ordonner au maréchal de Boufflers, le 7 janvier 1696, de les faire « relever incessamment par d'autres troupes plus accoutumées à ce service (2) ». Il écrit en même temps à l'intendant de Sève « de tenir la main à ce que l'on puisse prendre quelques-uns de ceux de ces soldats qui, après avoir déserté, reviennent dans le pays afin que l'on puisse en faire un exemple qui contienne les autres (3) ».

La désertion n'épargne pas les régiments d'Alsace, même celui de Bernhold qui passe, à bon droit, pour un des régiments de milice les plus disciplinés, et Barbezieux doit prescrire à M. de Ximénès, le 17 mars 1696, de faire relever par des troupes réglées, à cause de « leur grande désertion », les détachements de ce régiment employés en Flandre à la garde de nos lignes (4).

Les régiments de milice, placés en quartier d'hiver dans les places frontières, ne sont pas seulement affaiblis par la désertion : ils le sont encore par les manœuvres coupables d'un grand nombre d'officiers. Beaucoup de capitaines mettent à profit l'ardent désir des miliciens de revoir leurs foyers pour leur délivrer, contre argent, des congés absolus. Barbezieux est contraint de sévir à

---

(1) Barbezieux à M. de Vaubourg, 10 décembre 1695 (A. H. G., vol. 1302).

(2) A. H. G., vol. 1339.

(3) Barbezieux à M. de Sève, 5 janvier 1696 (A. H. G., vol. 1339).

(4) A. H. G., vol. 1341.

maintes reprises contre des officiers des régiments de milice d'Artois, de Franche-Comté, de Lorraine, de la Sarre, etc., qui lui sont signalés comme se livrant à ce honteux trafic (1).

Certains officiers ne se bornent pas à cette source de profits; ils font aussi le commerce de leurs soldats et les vendent aux troupes réglées. Puis, sur les états de recrues dont ils ont besoin pour compléter leurs compagnies, ils portent sans scrupule, comme morts ou désertés, les miliciens qu'ils ont renvoyés dans leurs foyers ou qu'ils ont vendus à d'autres régiments. Ces abus sévissent à tel point dans les régiments de Lorraine et de Franche-Comté que Barbezieux prescrit à M. de Vaubourg de faire emprisonner et casser le capitaine du régiment de Nettancourt qu'il jugera le plus coupable (2); il écrit aussi à M. de Vaulgrenant, le 20 janvier 1697, cette lettre qui se passe de commentaire : « Le Roi a été surpris d'apprendre que, des régiments de milice de la Comté, celui que vous commandez soit le plus mauvais et qu'il y faille 500 hommes de recrue. Sa Majesté ne peut pas s'empêcher de croire les avis qui lui ont été donnés que les capitaines font commerce de ces soldats, leur donnent des congés pour de l'argent et en reçoivent d'autres à leur place, sans que vous y ayez fait attention; que vous et eux vous appliquez seulement à en dissiper l'argent, soit de la masse ou autre. Je ne vous cèlerai point que le Roi est très mal satisfait de cette conduite, et qu'il est de votre intérêt de tenir la main à ce que ce corps soit au plus tôt en état de

____

(1) A. H. G., vol. 1339, 1340, 1341. — Pour ne citer qu'un exemple, Barbezieux enjoint à l'intendant Bignon, le 17 janvier 1696, de casser un capitaine des milices d'Artois qui a donné congé à quatre soldats de sa compagnie pour 96 écus (A. H. G., vol. 1339).

(2) Barbezieux à M. de Vaubourg, 11 mars 1696 (A. H. G., vol. 1341).

servir et que l'argent que l'on vous donne soit utilement employé. Autrement, Elle vous en rendra responsable et pourrait prendre contre vous quelque résolution qui ne vous serait pas agréable (1) ».

A la suite de cette expérience, Barbezieux ne fut point tenté d'étendre aux régiments de milice des anciennes provinces le régime appliqué aux régiments des provinces frontières qui continuèrent seuls, jusqu'à la fin de cette guerre, à demeurer pendant l'hiver dans nos places de première ligne.

Pour la campagne de 1696, le Roi disposait d'environ 30,000 miliciens, répartis en trente-deux régiments (sans compter les huit régiments de milice du Languedoc, les milices boulonnaises et les milices locales de certaines provinces).

Quelques changements se produisirent dans les colonels et, par suite, dans la dénomination de plusieurs régiments.

Le comte du Gua ayant été appelé au commandement d'un régiment d'infanterie de son nom, le régiment de milice du Dauphiné fut donné, au mois de décembre 1695, à M. d'Argenson, jadis colonel d'un des régiments de seconde milice du Dauphiné, que l'intendant Bouchu avait désigné aux suffrages du Ministre (2).

Élevé au grade de maréchal de camp, M. de Cavoye dut se démettre de son régiment au début de 1696. Son successeur, mis en avant par le duc d'Elbeuf et l'inten-

---

(1) A. H. G., vol. 1383. — Le même jour, Barbezieux écrivait à l'intendant de la Fond : « Au surplus, je vous supplie de tenir la main à ce que les colonels et capitaines ne trafiquent pas de leurs soldats comme ils font, et particulièrement ceux du régiment de Vaulgrenant. J'écris au colonel ainsi que vous proposez. Peut-être que cela le corrigera..... » (A. H. G., vol. 1383).

(2) Barbezieux à M. Bouchu, 13 décembre 1695 (A. H. G., vol. 1302).

dant Bignon, agréé aussi par le Ministre, fut M. de Montauban, le lieutenant-colonel du régiment (1).

Au début de 1696, le régiment de Dubois de la Roche, des milices de Bretagne, fut donné à M. Bruslon. M. d'Illiers, grièvement blessé au siège de Namur, fut remplacé à la tête du régiment de la généralité d'Alençon par M. de Montenay, le colonel du régiment de milice (de la généralité de Rouen) supprimé au commencement de 1695.

Enfin le régiment de Couteuges (2), des milices d'Auvergne, ayant perdu son colonel, fut attribué au fils aîné de ce dernier, capitaine au régiment. Déjà, durant la campagne de 1695, M. de Couteuges était tombé gravement malade à Pignerol, et le comte de Tessé avait écrit de cette ville à Barbezieux, le 19 août 1695 : « Le vieux M. de Couteuges, colonel des milices d'Auvergne, est à l'extrémité. Ce sera une espèce de miracle s'il en revient, et d'ailleurs ce gentilhomme, qui a 77 ans, qui n'a qu'un bras, ayant perdu l'autre à la bataille de Rethel, et qui ne voit goutte, est en état de servir comme je le suis de danser sur la corde (3) ». Tessé demandait le régiment en faveur du fils, capitaine au même régiment, « très bon et très robuste sujet », qui avait perdu un frère à la bataille de la Marsaille. Le Roi n'avait voulu rien décider tant que M. de Couteuges fût encore en vie, mais, l'année suivante, à sa mort, sur la recommandation de Catinat et de l'intendant d'Auvergne, M. d'Ormesson, il investit le fils de M. de Couteuges du commandement du régiment. En portant ce choix à la connaissance de

---

(1) Barbezieux à l'intendant Bignon, 26 février 1696 (A. H. G., vol. 1340).

(2) Il faut écrire *Couteuges* et non *Coutenges* comme nous l'avons fait jusqu'ici.

(3) A. H. G., vol 1332.

l'intendant, Barbezieux lui écrivait, le 8 mai 1696 : « Le
Roi a bien voulu accorder à M. de Couteuges, le fils, le
régiment de milice que Monsieur son père commandait, et je suis bien aise de lui avoir procuré cette satisfaction en considération des anciens services de son
père (1) ».

-----

(1) A. H. G., vol. 1343. — A Catinat, le Ministre écrivait le 19 mai
1696 : « Je n'avais pas oublié ce que vous aviez désiré de moi en faveur
du fils de M. de Couteuges..... » (Même volume).

CHAPITRE IX

Les régiments de milice pendant la campagne de 1696 en Italie, en Catalogne et en Flandre.

Les régiments de milice pendant la campagne de 1697 en Flandre et en
Catalogne. — Le régiment de Caixon (Montauban), les milices du Roussillon et du Languedoc, au siège de Barcelone.

Pendant cette dernière campagne, les régiments de milice servent surtout
à tenir garnison dans nos places frontières de Flandre et d'Allemagne. —
Licenciement des régiments de milice au mois d'octobre 1697. — Mesures
prises à l'égard des officiers, des armes et des masses de ces régiments. —
Importance, en vain démontrée par Chamlay, de conserver sur pied les
régiments de milice pendant la paix.

Vices capitaux qui ont empêché les régiments de milice de rendre tous
les services qu'on pouvait en espérer : 1° l'arbitraire et l'injustice de cet
impôt du sang qui pesa presque uniquement sur le peuple des campagnes ;
2° la mauvaise composition des officiers subalternes des régiments, des
capitaines en particulier.

En 1726, l'ordonnance du 29 novembre 1688 sert de base au rétablissement des milices. — Services essentiels rendus, pendant les guerres du
règne de Louis XV, par cette institution, dont Louvois reste le créateur.

Il n'y eut point en Italie d'opération importante au
cours de la campagne de 1696, à l'exception du siège de
Valence qu'interrompit la cessation des hostilités con-
sentie sur ce théâtre, au début d'octobre, par les Alle-
mands et les Espagnols. Notre adversaire de la veille,
Victor-Amédée, était devenu notre allié. Catinat, qui
commandait sous ce prince, disposait encore d'un assez
grand nombre de régiments de milice. Ceux de Nettancourt, d'Argenson et de Vaulgrenant, firent partie de son
armée. M. de Larray qui avait passé en revue ce dernier régiment, au mois d'août, avait dû en éliminer un
grand nombre d'hommes, envoyés comme recrues par
les subdélégués de l'intendant de Franche-Comté, qui
avaient choisi bien des gens « incapables de suivre et de

servir (1) ». La réforme de ces hommes une fois prononcée, les compagnies du régiment de Vaulgrenant ne comptèrent plus que 30 à 35 hommes en moyenne (2).

Au début de septembre 1696, nous trouvons encore, sur la frontière d'Italie, affectés à la garde de nos communications dans le Pragelas, les régiments de Caixon et d'Aligny ; à Pignerol, les régiments de Saint-Jal et de Couteuges ; à la garde de l'hôpital de campagne établi à Oulx, la compagnie des grenadiers de Bordeaux ; dans les places de Pignerol, Mont-Dauphin, Embrun et Briançon, les régiments de milice du Languedoc : de Vogüé, Monteils, Esparon, Massillan et Saint-Orens (3).

En Catalogne, les milices locales du Roussillon, de la Cerdagne, du Conflent et du pays de Foix, furent mises sur pied pendant la campagne de 1696. Elles entrèrent, pour moitié, dans la composition du corps de 3,250 hommes (4) avec lequel Vendôme chargea le chevalier d'Aubeterre d'opérer une diversion en Cerdagne, au mois de juin 1696. Si cette diversion réussit, les miliciens n'y furent que d'un faible secours, à en juger par cette lettre de l'intendant Trobat, adressée à Barbezieux le 11 juin 1696 : « Les milices bourgeoises de Roussillon et celles du pays de Foix désertent tous les jours. J'ai prié M. le chevalier d'Aubeterre d'en faire faire une revue, ce qui a été fait aujourd'hui, et de continuer de quatre en quatre

---

(1) Catinat à Barbezieux, 10 août 1696 (A. H. G., vol. 1374).

(2) *Ibid.*

(3) A. H. G., vol. 1376.

(4) Ce corps comprenait : un régiment de dragons, 900 hommes d'infanterie de troupes réglées, quinze compagnies de fusiliers de montagne, fortes de 20 hommes chacune, 500 hommes des milices du Roussillon, 500 hommes des milices du Conflent, 200 hommes des milices de Cerdagne et 450 hommes des milices du pays de Foix : au total 3,250 hommes (A. H. G., vol. 1378).

jours à leur faire des revues. J'ai donné ordre pour arrêter quelqu'un des déserteurs, afin de faire quelque exemple. Je proposerais même de renvoyer toutes ces milices parce que nous sommes en état de les faire venir quand nous en aurons besoin. Toute la diligence que j'ai faite, pour faire remplacer le nombre des déserteurs par d'autres compagnies de milice plus fortes, n'a pu suppléer à ce remplacement. Je donne ordre à tous les viguiers de faire arrêter tous les déserteurs de milice et de les tenir en prison jusqu'à nouvel ordre, car il est nécessaire de faire un exemple pour retenir les autres dans leur devoir (1) ».

Il ne semble pas que notre armée d'Allemagne ait compté dans son sein des régiments de milice pendant la campagne de 1696. Un certain nombre de ces régiments, Bernhold, Montjoie, Uren, Herbouville, Bruslon, figurent par contre dans les armées de Flandre et de la Meuse, sous Boufflers et d'Harcourt, qui les utilisent surtout à la garde de nos lignes (2). N'ayant plus à craindre un débarquement des flottes ennemies sur notre littoral, Barbezieux employa les compagnies des milices boulonnaises à tenir garnison dans les places de l'Artois et de la Flandre où le directeur général de l'infanterie, d'Artagnan, les passa en revue au printemps de 1696. Sur son rapport que plusieurs de ces compagnies étaient très mal armées, « les soldats n'ayant que de petits fusils de paysans (3) », Barbezieux écrivit au gouverneur du Boulonnais, au duc d'Aumont, de prendre des mesures pour améliorer cet armement (4). A la suite de cette injonc-

---

(1) A. H. G., vol. 1378.
(2) A. H. G., vol. 1357 et 1359.
(3) A. H. G., vol. 1343.
(4) Barbezieux au duc d'Aumont, 26 mai 1696 (A. H. G., vol. 1343).

tion du Ministre, 800 mousquets furent fournis aux milices boulonnaises l'année suivante, bien que d'Artagnan n'eût cessé d'attirer l'attention de Barbezieux sur la nécessité de donner le fusil à toute notre infanterie. Par routine, les manufactures royales continuaient à fabriquer des mousquets, et le Ministre voulait épuiser leurs approvisionnements en mousquets avant de décréter l'adoption du fusil comme seule arme de l'infanterie (1).

Nous retrouvons en 1697 les trente-deux régiments de milice qui existaient déjà en 1696 (non compris les régiments de milice du Languedoc, les milices boulonnaises, les milices locales de certaines provinces) sans changement dans les appellations, sauf en ce qui concerne le régiment de Linden qui a été donné, en février 1697, au lieutenant-colonel, M. d'Hunolstein (2), et a pris son nom.

Dans la correspondance du Ministre de la guerre avec les intendants, nous relevons peu de chose à l'adresse des régiments de milice. Barbezieux leur recommande de veiller à ce que les compagnies partent complètes de leur province, « étant informé que les capitaines, pour leur intérêt particulier, sont bien aises que les soldats ne les suivent pas régulièrement, pour profiter de l'étape

---

(1) Le 3 novembre 1696, Barbezieux écrivait à d'Artagnan : « J'ai vu, par la lettre que vous avez pris la peine de m'écrire le 29e du mois passé, la proposition que vous faites d'obliger le sieur Titon à donner aux bataillons d'infanterie des fusils, au lieu de mousquets, pour l'argent que le Roi leur accorde pour des armes. Comme il a pris ses mesures pour leur livrer des mousquets, il n'est pas possible de le faire présentement..... » (A. H. G., vol. 1349).

(2) Le 3 février 1697, Barbezieux faisait savoir à l'intendant de Vaubourg que la charge de colonel du régiment de milice de la Sarre était accordée au lieutenant-colonel de ce régiment (A. H. G., vol. 1384).

des absents (1) ». Il leur rappelle l'obligation de faire
arrêter les miliciens qui refusent de se rendre à leurs
compagnies ou s'en retournent dans leurs paroisses sans
congé, ce désordre continuant à sévir dans plusieurs
régiments (2). Quelques officiers sont aussi l'objet de
punitions sévères pour malversation ou mauvaise conduite, entre autres deux capitaines et l'aide-major du
régiment de Dufaux, que Barbezieux ordonne à l'intendant de Nointel, le 13 juin 1697, de faire arrêter et
emprisonner au château de Nantes (3).

De son côté, la correspondance des intendants avec le
Ministre ne contient, pour ainsi dire, aucun renseignement sur les régiments de milice, à l'exception de celle de
l'intendant d'Alsace, M. de la Grange. Avec son habileté
coutumière, ce dernier s'emploie à rendre complets les
régiments de milice de cette province. Comme plusieurs
officiers témoignent l'intention de ne plus continuer
leurs services, il songe à obliger les fils des principaux
bourgeois des villes d'Alsace à remplir les lieutenances
vacantes, et Barbezieux se voit contraint de refréner le
zèle excessif de l'intendant, auquel il écrit, le 25 février
1697 : « Le Roi n'a pas approuvé la proposition que vous
faites d'obliger les magistrats des villes d'Alsace de
nommer des bourgeois pour remplir les lieutenances
vacantes dans les compagnies de milice, parce qu'il ne
convient pas d'y mettre des officiers de cette manière, et
Sa Majesté désire que vous fassiez en sorte d'en trouver
qui y viennent de bon gré (4) ».

---

(1) Louvois à l'intendant de Moulins, M. Le Voyer, 2 mars 1697
(A. H. G., vol. 1385).

(2) Ceux de Vilars (Moulins) et de Montenay (Alençon), entre autres.
[Lettres de Barbezieux aux intendants Le Voyer et Pomereu, des 10 mars
et 11 avril 1697 (A. H. G., vol. 1385 et 1386)].

(3) A. H. G., vol. 1388.

(4) A. H. G., vol. 1364.

M. de la Grange avait demandé le grade de brigadier en faveur des deux colonels des régiments de la Haute et de la Basse-Alsace, MM. de Montjoie et de Bernhold. « Ce sont deux personnes de qualité et de mérite et fort affectionnées pour le service de Sa Majesté, écrivait-il au Ministre, le 20 février 1697. M. de Bernhold est encore plus appliqué que l'autre, et prend un très grand soin de son régiment (1) ». Au cours de son inspection des deux régiments, M. de la Grange était bientôt amené à modifier cette appréciation en ce qui concerne M. de Montjoie : « Je vis hier à Colmar le régiment de milice de la Haute-Alsace que j'ai trouvé fort négligé, mandait-il à Barbezieux le 5 mars 1697, et l'on peut dire que, depuis le colonel jusques au dernier capitaine, il n'y en a pas un qui en prenne soin. Ils ont laissé tout l'hiver le soldat sur sa bonne foi, de manière qu'il a rompu ses habits et ses armes, en sorte qu'il n'y a rien de plus délabré que ledit régiment ; et, comme les capitaines ne se sont point trouvés présents lorsque l'on a choisi les recrues, les baillis se sont contentés des jeunes garçons hors d'état de servir sans prendre les hommes, qui se sont mariés depuis quelque temps pour s'exempter de servir dans la milice. Ainsi j'ai été obligé d'en casser 114 et de renvoyer les baillis dans leurs bailliages pour en ramener d'autres à Colmar (2) ». Si la paix ne s'annonçait point si prochaine, M. de la Grange aurait même proposé de casser plusieurs capitaines de ce régiment.

Par contre, l'intendant n'avait que des éloges à adresser au régiment de la Basse-Alsace qu'il trouvait, au cours d'une première inspection en février 1697, « parfaitement beau » et n'ayant reçu que de « très bonnes »

---

(1) A. H. G., vol. 1406.
(2) *Ibid.*

recrues (1). A la fin de mars, il passait encore en revue le même régiment à Haguenau, et il écrivait au Ministre, le 23 mars 1697 : « Le régiment est complet, et un des beaux régiments qui se puisse voir. Il ne manque rien aux soldats, à la réserve des habits qui arriveront le 25 ou le 26. Il n'y a rien de plus adroit que le 1er bataillon. M. de Saint-Fremond lui a fait faire l'exercice, et je crois, Monseigneur, qu'il vous en rendra compte... (2) ».

Les dernières hostilités de la guerre de la Ligue d'Augsbourg eurent pour théâtre la Flandre, l'Allemagne et la Catalogne. Pendant la campagne de 1697, les régiments de milice furent surtout employés à tenir garnison dans les places frontières de Flandre, d'Allemagne et de Roussillon, où on les retrouve, au mois de mai 1697, groupés parfois en entier dans une ville ou répartis le plus souvent, par compagnies, dans plusieurs places avoisinantes (3).

---

(1) M. de la Grange à Barbezieux, 28 février 1697 (A. H. G., vol. 1406).

(2) A. H. G., vol. 1406.

(3) Le volume 1428 des Archives historiques renferme un contrôle détaillé des garnisons au mois de mai 1697.

On trouve des compagnies de milice dans les garnisons de : Dunkerque (19 : 10 de Launay, 9 de Vilars) ; Ypres (30 : 10 de Nettancourt, 5 de Montjoie, 7 de La Carte, 2 de la Ilhière, 6 de Lenoncourt) ; Bergues (3 de Lignières) ; Gravelines (10 : 7 de Saint-Jal, 3 de Nettancourt) ; Calais (9 : 5 des milices boulonnaises, 3 d'Herbouville, et la compagnie des grenadiers de Bordeaux) ; Bapaume (2 de Bernhold) ; Saint-Omer (16 : 3 d'Hunolstein, 3 de Bernhold, 3 de Laviez, 3 de la Rochecourbon, 1 de Montauban, 3 des milices boulonnaises) ; Aire (9 : 3 de Bernhold, 6 des milices boulonnaises) ; Béthune (3 des milices boulonnaises) ; Lille (12 : 4 de Bernhold, 4 de Laviez, 4 de la Rochecourbon) ; Tournay (11 : 3 de La Rochecourbon, 5 d'Uren, 3 de Bruslon) ; Condé (17 : 15 de Dufaux, 2 d'Hunolstein) ; Douai (3 des milices boulonnaises) ; Valenciennes (3 d'Hunolstein) ; Bouchain (2 d'Uren) ; Le Quesnoy (3 de Montjoie) ; Landrecies (10 : 4 d'Uren, 4 de Mont-

Les huit régiments de milice du Languedoc (Vogüé, Massillan, Joviac, du Chayla, Monteils, Moussoulens, Saint-Orens, Esparon), n'ayant laissé chacun qu'une compagnie à la surveillance des nouveaux convertis de leur province, occupent les places de la Provence et du Dauphiné (1).

Enfin quelques régiments de milice fournissent aux armées d'opération un bataillon de campagne. En juillet 1697, à l'armée de la Meuse, sous Boufflers, servent cinq bataillons formés par les régiments d'Uren, de Montjoie, de Bernhold, de Lignières et de Montenay (2). On trouve, à la même époque, dans l'armée de la Lys, sous

---

joie, 2 de Vaulgrenant); Thuin (5 d'Hunolstein); Maubeuge (15 : 12 de Vaulgrenant, 3 d'Uren); Charleroi (18 de Grandpré); Philippeville (6 de Laviez); Dinant (6 de Vaulgrenant); Rocroi (12 : 6 de Fontenay, 6 de Vaulgrenant); Luxembourg (18 : 10 d'Aligny, 8 de Belleforière); Thionville (9 : 5 de Belleforière, 4 de Laviez); Metz (6 de du Pontois); Nancy (9 : 5 de Fontanès, 4 de Bossu); Sarrelouis (4 de Belleforière); Phalsbourg (2 de du Pontois); Montroyal (17 : 4 de Bossu, 7 de Belleforière, 6 de Laviez); Philipsbourg (16 : 8 de Flamartingue, 8 de Couteuges); Landau (10 : 3 de Bossu, 2 de Flamartingue, 2 de Laviez, 3 de du Pontois); Fort-Louis (6 : 2 de Belleforière, 4 de Bossu); Strasbourg (13 : 4 de Belleforière, 9 de Menou); Brisach (6 d'Argenson); Huningue (3 d'Argenson); Perpignan (10 de la Rochecourbon); Bellegarde (2 de la Rochecourbon); Montlouis (6 de Caixon); Girone (4 de Caixon).

(1) Ils sont répartis dans les places de Fenestrelle (5 compagnies de Moussoulens); Briançon (11 : 5 de Moussoulens, 6 de Massillan); Mont-Dauphin (5 de Joviac); Fort-Barraux (4 de Massillan); Antibes (9 de Saint-Orens); Îles Sainte-Marguerite et Saint-Honorat (4 de Monteils); Toulon (7 de du Chayla); citadelle de Marseille (6 de Vogüé); Fort Saint-Jean de Marseille (2 de Vogüé); Château d'If, Pomègue et Ratonneau (4 de Monteils); Seyne (7 : 4 d'Esparon, 3 de Monteils); Sisteron (2 de Vogüé); Colmars (5 de Joviac); Entrevaux (2 d'Esparon).

(2) Ces cinq bataillons présentaient, au 21 juillet 1697, les effectifs suivants, d'après un « État abrégé de la force des troupes de l'armée de la Meuse » : Uren 645 hommes, Montjoie 581, Bernhold 592, Lignières 691 et Montenay 661 (A. H. G., vol. 1402).

Catinat, trois bataillons de milice formés par les régiments de Montauban, Herbouville et Bruslon (1). Enfin, à l'armée de Catalogne, sous Vendôme, figure le régiment de Caixon. Ce dernier régiment éprouve des pertes sensibles au long et sanglant siège de Barcelone. Du 15 juin au 24 juillet 1697, ses pertes atteignent 35 tués et 85 blessés (2), et l'on peut présumer que ces chiffres s'accrurent sensiblement du 26 juillet au 10 août, date à laquelle Barcelone ouvrit ses portes aux Français.

Comme son armée avait été considérablement réduite par le feu et les maladies, Vendôme appela en Catalogne les milices du Roussillon et du Languedoc. L'intendant Trobat fut chargé d'opérer une levée de 1,400 soumettants dans la première de ces provinces, de manière à en choisir 1,000 des « mieux armés et en meilleur état (3) ». Le 21 juillet 1697, il était parvenu à en réunir à Collioure 900 « assez bien tournés », non sans avoir éprouvé de grandes difficultés dans cette tâche. « La désertion, parmi ces gens-là, par l'appréhension qu'ils ont d'être d'être embarqués, commençait de me faire désespérer de la réussite, mais l'attention que nous avons eue de ne quitter point ces gens-là de vue, me fait espérer que nous pourrons presque embarquer les 1,000 hommes que Mgr de Vendôme m'a ordonné de lui envoyer en leur donnant la subsistance car, autrement, je n'aurais pu réussir (4) ».

Ces miliciens, organisés en trois régiments, arrivèrent sous les murs de Barcelone le 29 juillet, et Vendôme s'empressa de les disperser dans les montagnes afin d'assurer sur ses derrières la sécurité de son camp.

------

(1) A. H. G., vol. 1402.
(2) A. H. G., vol. 1418.
(3) L'intendant Trobat à Barbezieux, Collioure, 21 juillet 1697 (A. H. G., vol. 1418).
(4) *Ibid.*

« Cela soulage beaucoup notre infanterie (1) », écrivait-il
au Roi le 29 juillet 1697. A cette date, il n'avait encore
reçu que 300 hommes des milices du Languedoc, le
régiment de du Chayla, arrivé sans tentes, ni marmites,
et auquel il avait dû en faire fournir par son infanterie.

Ces renforts s'accrurent, au début d'août et à l'époque
de la reddition de Barcelone, des régiments de Saint-
Orens, de Monteils, de Vogüé, de Joviac, de Massillan,
qui quittèrent la Provence et furent embarqués à Toulon,
Marseille, Antibes et Collioure. Au moment de leur
départ, le lieutenant général qui commandait en Provence, M. de Grignan, louait le régiment de Saint-
Orens, « bien composé d'officiers », et où il y avait
« 270 bons hommes, bien vêtus, chaussés et armés (2) ».
De son côté, l'intendant Trobat faisait l'éloge du zèle
déployé par M. de Vogüé, qui, malade, n'en était pas
moins accouru, le 31 juillet, à Collioure pour s'embarquer sur une des galères du Roi : « Il est encore fort
incommodé de sa goutte. Nonobstant cela, il s'est avancé
en diligence pour s'aller mettre à la tête de son régiment, où il serait déjà, si le mauvais temps qu'il fait ne
l'eût retenu ici depuis deux jours (3)..... ».

Les régiments de milice du Languedoc, qui avaient
rejoint Vendôme à la fin du siège de Barcelone, servirent à former la garnison de cette place et des places
voisines jusqu'à la paix (4).

Le comte de Broglie et l'intendant de Basville avaient

---

(1) Vendôme au Roi, au camp devant Barcelone, 29 juillet 1697
(A. H. G., vol. 1418).

(2) M. de Grignan à Barbezieux, Marseille, 29 juillet 1697 (A. H. G.,
vol. 1418).

(3) L'intendant Trobat à Barbezieux, Collioure, 2 août 1697 (A. H. G.,
vol. 1418).

(4) Le 17 août 1697, M. de Nanclas, le gouverneur de Barcelone,
indique comme faisant partie de la garnison de cette ville : le régiment

aussi procédé à une levée de secondes milices en Languedoc, destinées à former six bataillons et à prendre en Roussillon la place des troupes de garnison dont Vendôme avait réclamé l'envoi à son armée. Un premier détachement de 700 à 800 de ces miliciens était arrivé à Perpignan dans les derniers jours de juillet (1), mais, sur un contre-ordre de Vendôme, il ne dépassa point cette ville et fut renvoyé dans sa province, quelques jours plus tard (2).

La prise de Barcelone fut le dernier acte de cette guerre. Bientôt, au mois d'octobre 1697, les généraux en chef des armées recevaient l'ordre de renvoyer les régiments de milice dans leurs provinces où ils devaient être définitivement licenciés, et Barbezieux adressait aux intendants, le 13 octobre 1697, la circulaire suivante : « Le Roi ayant donné ses ordres pour faire retourner dans leurs paroisses les milices de votre département, Sa Majesté m'a commandé de vous faire savoir que son intention est que vous obligiez les capitaines à rendre toutes les armes des soldats de leurs compagnies et que vous les fassiez, s'il vous plaît, remettre dans quelque endroit où elles ne se puissent pas gâter ; que vous les obligiez aussi à reporter les billets de masse qu'ils pourraient avoir et à vous rendre compte de l'argent qu'ils en auront touché, lesquels billets je vous supplie de vouloir bien faire remettre entre les mains du commis du trésorier de l'Extraordinaire des guerres..... (3). »

---

de Vogüé (10 compagnies), de Joviac (10, dont 5 ne sont pas arrivées), de Monteils (7), de du Chayla (7), de Saint-Orens (9), de Massillan (4) (A. H. G., vol. 1418).

(1) M. de Maurès Malartic à Barbezieux, Perpignan, 28 juillet 1697 (A. H. G., vol. 1418).

(2) M. Trobat à Barbezieux, Collioure, 2 août 1697 (A. H. G., vol. 1418).

(3) A. H. G., vol. 1321.

Au retour des régiments dans leurs provinces, officiers et miliciens furent congédiés, sans qu'il fût accordé aux premiers la faveur d'être replacés, en qualité d'officiers réformés, à la suite des anciens régiments d'infanterie conservés sur pied (1). Seuls, quelques colonels, influents à la cour ou distingués par leurs services, obtinrent cette grâce. En 1698, M. de la Ilhière fut ainsi replacé comme colonel réformé à la suite du régiment d'Anjou, M. d'Herbouville à la suite du régiment d'Agenois, MM. Caixon et d'Aligny à la suite du régiment du Nivernais, M. de Vilars à la suite du régiment du Perche, M. de Menou à la suite du régiment d'Auxerrois, M. de Bernhold à la suite du régiment d'Alsace, etc. (2), et cette mesure conserva au Roi d'excellents sujets qui devaient continuer à lui rendre d'importants services durant la guerre de la Succession d'Espagne (3).

Réunies par les soins des capitaines et des intendants, les armes des miliciens furent généralement déposées à l'hôtel de la ville qui avait servi de lieu d'assemblée au régiment de milice pendant son existence (4).

---

(1) Le 8 novembre 1697, Barbezieux écrivait à l'intendant de Bagnols : « Comme l'intention du Roi n'est pas d'adresser de réforme aux officiers de ce régiment (du Pontois), vous leur direz, s'il vous plaît, qu'il peuvent se retirer où bon leur semble » (A. H. G., vol. 1398).

(2) *Chronologie historique militaire* de Pinard.

(3) En qualité de brigadiers, MM. de Vilars et de Menou furent blessés au siège de Turin en 1706. Le premier succomba à sa blessure ; le second, amputé d'une jambe, obtint le gouvernement de la citadelle d'Arras. Nommé brigadier en 1706, M. de Bernhold fut aussi blessé grièvement à Malplaquet, obtint le brevet de maréchal de camp en 1718 et mourut à Strasbourg en 1741 (*Chronologie historique militaire* de Pinard).

(4) C'est ainsi que les armes du régiment de Bernhold furent déposées à l'hôtel de ville d'Haguenau, celles du régiment de Montjoie à l'hôtel de ville de Colmar, celles du régiment d'Hunolstein à l'hôtel de ville de Hombourg, celles du régiment de du Pontois à l'hôtel de ville de Lille, etc. (A. H. G., vol. 1410).

L'argent qui restait à la masse des corps servit à acquitter les dettes contractées pour leur habillement et leur entretien. En cas de déficit, Barbezieux autorisa les intendants à se procurer les sommes de complément par une dernière imposition sur les paroisses de leur département. Lorsque le règlement des comptes laissa au contraire un reliquat, le Ministre l'attribua au trésor royal, après avoir rejeté la proposition de l'intendant de Bezons qui lui avait demandé de partager l'excédent des masses entre les officiers de milice. « Sa Majesté, écrivait Barbezieux à l'intendant, le 25 novembre 1697, ne veut pas en gratifier les officiers de milice qui, sûrement, ne se sont pas appauvris dans leur emploi (1) ».

*
* *

Après moins de dix ans d'existence, les régiments de milices provinciales avaient entièrement disparu. Barbezieux ne conservait rien de cette grande institution de Louvois qui, dans l'esprit de son créateur, était appelée à rendre à l'État les services les plus signalés et à garder ce caractère de permanence et de durée qu'il lui avait imprimé dès le début. Rien n'était adopté des mesures préconisées par Chamlay qui avait déjà envisagé, en 1694, le sort des régiments de milice à la paix et insisté pour que le Roi ne se privât point de cette réserve précieuse d'infanterie. La paix conclue, il fallait, suivant Chamlay, laisser subsister les régiments de milice en se bornant à les exercer de loin en loin et à remplacer avec soin les miliciens morts ou libérés, de manière qu'au premier signal d'une guerre le Roi n'eût qu'un ordre à donner pour retrouver ces régiments sur

----

(1) A. H. G , vol. 1392.

pied. Chamlay aurait même voulu que le Roi conservât, au même titre que les bataillons de son infanterie permanente, les régiments de milice des provinces récemment réunies au royaume, « pour occuper leurs jeunes gens et les empêcher de passer à l'étranger (1) ». Quant aux régiments de milice de l'ancienne France, Chamlay voulait « les renvoyer dans leurs provinces et les laisser sur pied comme ils sont, sans les réformer et sans les payer, observant seulement d'exempter de tailles les soldats et d'arrière-ban les officiers, pour la peine que ces derniers prendront d'assembler de temps en temps leurs compagnies et de leur faire faire l'exercice, et, dès que le Roi assemblera lesdites milices pour les employer à son service, il les fera payer sur le pied des autres troupes.

« Moyennant ce règlement, qui ne sera point à charge aux peuples puisqu'ils n'auront de recrues à fournir que pour remplacer les soldats qui mourront de maladie, ce qui n'arrivera que comme aux autres paysans, quand ils ne sortiront pas de chez eux, et puisqu'ils n'auront rien à payer que par soldat, c'est-à-dire par 2,000 livres de taille, deux écus ou une pistole tout au plus, à quoi doit être fixée l'imposition du soldat qui pourra être enrôlé pour empêcher que des paysans riches ne s'engagent dans le dessein de s'exempter de taille, et un habit de trois pistoles tous les trois ans, moyennant, dis-je, ce règlement, le Roi sera sûr d'avoir au besoin cinquante-six bataillons qui sont, pour la plupart, bons parce qu'ils ont servi, et qui pourront remplacer des troupes réglées que l'on tirera de places.

« Il ne faut point craindre que les soldats fassent du désordre dans leurs villages, puisqu'ils n'y sont dans la

---

(1) Mémoire de Chamlay concernant la réforme prochaine de l'infanterie, du 4 juillet 1694 (A. H. G., vol. 1453).

plupart qu'au nombre d'un, et que, quand cela arriverait, il serait aisé d'y apporter du remède.

« Il ne faut pas appréhender non plus que les recrues, qui ne seront dorénavant plus si fréquentes et si nombreuses que par le passé, se fassent avec friponnerie, puisque les officiers ne s'en mêleront plus et que ce seront les intendants des provinces qui choisiront eux-mêmes les soldats.

« Le Roi pourra d'ailleurs charger les colonels qui, pour la plupart, sont honnêtes gens, de prendre soin de leurs régiments et de veiller à ce que les soldats soient disciplinés et ne fassent aucun désordre. Les syndics des villages seront chargés de la garde des armes de leurs soldats. ...

« Le bénéfice de l'exemption des tailles et d'arrière-ban, sans obligation de servir que dans les besoins de l'État, fera trouver des officiers et des soldats plus qu'on n'en voudra, qui seront bien aises de se procurer cette distinction et ce profit sans peine (1) ».

On ne saurait trop regretter que ces sages propositions n'aient pas été adoptées. Elles eussent gardé au Roi pendant la paix, sans aucune dépense pour le Trésor, sans charge appréciable pour les provinces, un corps d'infanterie nationale dont les hommes, dans leur ensemble, ne le cédaient pas à ceux des régiments de l'armée permanente. En supprimant purement et simplement les régiments de milice, Barbezieux fut peut-être guidé et par le souci de procurer un soulagement immédiat aux provinces du royaume où régnait déjà tant de misère, et par le souvenir décourageant de cette surveillance incessante qu'il avait dû exercer sur des régiments au sein desquels il lui avait fallu combattre

---

(1) A. H. G., vol. 1453.

tant d'abus. Et cependant, si l'on se rappelle le rôle des régiments de milice durant cette longue guerre, on doit reconnaître l'importance de leurs services. En tenant garnison dans nos places frontières, ils rendirent disponible, pour la guerre de campagne, un même nombre de troupes réglées ; en prenant fréquemment eux-mêmes une part active aux opérations, ils prouvèrent que, sous le commandement d'officiers de valeur, tels que MM. du Gua, d'Aligny, de Poudens, de Cavoye, Caixon et d'autres encore, ils étaient capables de faire bonne figure auprès des autres régiments. Il est vrai qu'en plusieurs rencontres les miliciens se montrèrent de médiocres combattants, mais leur conduite à la retraite de Luserna, à Staffarde, au passage du Ter, à la défense de Namur et au siège de Barcelone, prouve surabondamment qu'ils ne furent pas toujours dénués de bravoure. Tout couvert de blessures, bon juge en fait de courage, Guignard, qui les vit à l'œuvre à ce dernier siège, dit qu'ils y servirent, « et à plusieurs autres, avec autant de valeur, de fermeté et de conduite, qu'auraient pu faire de vieilles troupes (1) ».

Si les régiments de milice ne rendirent point tous les services qu'on pouvait en attendre, il faut l'attribuer à ces vices capitaux, dont ils ne cessèrent de subir le contre-coup désastreux : d'une part, l'arbitraire et l'injustice qui présidaient à la répartition de cet impôt du sang, la milice ; d'autre part, la mauvaise composition des officiers subalternes des régiments.

Dès son origine, par la multitude des privilégiés qui y échappèrent, la milice fut détestée du peuple des campagnes qui, seul ou presque seul, en supporta tout le poids. Il prit en horreur une institution qui, avec son

____

(1) Guignard, *École de Mars*, t. I, p. 530-531.

cortège d'abus, était pour lui un fléau. Trop souvent, en effet, le malheureux paysan, sans appui et sans bien, se vit le jouet des injustices humaines et condamné à cet impôt du sang auquel se soustrayaient, sous ses yeux, les laboureurs plus fortunés qui pouvaient appeler à leur aide la puissance corruptrice de l'argent ou le crédit d'un protecteur influent.

A ce soldat forcé, déjà aigri par le spectacle de tant d'injustices, il eut fallu des chefs qui pussent lui faire oublier les rigueurs de son sort ; qui prissent soin de lui et fussent prêts à le secourir dans ses maladies et ses besoins. Or, trop souvent aussi, comme nous l'avons amplement démontré, le milicien eut à se plaindre de ses chefs qui ne virent en lui qu'un gueux négligeable à merci, et cette constatation nous amène à passer en revue la seconde cause de l'infériorité des régiments de milice : la mauvaise composition de leurs officiers subalternes et notamment de leurs capitaines.

Pris dans la classe des officiers retraités ou parmi les protégés des gouverneurs, des intendants et de leurs subdélégués, ces officiers manquent, pour la plupart, d'émulation et de savoir. Nous laissons d'ailleurs à un observateur éclairé, à Chamlay, le soin de les juger en s'appuyant sur l'autorité de Catinat. Dans un Mémoire écrit vers 1692, il les apprécie en ces termes : « M. de Catinat représente que Sa Majesté se trompe en prenant quelque confiance sur ces régiments de milice qui, véritablement, sont bons quant aux soldats, mais dont les officiers ne valent quoi que ce soit, ne sont capables d'aucune règle, discipline ni émulation, ni de soutenir aucun poste, ni action, contre les ennemis.....

« On ne prétend pas attaquer toutes les milices en général, car il y en a quelques régiments qui sont bons à cause des colonels qui les commandent, et, afin que ces troupes devinssent meilleures dans la suite, il sera à propos qu'il plût à Sa Majesté de faire choix des meilleurs sujets d'entre les colonels pour régir ces régiments et leur inspirer de la discipline et de l'émulation (1) ».

Sourds à la voix de l'ambition et de l'émulation, les capitaines des régiments de milice n'écoutent que celle de l'argent. Accoutumés à voir les capitaines des régiments d'infanterie du Roi qui administrent un peu leurs compagnies comme une ferme et en tirent le plus de profits possible, ils en usent de même à l'égard des miliciens. Mais, tandis que le capitaine des troupes du Roi est intéressé à garder le soldat qu'il a presque toujours recruté à ses dépens, à un prix supérieur à la gratification que le Roi lui accorde pour chaque recrue, alors que ce soldat devient en quelque sorte une partie de son bien, le capitaine de milice n'est pas lié, par son propre intérêt, à la conservation de ses hommes. Peu lui importe que les maladies, la mort, la désertion, lui en enlèvent un grand nombre : il est assuré de retrouver sa compagnie complète au printemps suivant, et, plus sa compagnie revient affaiblie d'une campagne, plus il entrevoit de moyens de s'enrichir par mille manœuvres coupables avec les paroisses, ne serait-ce que ces compromissions si fréquentes pour accepter des malingres, des vagabonds, des soldats étrangers aux paroisses, et pour se charger lui-même de recruter les miliciens au lieu et place des communautés. Insatiables, les capitaines de milice étendent ces pratiques coupables au séjour des miliciens sous les drapeaux, accordent des congés moyennant argent; portent, contre argent, comme morts ou désertés, des hommes qu'ils libèrent du service; font, contre argent, passer leurs valets en guise de miliciens, et vendent même leurs soldats aux autres régiments

---

(1) Projet et mémoire pour démolir Montmélian, coté S (Papiers de Chamlay, A. H. G., vol. 1112).

d'infanterie. Dès lors, quel attachement peut concevoir le milicien pour l'officier qui se désintéresse ainsi de son sort, quel respect peut inspirer un chef adonné à ces honteux trafics? Aussi on ne voit point, dans les régiments de milice, entre l'officier et le soldat, ce lien mystérieux d'affection et d'honneur qui, seul, enfante les grands dévouements et les élève jusqu'au sacrifice.

Injustice et arbitraire dans la désignation des miliciens, mauvaise composition des officiers subalternes des régiments, tels furent les deux vices capitaux qui empêchèrent cette belle institution de Louvois de porter tous ses fruits. La disparition de son œuvre n'était pourtant que momentanée, et si, pendant la guerre de la Succession d'Espagne, les ministres Chamillart et Voysin ne crurent point devoir remettre sur pied les régiments de milice et préférèrent demander aux paroisses des recrues forcées, qu'ils répartissaient ensuite entre les régiments du Roi, l'expérience ne tarda pas à démontrer les conséquences désastreuses de ce système. Dirigés au loin sur nos armées d'Italie, de Bavière et d'Espagne, conduits souvent à la chaîne comme des malfaiteurs, les miliciens se voyaient, à leur arrivée, partagés en lots, tel un vil bétail, et dispersés dans toutes les compagnies des régiments d'une armée où ils se sentaient étrangers, sans secours, sans appui, sans amis, sans espoir de retour. Aussi encombraient-ils bientôt les hôpitaux et y succombaient-ils en masse sous le chagrin et le désespoir. Chaque année de cette longue guerre engloutit ainsi des milliers de miliciens, et, longtemps, se perpétua dans les campagnes le souvenir douloureux de ces longues théories d'hommes, brutalement arrachés du sol et sur la destinée desquels on ne savait plus rien.

Cette triste leçon ne devait pas être perdue. Lorsqu'en 1726 le duc de Bourbon, son conseiller Paris

Duverney, et le Ministre de la Guerre, M. de Breteuil, prirent la résolution de rétablir les milices, ce fut à l'ordonnance de 1688 qu'ils recoururent. Ils en adoptèrent les principales dispositions, et reconstituèrent les miliciens en bataillons sur les bases mêmes où Louvois avait créé ses régiments de milice. Et quand les besoins de la guerre les obligèrent à puiser dans les milices pour alimenter l'armée royale, dont le recrutement volontaire était impuissant à combler les vides, les Ministres de Louis XV eurent, cette fois, la sagesse de laisser subsister les bataillons de milice, et d'y remplacer au fur et à mesure les hommes incorporés dans les régiments d'infanterie du Roi.

Ainsi rétablie, la milice eut, dans les guerres du règne de Louis XV, un rôle plus important et plus étendu. Non seulement elle forma, comme elle l'avait fait sous Louvois, une armée auxiliaire destinée à occuper nos places frontières et à prendre part aussi aux opérations actives, mais elle servit encore à alimenter d'hommes l'armée régulière, dont le recrutement volontaire se montrait, dès les premières campagnes, incapable de maintenir les effectifs. Durant la guerre de la Succession d'Autriche, la milice fut à l'État d'un secours essentiel, et l'on peut affirmer avec une entière certitude que, sans elle, la France n'aurait pu soutenir cette guerre et reconstituer, de toutes pièces, les armées des maréchaux de Belle-Isle et de Broglie fondues dans les montagnes de la Bohême et dans les plaines de la Bavière.

Cinquante ans après la mort de Louvois éclatait au grand jour l'excellence d'une institution dont il peut être regardé comme le créateur. Cinquante ans devaient être encore nécessaires pour que la milice « sans privilèges » fût introduite dans notre législation militaire. Le germe, déposé par Louvois au fond de notre sol, « avait une telle puissance de vie, a écrit son historien, M. Camille

Rousset, qu'après plus d'un siècle de négligence et de mauvaise culture, il a poussé tout d'un coup hors de terre et produit, pour notre gloire, notre excellente armée (1) ».

----

(1) *Histoire de Louvois*, t. III, p. 320.

TABLE DES MATIÈRES

CHAPITRE IV.

CHAPITRE V.

CHAPITRE VI.

CHAPITRE VII.

CHAPITRE VIII.

CHAPITRE IX.

COMBAT DE SALBERTRAND

(3 septembre 1689)

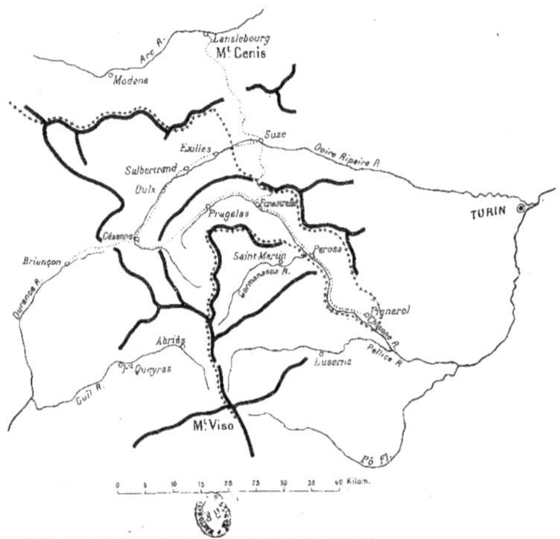

Cap^{ne} Sautai, *Les Milices provinciales sous Louvois et Barbezieux (1628-1697).*

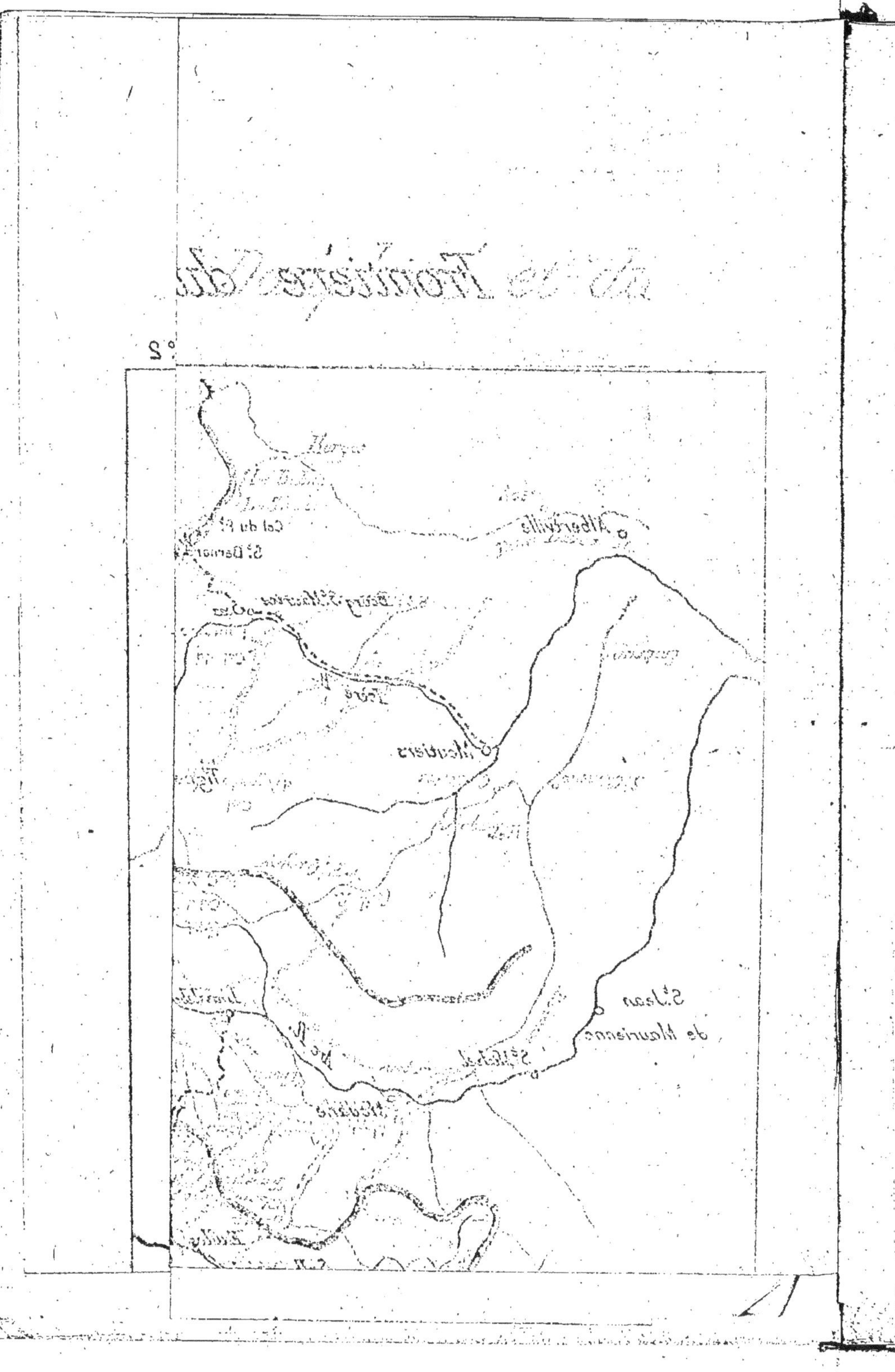

Frontière du Dauphiné et du Piémont

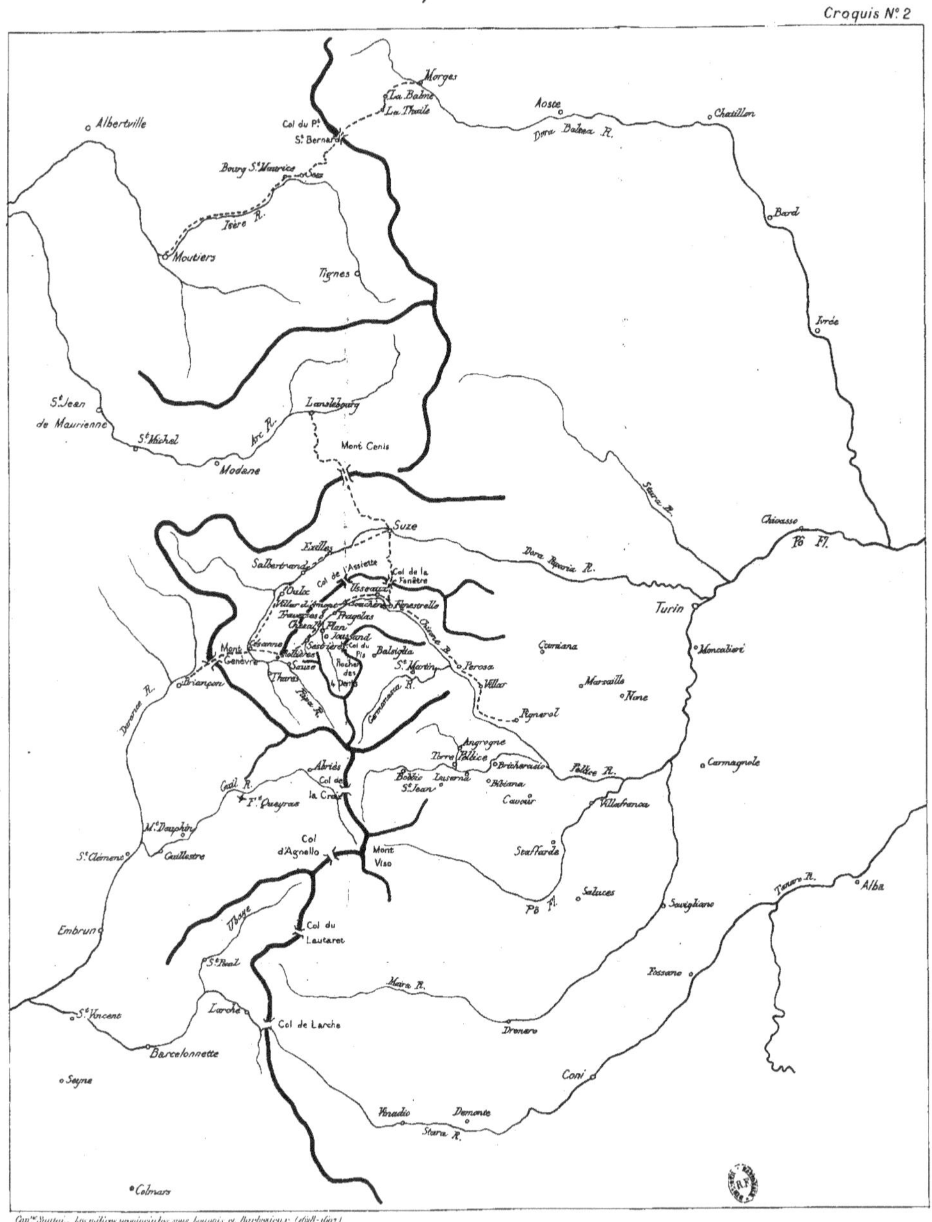

Cap.ne Susini — Les milices provinciales sous Louvois et Barbezieux (1688-1697)

Echelle : $\frac{1}{500.000}$

0   5   10   15   20   25   30   35   40   45   50 Km.

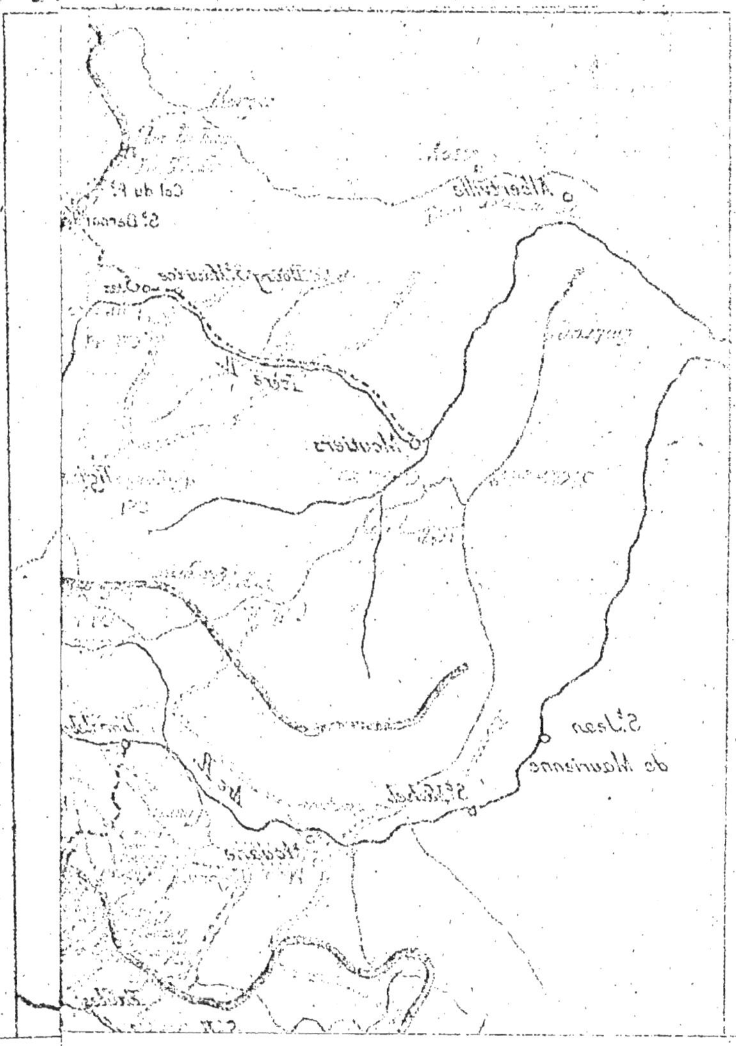

... de la Frontière du ...

N.° 2

Albertville

Col du ...
S.ᵗ Bernard

S.ᵗ Michel   Maurienne

Moutiers

S.ᵗ Jean
de Maurienne

Croquis N° 3

Frontière du Sud-Est

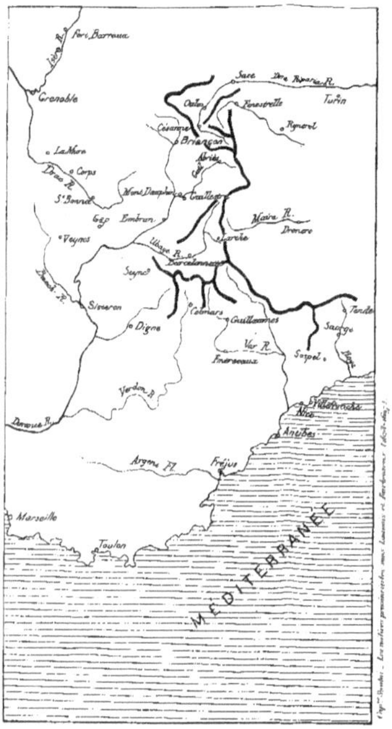

Echelle: 1/1.500000

Roussillon et Catalogne.

Echelle: 1/1.500000

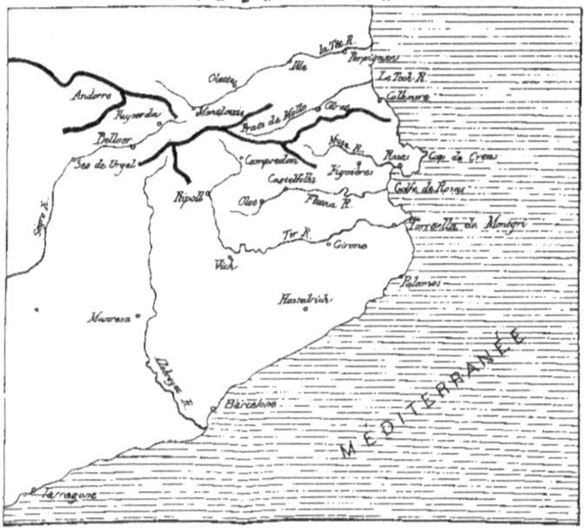

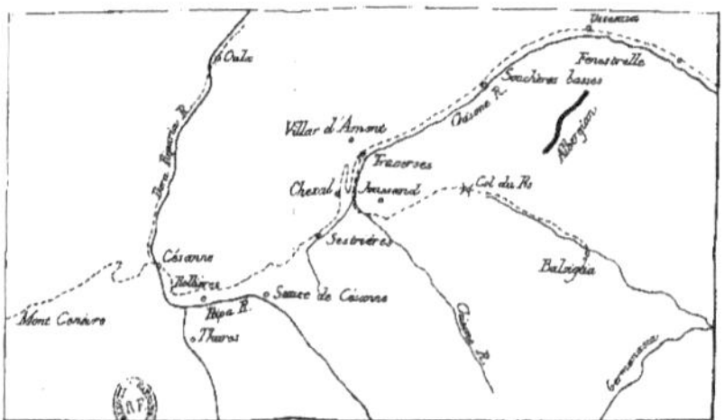

Croquis pour servir à l'intelligence des escarmouches et combats des 28 Juin 1692, 30 Août 1693, 12 Août 1694, 19 Juillet 1695, contre les Barbets et les Rémontais.

Echelle

PARIS. — IMPRIMERIE R. CHAPELOT ET Ce, RUE CHRISTINE, 2.